Steven B. Sample

Führen Sie, wie Sie wollen

Steven B. Sample

Führen Sie, wie Sie wollen

Intuitiv – revolutionär – einzigartig

REDLINE WIRTSCHAFT
bei verlag moderne industrie

Die Deutsche Bibliothek – CIP-Einheitsaufnahme

Sample, Steven B.:
Führen Sie, wie Sie wollen : Intuitiv, revolutionär, einzigartig / Steven B. Sample.
– Aus d. Amerikan. übers. von Claudia Hujer. – München : Redline Wirtschaft bei
Verl. Moderne Industrie, 2002
    Einheitssacht.: The Contrarian's Guide to Leadership <dt.>
    ISBN 3-478-37140-6

Originaltitel der amerik. Ausgabe: The Contrarian's Guide to Leadership
Copyright © 2002 by Steven B. Sample.
Jossey-Bass is a registered trademark of John Wiley & Sons, Inc.

All Rights Reserved. Authorized translation from the English language edition
published by Jossey-Bass, Inc. a John Wiley & Sons, Inc. Company.

Aus dem Amerikanischen von Claudia Hujer.

© 2002 Redline Wirtschaft bei verlag moderne industrie, 80992 München
http://www.redline-wirtschaft.de

Umschlagfoto: Getty/Aubrey Hart
Umschlaggestaltung: Farenholtz, Landsberg
Satz: kaltnermedia GmbH, Bobingen
Druck: Himmer, Augsburg
Bindearbeiten: Thomas, Augsburg
Printed in Germany 37140/070201
ISBN 3-478-37140-6

Inhaltsverzeichnis

Für Kathryn –
das Licht meines Lebens und die Liebe meines Herzens

Vorwort

In der amerikanischen Gesellschaft gibt es heute nur noch wenige Originale – Männer und Frauen, die mit einer einzigartigen Stimme sprechen und die unkonventionelle Ansichten und eine belebende Authentizität zu bieten haben. Steve Sample ist unbestritten eines dieser Originale. Einfach ausgedrückt ist er eine Stimme, die von all jenen gehört werden sollte, die danach streben, andere in diesen Zeiten mit Rücksicht und Erfolg zu führen. In das Buch *„Führen Sie, wie Sie wollen"* legte Steve sein ganzes Bemühen, ein Führungshandbuch für diese Leute zu schaffen – und es macht ganz den Eindruck eines Klassikers.

Dies ist ein äußerst seltenes Exemplar unter den zeitgenössischen Büchern über Führung: eines von rigoroser Ehrlichkeit, das gleichzeitig schonungslos unsentimental ist und auf einer moralisch soliden Grundlage beruht. Seine Lehren und Einsichten sind mehr dazu gedacht, schwierige Fragen aufzuwerfen, als einfache Antworten zu geben. Und zu einer Zeit, in der viele nur zu gern daran glauben möchten, dass allein schon gute Absichten zum Sieg führen, erinnert uns dieses Buch daran, dass echte Führung eine anstrengende Berufung ist, für die angehende Führungspersönlichkeiten die besten und stärksten Seiten ihres Wesens aufbieten müssen.

Ebenso wie dies ein besonderes Buch ist, so ist auch der Autor eine besondere Persönlichkeit: ein Technologe mit einer ungewöhnlichen Leidenschaft für die Künste und die Geisteswissenschaften

und zudem eine außerordentlich erfolgreiche Führungspersönlichkeit, die es versteht, ihre Kenntnisse anderen zu vermitteln. Ich würde darauf wetten, dass es keine andere lebende Person gibt, die das
Buch, das Sie gerade in Händen halten, hätte schreiben können, ein
Buch, das eine tief gehende Verknüpfung von großen Wahrheiten
über Menschen, Gesellschaft, Kunst, Wissenschaft, Technik und
jedes andere Thema unter der Sonne darstellt.

Meine persönliche Bekanntschaft mit Steve Sample reicht
zurück in die Zeit, als ich half, ihn vor mehr als zehn Jahren als Präsident für die University of Southern California (USC) zu gewinnen, als es klar war, dass er das Zeug zu einer Spitzen-Führungs-
persönlichkeit hatte. Seit dieser Zeit haben wir bei unserem
gemeinsam gehaltenen Kurs mit dem Titel „Die Kunst und das
Abenteuer von Führung" für Studenten im dritten und vierten Studienjahr viel miteinander erlebt. Mir wurde schnell klar, dass das,
was Steve den Studenten beibrachte, in keinem Management-
Lehrbuch und keinem der derzeit gängigen Bücher vorkam. Was er
zu sagen hat, ist so erfrischend und dabei paradoxerweise so zeitlos,
so schräg im Vergleich zu herkömmlichen Weisheiten, dass die un-
schätzbare Bereicherung, die dieses Buch für die gesamte Literatur
über Führung darstellt, sofort offensichtlich sein wird.

Keine Art von Führungspersönlichkeit, ausgenommen vielleicht
der Bürgermeister einer großen Stadt, hat mit einer so weit gestreu-
ten und komplexen Anzahl von Interessengruppen zu tun wie der
Leiter einer großen amerikanischen Forschungsuniversität. Ich kann
aus eigener Erfahrung sagen, dass ein Universitätspräsident Unterhalter, Visionär, Priester, Psychologe und Topmanager in einem sein
muss, und das in zehn oder zwanzig grundverschiedenen Unternehmen, die unter dem Dach einer einzigen Universität vereint sind.

Das macht es offensichtlich, dass Führungspersönlichkeiten aus
anderen Bereichen eine ganze Menge von einem erfolgreichen
Universitätspräsidenten lernen können, und Steve ist der beste –
vielleicht sogar einer der zwei oder drei besten in den letzten fünfzig
Jahren. Kein anderer Universitätspräsident, den ich kenne, hat es
geschafft, nicht nur eine, sondern zwei noch dazu sehr unterschied-

liche Hochschulen zu leiten – eine öffentliche Universität an der Ostküste und eine private an der Westküste, jede mit ihren eigenen, tief verwurzelten Neigungen und Traditionen – und jede von ihnen der vollen Ausschöpfung ihres enormen Potenzials ein bedeutendes Stück näher zu bringen.

Steve hat vor allen Dingen die außergewöhnliche Fähigkeit gezeigt, eine Schwindel erregende Vielfalt von Interessengruppen „zur Zukunft zu bekehren". An der USC hat er Myriaden von Universitätsangehörigen dazu gebracht, sich voller Begeisterung dem Traum hinzugeben, was man alles gemeinsam erreichen könnte. Noch beeindruckender sind die Ergebnisse – unter anderem eine Verdopplung der Zahl an Bewerbern aus den High Schools, ein drastischer Anstieg um 240 Punkte bei den Durchschnittswerten der Zulassungsprüfungen von Erstsemestern, die Gründung wegbereitender Forschungsinstitute, die Entwicklung eines einzigartigen Lehrplans für das vierjährige Grundstudium und das Übertreffen sämtlicher Rekorde bei der Beschaffung finanzieller Mittel –, die zeigen, dass er in der Lage war, all diese Leute auch dazu zu *mobilisieren*, konsequent jede Arbeit zu leisten und alle Opfer zu bringen, die erforderlich waren, um diesen gemeinsamen Traum zu verwirklichen. Sein Erfolg zeigt sich unter anderem auch darin, dass die USC von der Zeitschrift *Time* zum College des Jahres 2000 gewählt wurde und dass man inzwischen weithin der Meinung ist, dass die USC alles daran setzt, das Konzept der amerikanischen Universität für das 21. Jahrhundert neu zu definieren.

Steve ist ein scharfsinniger Geschichtskenner und ein guter Erzähler, der bedeutsame Lehren aus seinem persönlichen Leben, seiner Karriere und aus dem Leben großer Führungspersönlichkeiten aller Zeitalter weiterzugeben hat. Sein wichtigster Beitrag zur Führungsdiskussion ist seine Fähigkeit, die Aufmerksamkeit der Leute auch auf die Qualen zu lenken, die Führung bereiten kann, auf die unvermeidlichen „schmerzhaften Entscheidungen", die schon einen Harry Truman, einen Thomas Morus und eine Margaret Thatcher oder auch den Filialleiter des Drogeriemarktes an der Ecke um vier Uhr morgens um den Schlaf gebracht haben.

Während viele sich nach einem „rosaroten" Führungsstil sehnen, mit dem sich Institutionen und Personen führen lassen, ohne dass man Schmerzen oder Bürden androhen muss, argumentiert Steve in diesem Buch sehr überzeugend, dass es mit hoher Wahrscheinlichkeit immer Verluste geben wird und dass eine große Führungspersönlichkeit bereit sein muss, die Kosten jeder großen Vision und jeder kühnen Tat auch zusammenzurechnen. Seine Lehren sind von anschaulicher, dringlicher, oft sogar ungeduldiger Natur, und sie veranlassen zu tief greifendem Nachdenken und In-sich-Gehen. Sie sind für jeden relevant.

Es würde mich überhaupt nicht überraschen, wenn dieses Buch das erste einer Reihe von Reflexionen einer Führungspersönlichkeit wäre, die tiefe Einblicke in ihr eigenes Inneres und in ihre Welt gewonnen hat und das Ergebnis nun anderen zur Verfügung stellt. Aber während wir auf weitere Werke von Steve warten, gibt es hier in diesem enorme Reichtümer zu entdecken. Lassen Sie sich von dem, was Sie auf den folgenden Seiten finden werden, verwirren und entzücken.

Santa Monica, Kalifornien   Warren Bennis
Im August 2001

Danksagung

Zuallererst möchte ich betonen, wie sehr ich in der Schuld meines Freundes und Kollegen Warren Bennis stehe. Er war es, der als Vorsitzender der Berufungskommission maßgeblich dazu beigetragen hat, dass Kathryn und ich 1991 an die USC kamen. Er war es, der mich, einen Professor für Elektrotechnik, überredete, mit ihm gemeinsam einen Kurs über Führung für die Studenten im dritten und vierten Studienjahr zu halten; dieser Kurs hat sich im Verlauf der letzten fünf Jahren als eine der besten Lernerfahrungen meines Lebens erwiesen. Und es war Warren, weltberühmter Autor von an die 27 Büchern über Führung, der mich letztendlich dazu gebracht hat, *„Führen Sie, wie Sie wollen"* zu schreiben und der mich auch während dieses Projekts kontinuierlich beraten und ermutigt hat.

Ebenfalls danken möchte ich Rob Ashgar, einem ehemaligen Kollegen an der USC und inzwischen unabhängigem Autor und Redakteur, der so viel Zeit dafür geopfert hat, mir dabei zu helfen, mich hinzusetzen und dieses Buch auch *tatsächlich* zu schreiben. Ingenieure und Wissenschaftler sind es nicht gewohnt, Seiten über Seiten an reinem Text zu Papier zu bringen. Wenn wir in unserem jeweiligen Fachgebiet Bücher schreiben, tragen wir zunächst alle Gleichungen, Grafiken, Diagramme, Zeichnungen und Tabellen zusammen, welche die eigentliche Substanz des Buches darstellen, und verbinden diese technischen Teile mit ein bisschen Text hier und da. Daher war es für mich außerordentlich schwierig, beinahe dreihundert maschinengeschriebene Seiten erzählenden Textes zu verfassen, und ich hätte es nie geschafft, wenn Rob mich nicht beharrlich an die Hand genommen und mir mit seinen kreativen Ideen und brillanten redaktionellen Fertigkeiten zur Seite gestanden hätte.

Besonders danken möchte ich Martha Harris. Sie ist Vizepräsidentin für Öffentlichkeitsarbeit der USC und außerdem eine gute persönliche Freundin. Martha glaubte von Anfang an daran, dass meine „Querdenker-Ideen" sinnvoll waren und dass sie zu einem zusammenhängenden Ganzen verbunden werden konnten und sollten. Ihr bin ich neben Rob Ashgar zu größtem Dank verpflichtet, weil sie mich während all der Monate, die ich zum Schreiben dieses Buches gebraucht habe, tatkräftig unterstützt und die zahlreichen Entwürfe des Textes kritisch geprüft hat.

Ich habe dieses Buch meiner Frau Kathryn gewidmet, die seit über vierzig Jahren meine beste Freundin und die wichtigste Person in meinem Leben ist. Kathryn gehörte zu den wichtigsten Lesern, Kritikern und Ratgebern für das gesamte Projekt. Außerdem bestärkte sie mich immer wieder während meiner Arbeit an diesem Buch, ebenso wie meine Tochter Michelle Smith und ihr Mann Kirk, meine Tochter Elizabeth Sample, meine Schwiegermutter (und gute Freundin) Evelyn Brunkow und meine Enkel Katherine Smith und Andrew Smith.

Mein besonderer Dank geht an die Studenten in Warrens und meinem Kurs über Führung, dass sie mir zu solch außergewöhnlichen und spannenden Erkenntnissen über Führungspersönlichkeiten und Führung verholfen haben. Weiterhin gebührt mein Dank den wissenschaftlichen Assistenten, die dazu beigetragen haben, dass dieser Kurs ein so großer Erfolg wurde, insbesondere Elizabeth Bleicher, Athena Perrakis, Cleve Stevens, Rich Fortenberry und Ken Graham.

Meine Kolleginnen und Kollegen haben dieses Projekt nach besten Kräften unterstützt, auch wenn es ihre eigene Arbeit erschwert hat. Daher möchte ich ihnen allen meinen Dank aussprechen, insbesondere Anne Westfall, Martie Steggell, Jan Popkoff, Sherri Sammon und Laureen Morita.

Jeder von uns hatte Lehrer und Mentoren, die uns zu dem gemacht haben, was wir sind, und denen wir über alle Maßen zu Dank verpflichtet sind. In meinem Fall gehören dazu Howard Sample, Dorothy Hatch, M. E. Van Valkenburg, Fred Brunkow, Howard H. Sample, Sam Regenstrief, John Hicks, Harry Williams, D. B. Varner, die Mitglieder des Universitätsrats von Buffalo, die Kuratoriumsmitglieder der University of Southern California und viele andere. Außerdem hatte ich das Privileg, unter der Anleitung vieler Kollegen in der Administration und in der Lehrerschaft an den Universitäten Purdue, Nebraska, UB und USC als Führungspersönlichkeit zu wachsen und erwachsen zu werden, darunter insbesondere Lloyd Armstrong, Dennis Dougherty, Alan Kreditor, Jane Pisano, Steve Ryan, Bill Greiner, Bob Wagner, Ron Stein, Hans Brisch und Gene Trani.

Und schließlich möchte ich meiner Agentin Caroline O'Connell danken, die mir den Luxus ermöglicht hat, einen Buchvertrag in Händen zu halten, *bevor* ich überhaupt angefangen hatte zu schreiben; ebenso danke ich Susan Williams und allen Leuten in der Jossey-Bass-Abteilung von John Wiley & Sons für ihre Geduld, ihr Verständnis und ihre Unterstützung.

Steven B. Sample

Der Autor

Steven B. Sample wurde im März 1991 der zehnte Präsident der University of Southern California. Sample ist Elektroingenieur, Musiker, Outdoor-Fan, Professor und Erfinder. Im Jahr 1998 wurde er für seine Leistungen in den Bereichen Konsumelektronik und Führung in interdisziplinärer Forschung und Ausbildung in die National Academy for Engineering gewählt. Neben seiner Tätigkeit als Präsident hält er regelmäßig Kurse an der USC.

Unter Samples Führung hat sich die USC auf den Gebieten Kommunikation und multimediale Technologien weltweit einen Namen gemacht, nationale Anerkennung für ihre innovativen Gemeinde-Partnerschaften erhalten und ihren Status als eine der führenden Forschungsuniversitäten der Vereinigten Staaten gefestigt. Die einzigartigen Studiengänge innerhalb des vierjährigen Grundstudiums an der USC haben in den letzten Jahren weithin Beachtung gefunden.

Sample hat zahlreiche Artikel in Fachzeitschriften verfasst, viele seiner Vorträge aus den Bereichen Wissenschaft, Technik und höhere Bildung sind veröffentlicht worden. Praktisch jeder große Hersteller von Mikrowellengeräten in der ganzen Welt ist Lizenznehmer seiner Patente auf dem Gebiet der digitalen Gerätesteuerung; über 200 Millionen Haushaltsgeräte sind bisher unter Verwendung seiner Erfindungen hergestellt worden.

Bevor er zur USC kam, war Sample an der State University of New York in Buffalo. Während seiner Amtszeit wurde die SUNY-

Buffalo als erste öffentliche Universität im Bundesstaat New York und in ganz Neuengland in die prestigeträchtige Association of American Universities gewählt.

Einleitung

Sicher haben Sie es schon viele Male gehört; vielleicht haben Sie es sogar selbst schon einmal gesagt: „Was dieses Land braucht, ist eine wahrhaft große Führungspersönlichkeit, wie George Washington oder Abraham Lincoln – eine wirklich integre Persönlichkeit mit einer Vision, die in der Lage ist, uns auf den richtigen Weg zurückzuführen!"

Ich höre diese Klage oft, und manchmal bin ich sogar einer derjenigen, der sie äußert. Aber tief in meinem Herzen frage ich mich, wie ernst dieser edle Wunsch tatsächlich gemeint ist. Wenn wir uns große Führungspersönlichkeiten für unsere heutige Zeit aussuchen dürften, würden wir wahrscheinlich nicht die Führungspersönlichkeiten der Vergangenheit klonen wollen. Washington war eine außergewöhnliche Führungspersönlichkeit für die außergewöhnlichen Zeiten, in denen er lebte, aber heutzutage wäre er wahrscheinlich kein besonders erfolgreicher Präsident oder Militärführer.

Washington und Lincoln sind meine beiden persönlichen Helden, und dieses Buch wird einige Aspekte beleuchten, warum sie zu großartigen Anführern wurden. Aber eine der wichtigsten und scheinbar widersinnigsten Feststellungen, die wir über Führung treffen können, ist, dass es sich dabei um eine hochgradig situationsabhängige und durch äußere Umstände bedingte Angelegenheit handelt; eine Führungspersönlichkeit, die in einer bestimmten Situation und zu einem bestimmten Zeitpunkt Erfolg hat, wird in einer anderen Situation zum gleichen Zeitpunkt oder in der gleichen Situation zu einem anderen Zeitpunkt nicht zwangsläufig auch erfolgreich sein.

Allein schon der Begriff „Führung" ist nur schwer fassbar und verzwickt. Es ist schwierig, eine Definition dafür zu finden, der jeder zustimmen kann, obwohl die meisten Menschen der Meinung sind, dass sie erkennen, was Führung ist, wenn sie ihr begegnen. Natürlich gibt es geborene Anführer, die scheinbar mühelos in Positionen gelangen, die mit Macht und Autorität verbunden sind. Dennoch haben viele der herausragendsten Führungspersönlichkeiten auf der ganzen Welt in ihrer Jugend nur eine relativ geringe Führungsbegabung gezeigt, sie haben sich diese esoterische Kunst vielmehr erst durch Studium, Lehre und Praxis angeeignet.

Von all den verschiedenen Arten von Humankapital ist Führungsqualität möglicherweise die seltenste und kostbarste. Denken Sie an all die Unternehmen, die einem sofort in den Sinn kommen, mit denen es trotz unzähliger Berater, neuer Pläne und Zielsetzungen stetig bergab ging, bis letztendlich der CEO rausgeschmissen und eine neue Führungspersönlichkeit eingestellt wurde – und es plötzlich wie durch Zauberhand mit dem Unternehmen wieder aufwärts ging. In der Geschichte wimmelt es von ähnlichen Beispielen in Armeen, Universitäten, Kirchen und Nationen.

Aber es gibt natürlich auch die andere Art von Führungswechsel, wenn nämlich der Verlust einer talentierten und erfolgreichen Führungspersönlichkeit zur falschen Zeit sich für die Organisation, die sie geleitet hat, als katastrophal erweist. So sehr sie sich auch bemühen mögen, keiner der in schneller Folge antretenden neuen Führungskräften gelingt es, dem unaufhaltsamen Verfall eben jener Organisation Einhalt zu gebieten, die vor nur wenigen Monaten oder Jahren noch kerngesund auf dem Gipfel des Erfolgs stand.

Manchmal verlieren sogar ganze Gesellschaften ihre Fähigkeit, große Führungspersönlichkeiten hervorzubringen. Als Amerikaner neigen wir dazu zu glauben, dass sich die obere Gesellschaft, von der wir ein Teil sind, mit jedem vergehenden Jahrzehnt beständig zum Besseren entwickelt. Tatsache ist jedoch, dass das zwanzigste

Jahrhundert weitaus barbarischer war als die vier vorangegangenen Jahrhunderte und einen massiven Rückschritt darstellte, was die zwischenmenschlichen Beziehungen betrifft. Dieser Rückschritt ist zum Teil den enormen Verbesserungen im Bereich der Technologien zuzuschreiben, die sich zur Tötung oder Zwangsausübung einsetzen lassen, aber viel davon geht auch auf das Konto unserer Unfähigkeit, Führungspersönlichkeiten hervorzubringen, die in einem vom technischen Wandel dominierten Zeitalter eine humane Moralphilosophie glaubhaft vermitteln könnten.

Es gibt zahlreiche Fälle, in denen Gesellschaften ihre ehemals hoch entwickelten Kulturen verloren haben und in eine primitivere Lebensweise zurückfielen. In einigen dieser Fälle spielten äußere Faktoren wie etwa eine Invasion oder eine Dürreperiode eine große Rolle, aber in vielen Fällen scheint es doch so, dass die Rückentwicklung eher auf mangelnden Willen und fehlende Führung zurückzuführen war. Wenn nun Führung zum großen Teil situationsabhängig und durch äußere Umstände bedingt ist, warum sollte man dann überhaupt noch Bücher über Führung lesen? Warum sollte eine Person nicht einfach völlig unbedarft eine Führungsrolle übernehmen und es dann darauf ankommen lassen, wie weit sie mit ihren vorhandenen Fähigkeiten kommt? Zugegeben, es gibt keine unfehlbare Gebrauchsanweisung, wie man eine erfolgreiche Führungspersönlichkeit wird. Aber Führung lässt sich durchaus lehren und auch lernen. Genauer gesagt, man kann sein persönliches Führungspotenzial entwickeln, indem man liest, was bei anderen funktioniert hat, und die entsprechenden Lektionen dann auf seine eigene Situation anwendet.

Die Absicht dieses Buches ist es, Sie dazu zu bringen, Führungspersönlichkeiten und Führung von einem frischen und originellen Standpunkt aus zu betrachten – nämlich, wie ich es gerne nenne, aus der Perspektive eines Querdenkers. Mit Querdenken meine ich nicht, sich jeglicher herkömmlichen Weisheit zu widersetzen – viele der konventionellen Weisheiten über Führung (wie, nebenbei gesagt, auch über die meisten anderen Dinge) sind sogar absolut wahr. Aber ebensowenig wie man eine erfolgreiche Führungsper-

sönlichkeit werden kann, indem man eine berühmte Führungspersönlichkeit der Vergangenheit nachahmt, kann man sein volles
Führungspotenzial dadurch entwickeln – oder auch nur die Kunst
der Führung schätzen lernen –, dass man sich akribisch an herkömmliche Weisheiten hält. Der Schlüssel besteht darin, sich – sei
es auch nur für einige wenige flüchtige Momente – von den Fesseln
konventionellen Denkens zu befreien, um die eigene angeborene
Kreativität und geistige Unabhängigkeit zum Vorschein zu bringen.

Viele der in diesem Buch vorgestellten Gedanken werden Ihnen
auf den ersten Blick befremdlich und widersinnig erscheinen:
Denken Sie facettenreich und vorurteilsfrei, sehen Sie doppelt, vertrauen Sie niemals voll und ganz einem Experten, lesen Sie, was Ihre
Konkurrenz nicht liest, treffen Sie nie eine Entscheidung selbst, die
Sie ohne weiteres auch an einen Mitarbeiter delegieren können,
ignorieren Sie Fehlausgaben, arbeiten Sie für die, die für Sie arbeiten, entscheiden Sie sich, welche Stellung Sie um keinen Preis aufgeben wollen, erlauben Sie Gefolgsleuten hin und wieder, die
Führungspersönlichkeit zu führen, und machen Sie sich bewusst,
was es heißt, als Führungspersönlichkeit zu handeln und nicht nur
Führungspersönlichkeit zu sein. Laufen all diese Konzepte her-
kömmlichem Denken völlig zuwider? Nein. Aber sie fordern kon-
ventionelle Denkweisen auf eine Art und Weise heraus, die Sie mit
Sicherheit sowohl anregend als auch nützlich finden werden.

Dieses Buch basiert auf meiner 27-jährigen Erfahrung als hochrangige Führungskraft in drei bedeutenden Forschungsuniversitäten, davon neun Jahre als Präsident der State University of New
York at Buffalo und zehn Jahre als Präsident der University of
Southern California. Daneben war ich im Lauf der Jahre Mitglied
in vierzehn Aufsichtsräten von Unternehmen aus den verschiedensten Bereichen der Wirtschaft, was mir die Gelegenheit gab,
unzählige Wirtschaftsführer zu beobachten und mit ihnen zu inter-
agieren. Als Universitätspräsident habe ich außerdem mit hunderten von politischen Führungspersönlichkeiten und Regierungs-
beamten sowohl hier als auch im Ausland zusammengearbeitet,
und auch mit zahlreichen Leitern von Synagogen und Kirchen, von

Gewerkschaften, wohltätigen Organisationen und kulturellen Institutionen.

Schließlich hatte ich auch das seltene Privileg, mit über 200 der klügsten und ehrgeizigsten jungen Führungspersönlichkeiten der USC im Rahmen eines Kurses zusammenzuarbeiten, den ich in den letzten sechs Jahren jedes Sommersemester zusammen mit meinem Freund und Kollegen Warren Bennis, einem der weltweit bekanntesten Experten in Sachen Führung, gehalten habe. Dieser Kurs mit dem Titel „Die Kunst und das Abenteuer der Führung" richtet sich an Studenten aller Fachrichtungen der Universität. Jedes Jahr wählen wir vierzig herausragende Studenten des dritten und vierten Studienjahres aus über 160 Bewerbern aus. Im Plenum, in Gruppenarbeit und in individueller Einzelarbeit untersuchen diese Studenten das Leben und Wirken von zwanzig historischen und zeitgenössischen Führungspersönlichkeiten, von König David über Washington und Napoleon bis hin zu Gandhi, Martin Luther King und Margaret Thatcher. Sie lesen über tausend Seiten an Text, setzen sich bei Gastvorträgen mit fast einem Dutzend Führungspersönlichkeiten aus den verschiedensten Bereichen auseinander, schreiben ein Dutzend vierseitige Hausarbeiten und bearbeiten ein großes Gruppenprojekt.

Obwohl ich eigentlich eine Professur für Elektrotechnik innehabe, stellt dieser Kurs eine der bereicherndsten akademischen Erfahrungen meiner Karriere dar. Die Diskussionen, die wir mit unseren Studenten über Führungspersönlichkeiten und Führung hatten, bei denen kein Blatt vor den Mund genommen wurde, haben sowohl Warren als auch mir zahlreiche neue Einsichten in diesen faszinierenden und wichtigen Bereich menschlichen Verhaltens vermittelt.

Dieses Buch ist in Kapitel unterteilt, die in den meisten Fällen nicht in der vorgegebenen Reihenfolge gelesen werden müssen. Die gute Nachricht ist, dass dieses Buch nicht den Anspruch erhebt, eine in sich geschlossene philosophische Abhandlung zu sein, die der Leser entweder ganz annehmen oder völlig ablehnen muss. Im Gegenteil, suchen Sie sich einfach das heraus, was sie anspricht, und vergessen Sie den Rest.

Sie werden sehen, dass jeder Aspekt, der aus einer unüblichen Sicht betrachtet wurde, in diesem Text mit geschichtlichen wie modernen Beispielen aus Politik, Wirtschaft, Militär, Religion und Bildungs-wesen veranschaulicht wird. Das Buch endet mit einer Fallstudie über Führung mit Querdenkern an der USC, die viele der in den vorangegangenen Kapiteln erläuterten Punkte zusammenfasst.

Die Kunst der Führung, ebenso wie die einzelnen Anwender dieser Kunst, sind wie Kunstwerke, die im Entstehen begriffen sind. Sie sind nie abgeschlossen und vollkommen, sondern entwickeln sich unaufhörlich weiter, verändern sich ständig, sind nie statisch. Ich möchte Sie einladen, an diesem Prozess der künstlerischen Evolution teilzuhaben, und zwar vom Standpunkt eines Querdenkers aus. Wenn Ihnen das vorliegende Buch neue Einsichten in diese höchst edle und notwendige Kunst vermitteln kann, dann hat es seinen Zweck erfüllt.

Kapitel 1

Thinking gray

Querdenker sehen vieles anders als die Menschen um sie herum. Sie sind vor allen Dingen dazu in der Lage, sich ihre geistige Unabhängigkeit zu bewahren, indem sie vorurteilsfrei denken, und ihre intellektuelle Kreativität zu fördern, indem sie frei denken.

Nach herkömmlicher Meinung ist die Fähigkeit, sich so schnell wie möglich ein Urteil bilden zu können, besonders wertvoll, und für Manager mag das auch durchaus zutreffen. Der Philosophie von Querdenkern zufolge gilt jedoch, dass sie so langsam und bedächtig wie nur möglich – und in vielen Fällen gar nicht – zu einem Urteil kommen sollten, wenn es um den Wahrheitsgehalt einer Information oder die Vorteile einer neuen Idee geht.

Eines der schönsten Dinge, wenn man einen Kurs über Führung hält, ist zu beobachten, wie helle Köpfe allmählich lernen, facettenreich und vorurteilsfrei zu denken, während sie gleichzeitig nicht von ihren wichtigsten Prinzipien abweichen. Die Fähigkeit, so zu denken, ist eine äußerst selten anzutreffende Eigenschaft, die mit viel Mühe entwickelt werden muss. Aber sie ist eine der wichtigsten Fertigkeiten, die eine Führungspersönlichkeit sich aneignen kann.

Die meisten Menschen urteilen binär und unmittelbar, das heißt, sie ordnen alles sofort als gut oder schlecht, wahr oder falsch, schwarz oder weiß, Freund oder Feind ein. Eine wirklich erfolgreiche Führungspersönlichkeit muss jedoch in der Lage sein, die Grauschattierungen einer gegebenen Situation zu sehen, um kluge

Entscheidungen bezüglich der weiteren Vorgehensweise treffen zu können.

Vorurteilsfrei zu denken bedeutet im Wesentlichen: Bilden Sie sich in einer wichtigen Angelegenheit kein Urteil, bevor Sie nicht alle relevanten Fakten und Argumente gehört haben, oder ohne dass die Umstände Sie dazu zwingen, zu einem Urteil zu kommen, bevor Sie alle Fakten in Erfahrung bringen konnten (was gelegentlich vorkommt, jedoch sehr viel seltener als gemeinhin angenommen). F. Scott Fitzgerald beschrieb einmal etwas, das dem vorurteilsfreien und facettenreichen Denken sehr nahe kommt, als er feststellte, dass ein wahrhaft großer Geist daran zu messen sei, ob er in der Lage ist, an zwei sich widersprechenden Gedanken zur selben Zeit festzuhalten und trotzdem zu funktionieren.

In der Regel ist eine durchschnittliche Person nur bei einer Gelegenheit dazu angehalten, vorurteilsfrei zu denken, und zwar dann, wenn sie in ein Geschworenengericht berufen wird (was vielleicht der Grund dafür ist, dass so viele Menschen diese Pflicht als äußerst lästig empfinden). Von einem Geschworenen wird erwartet, dass er seine Urteilsbildung so lange aufschiebt, bis er alle Fakten und Argumente gehört hat; erst dann ist er dazu aufgerufen, zu einem Urteil zu kommen. Ich bin selbst noch nie in ein Geschworenengericht berufen worden, aber durch Gespräche mit ehemaligen Geschworenen und durch genaues Beobachten von Geschworenengerichten bin ich zu der Überzeugung gelangt, dass die meisten Geschworenen sich bereits für die eine oder andere Seite in einem Fall entscheiden, bevor das Verfahren überhaupt begonnen hat. Und ich habe den Verdacht, dass dies auch für die meisten Richter gilt.

Die Fähigkeit, stets vorurteilsfrei zu denken, ist nichts Naturgegebenes, auch nicht für Menschen, die sich als Führungspersönlichkeiten betrachten. Für uns sind große Führungspersönlichkeiten typischerweise kühne und entschlossene Menschen, die sich sehr stark von ihren Leidenschaften und Vorurteilen leiten lassen. Wer könnte sich einen vorurteilsfrei denkenden Teddy Roosevelt oder Vince Lombardi vorstellen?

Ein solches binäres, auf Schwarzweiß-Kategorien basierendes Denken kann für einige Führungspersönlichkeiten durchaus eine erfolgreiche Strategie darstellen, insbesondere, wenn sie es tagtäglich mit Situationen zu tun haben, in denen nur Kampf oder Flucht zur Auswahl stehen. Aber selbst viele weltberühmte Feldherren waren geübt darin, auch auf dem Schlachtfeld vorurteilsfrei zu denken. Napoleon, Washington und Rommel wussten alle, dass es ratsam sein konnte, mit der Urteilsbildung in wichtigen Dingen und insbesondere in Bezug auf neu hereinkommende Nachrichten bis zur letzten Minute zu warten.

Ich erinnere mich, dass mir eine Freundin einmal etwas erzählte, das sie gerade in den Fernsehnachrichten gesehen hatte. Ich erwiderte ihr: „Das ist ja wirklich interessant."

Sie sah etwas gekränkt aus. „Du glaubst mir nicht, oder?"

Ich war überrascht und sagte: „Wie meinst du das, ich glaube dir nicht?" Sie antwortete: „Du glaubst das nicht, was ich dir gerade erzählt habe."

Ich erwiderte: „Ich glaube, dass du mir genau das erzählt hast, was du im Fernsehen gesehen hast."

„Aber du glaubst es nicht."

„Ich bezweifle es nicht unbedingt."

„Steve", fragte sie, „wie soll das gehen? Wie kannst du hier sitzen und von etwas hören, das im Fernsehen gesagt wurde, und weder daran glauben noch es bezweifeln?"

Darauf erwiderte ich ihr: „Weil keine Notwendigkeit für mich besteht, jetzt in diesem Moment zu entscheiden, ob es wahr oder falsch ist, was der Nachrichtensprecher gesagt hat. Wahrscheinlich werde ich in dieser Sache überhaupt nie zu einem Urteil kommen müssen, und das betrachte ich als einen großen Segen!"

Die Person, mit der ich dieses Gespräch führte, ist eine sehr intelligente und gebildete Frau. Aber wie die meisten Menschen, und leider wie so viele angehende Führungspersönlichkeiten, fühlt sie sich verpflichtet, alles, was sie liest oder hört, sofort als entweder wahr oder falsch, gut oder schlecht, recht oder unrecht, nützlich oder nutzlos zu klassifizieren.

Die allermeisten Menschen richten keinen größeren Schaden an, wenn sie diesem natürlichen Drang zu binärem Denken nachgeben. Bei Führungspersönlichkeiten hingegen kann es katastrophale Folgen haben.

Es gibt drei sehr reale Gefahren, wenn erfolgreiche Führung mit binärem Denken in Verbindung gebracht wird. Die erste besteht darin, dass sich die Führungspersönlichkeit eine Meinung bildet, bevor dies wirklich nötig ist, und so nicht mehr offen ist für Fakten und Argumente, die vielleicht zu einem späteren Zeitpunkt noch auftauchen. Die zweite Gefahr ist die des Hin- und Herspringens. Eine Führungspersönlichkeit hört etwas, das eine bestimmte Aussage stützt, und beschließt auf der Stelle, dass diese Aussage somit wahr sein muss. Noch am selben Tag kommt ihr ein Argument zu Ohren, das dagegen spricht, und sie entscheidet, dass die Aussage doch falsch ist. Viele gescheiterte Führungspersönlichkeiten hatten die unselige Neigung, einfach immer die Aussage derjenigen Person zu glauben, mit der sie zuletzt gesprochen haben. Damit nötigten sie sich und ihre Gefolgsleute zu geistigen (und manchmal auch körperlichen) Verrenkungen, die nicht nur vollkommen unnötig, sondern noch dazu kontraproduktiv waren.

Die dritte Gefahr bezieht sich auf eine Beobachtung des deutschen Philosophen Friedrich Nietzsche, wonach Menschen dazu neigen, das zu glauben, wovon sie meinen, dass andere fest daran glauben. Eine gut entwickelte Fähigkeit, grau bzw. vorurteilsfrei und facettenreich zu denken, ist für eine Führungspersönlichkeit der beste Schutz vor diesem Angriff auf ihre geistige Unabhängigkeit. Vielleicht sehen Führungspersönlichkeiten einen gewissen Herdentrieb innerhalb ihrer Gefolgschaft nicht ungern, sie selbst jedoch sollten niemals in ein solches Denken verfallen.

Nietzsches Beobachtung wurde sehr anschaulich durch ein Experiment belegt, das der Psychologe Solomon Asch vor einem halben Jahrhundert durchführte und das seitdem viele Male von anderen wiederholt worden ist. Bei diesem Experiment wurden acht angeblich zufällig ausgewählte Personen zusammen in einen Raum gebracht, wo man ihnen eine Reihe von Karten zeigte, auf denen jeweils vier vertikale Linien abgebildet waren. Die Versuchspersonen wurden nun der Reihe nach gebeten, diejenige der drei Linien auf der rechten Seite der Karte zu benennen, die genauso lang war wie die Linie auf der linken Seite. Das Experiment war so ausgelegt, dass sieben der acht „Versuchspersonen" in Wahrheit bestimmte Instruktionen erhalten hatten, jedoch mit scheinbarer Ehrlichkeit und Überzeugung alle die gleiche Linie auf der rechten Seite als genauso lang wie die linke identifizierten, obwohl sie es nicht war. Die einzige echte Versuchsperson in diesem Experiment stand dann vor der Wahl, sich entweder dem Urteil der Gruppe anzuschließen und etwas als richtig zu bezeichnen, von dem sie wusste, dass es eigentlich falsch war, oder aber eine Position zu beziehen, die mit der einstimmigen Meinung ihrer Gefährten nicht einherging. Etwa *drei Viertel* der Probanden schlossen sich mindestens einmal entgegen ihrer eigentlichen Überzeugung der Mehrheit an.

Wie für so viele andere Bereiche, die für eine erfolgreiche Führung unerlässlich sind, stellen die Medien auch für vorurteilsfreies Denken ein großes Hindernis dar. So etwas wie einen unvoreingenommenen Artikel in der Zeitung oder eine objektive Nachricht im Fernsehen gibt es einfach nicht. Ganz im Gegenteil, Reporter und Redakteure sind Fachleute, die dafür ausgebildet wurden, anderen glaubhaft zu machen, was sie zu sagen haben, und andere dazu zu bringen, ihre Sicht der Dinge zu übernehmen. Die Medien wollen – denken Sie an Nietzsche – Sie davon überzeugen, dass alle anderen (oder zumindest alle anderen *wichtigen* Personen) glauben, was sie berichten. Genau diese Patina der Glaubhaftigkeit und Anständigkeit ist es, die uns an den Medien so fasziniert, insbesondere dann, wenn ihre Botschaften mit unseren eigenen Leidenschaften und Vorurteilen vereinbar sind. Und genau diese Patina ist es, die uns daran hindert, vorurteilsfrei und facettenreich zu denken.

Die Medien zeichnen sich schon von Haus aus durch eine binäre Sicht der Dinge aus, aber seit sich die politischen Nachrichten immer mehr zu einer Art Sportberichterstattung entwickelt haben, bei der Gewinner und Verlierer, Erfolge und Misserfolge klar identifiziert werden müssen, ist diese Eigenschaft noch stärker hervorgetreten. Wer die politischen Nachrichten wie ein Pferderennen aufzieht, kann jedoch schwerlich den komplexen und manchmal kaum merklichen Entwicklungen im politischen Leben gerecht werden.

Um diesen Gedanken nicht zu weit zu führen, sollte hier jedoch gesagt werden, dass vorurteilsfreies Denken – also das Unterdrücken unserer binären Instinkte – für eine Führungspersönlichkeit nur in den allerwichtigsten Angelegenheiten vonnöten ist. Wenn sie versuchen wollte, vorurteilsfreies Denken auf alles und jedes anzuwenden, würde sie schlicht durchdrehen. Entscheidungen bezüglich Kleidung, Essen, Musik und dergleichen werden normalerweise auf spontane und binäre Weise getroffen, und das ist auch völlig in Ordnung.

Diese alltäglichen Routineentscheidungen bieten jedoch eine wunderbare Gelegenheit, um sich in der Disziplin des Denkens ohne Vorurteile zu verbessern. Derartige Situationen lassen sich dazu nutzen, das Aufschieben der Urteilsbildung zu trainieren. Sie müssen nicht auf der Stelle entscheiden, ob Sie die Person mögen, die Sie gerade kennen gelernt haben, oder ob Sie vielleicht am Ende doch Geschmack an dem neuen Gericht finden werden, das Sie gerade probiert haben, oder ob Sie sich den neuen Film ansehen sollten, von dem Sie kürzlich gehört haben. Nur so zum Spaß (oder zu Übungszwecken) können Sie Ihre ersten Eindrücke in diesen und anderen ähnlich trivialen Angelegenheiten einfach nur zur Kenntnis nehmen und diesbezüglich erst zu einem späteren Zeitpunkt (oder auch gar nicht) eine Schlussfolgerung daraus ziehen. Ein großer Vorzug dieses Trainings besteht darin, dass Sie bereits etwas Übung darin haben werden, vorurteilsfrei zu denken, wenn eine wirklich wichtige Führungsangelegenheit auftaucht.

Aristoteles bemerkte einmal, dass Zimmermänner, die ein verzogenes Brett wieder gerade biegen wollen, dieses nicht etwa so einspannen, dass es gerade liegt, sondern vielmehr so, dass es in die entgegengesetzte Richtung gebogen wird. Nach ein bis zwei Wochen in dieser Gegenspannungslage springt das Brett von alleine wieder in eine gerade Form zurück, sobald es aus der Spannvorrichtung genommen wird. Genau so müssen wir auch vorgehen, wenn wir versuchen, unsere eigenen Schwächen zu korrigieren. Wir müssen uns in die entgegengesetzte Richtung lehnen und durch Überkompensation versuchen, am Ende eine vernünftige Haltung in der Mitte zu erreichen. Sich zu einem solchen Gegenlehnen zu zwingen, indem man vorurteilsfreies Denken auf einige alltägliche Dinge anwendet, ist eine hervorragende Methode, um unsere natürliche Tendenz zum Schwarzweiß-Denken zu überwinden.

Vorurteilsfreies Denken ist *auf keinen Fall* das Gleiche wie Skepsis. Ein Skeptiker ordnet alles, was er hört oder liest, zunächst einmal als „nicht wahr" ein, wobei er aber stets bereit ist, etwas in die Kategorie „wahr" zu verschieben, wenn die vorliegenden Fakten dafür sprechen. Skeptiker haben oft etwas Zynisches, was auf ihre Gefolgsleute sehr abschreckend wirken kann. Ein ungläubiger Thomas ist nicht besonders inspirierend.

Im Gegensatz dazu legt ein Querdenker, der auch vorurteilsfrei denken kann, nichts, was er hört oder liest, unter „nicht wahr" oder „wahr" ab. Er bleibt stets offen dafür, sich sowohl für eine neue Idee zu begeistern, als auch sie rundweg abzulehnen. Und er kann einem seiner Stellvertreter ehrlich zu einer neuen Idee oder Beobachtung beglückwünschen, ohne ihm dabei den Eindruck zu vermitteln, dass er diese Idee oder Beobachtung für gut oder wahr oder nützlich hält.

Mit vorurteilsfreiem Denken eng verwandt ist etwas, das ich gerne freies Denken nenne – damit meine ich ein von jeglichen Vorgaben losgelöstes Denken. „Brainstorming" oder „Denken in völlig neuen Bahnen" ist heutzutage in aller Munde, aber beim freien Denken wird dieser kreative Prozess noch einen Schritt weitergeführt.

Der Unterschied zwischen Denken in völlig neuen Bahnen und freiem Denken lässt sich vielleicht dadurch veranschaulichen, dass wir uns vorstellen, wir kämen an einem kühlen Tag aus einem beheizten Schwimmbecken. Wenn wir lediglich in neuen Bahnen denken, bleiben wir nur so lange im Kalten, bis es uns etwas ungemütlich wird; dann springen wir entweder schnell wieder ins warme

Wasser zurück oder gehen ins Haus. Wenn wir jedoch wirklich frei denken, bleiben wir in der Kälte stehen, bis uns die Zähne klappern und wir am ganzen Körper zittern. Die Fähigkeit, die Kälte auch dann noch weiter auszuhalten, wenn es schon längst unangenehm ist – uns mit aller Kraft dazu zu bringen, länger als nur einen flüchtigen Moment lang frei zu denken –, führt zu den großartigsten Innovationen.

Der Schlüssel zum freien Denken liegt darin, sich zunächst auch die hanebüchensten Gedanken zu erlauben und erst dann alle äußeren Zwänge hinsichtlich Durchführbarkeit, Praxisnähe, Rechtmäßigkeit, Kosten, Zeit sowie ethische Gesichtspunkte zu bedenken. Genau wie vorurteilsfreies Denken ist auch freies Denken nichts Naturgegebenes; nicht einmal jeder Tausendste ist in der Lage, es ohne enorme Anstrengungen anzuwenden.

Dazu möchte ich Ihnen ein einfaches Beispiel geben. Eine Führungspersönlichkeit versammelt eine Gruppe von Personen, die alle ein gemeinsames Ziel haben (etwa, dass ihr Unternehmen sich auf dem hart umkämpften Markt behaupten kann), deren Meinungen jedoch weit auseinandergehen, wenn es darum geht, wie man diesem Ziel am besten näher kommen könnte. Die Führungspersönlichkeit bittet nun alle Anwesenden der Reihe nach eine spontane Idee zu äußern, wie sich dieses Ziel erreichen ließe, mit der Bedingung, dass alle anderen Personen in der Gruppe jeweils zwei Gründe nennen müssen, wieso diese Idee funktionieren könnte. Das Ergebnis ist oft Missmut oder mürrisches Schweigen aufseiten der Teilnehmer. Die meisten Menschen sind einfach nicht fähig, eine Idee, die sie im Grunde für blöd, grundfalsch, unmoralisch, unbrauchbar oder ungesetzlich halten, auch nur wenige Minuten lang in einem positivem Licht zu betrachten.

Bitte verstehen Sie mich jetzt nicht falsch; ich will damit nicht sagen, dass Führungspersönlichkeiten jede üble oder ungesetzliche oder lächerliche Idee weiterverfolgen sollten. Ganz im Gegenteil, ich habe festgestellt, dass bei jedem Menschen nach ein paar Minuten freien Denkens die eigenen Prinzipien, Leidenschaften und Vorurteile stets wieder die Oberhand gewinnen. Aber gerade in diesen wenigen Minuten könnte die Führungspersönlichkeit oder einer ihrer Mitstreiter vielleicht auf eine wirklich originelle Idee kommen.

Ewige Neinsager sind eins der größten Hindernisse auf dem Weg zu freiem Denken. Anstatt sich vorzustellen, wie eine neue Idee vielleicht funktionieren könnte, schießen ihnen reflexartig all die Gründe in den Kopf, warum sie fehlschlagen muss. Sie sind ehrlich davon überzeugt, dass sie damit allen anderen einen Gefallen tun, indem sie die Zeit verkürzen, die auf schlechte oder dumme Ideen verwandt wird. In Wirklichkeit untergraben sie damit jedoch die Kreativität, die man mit freiem Denken gewinnen kann.

Die meisten neuen Erfindungen sind lediglich neuartige Kombinationen von bereits vorhandenen Geräten oder Techniken. Daher liegt der Schlüssel zum erfolgreichen Erfinden oft in der Fähigkeit, sich vorstellen zu können, wie neue Kombinationen von bereits existierenden Elementen ein Problem auf eine Weise lösen könnten, an die noch nie vorher jemand gedacht hat.

Meine Lieblingsmethode, um diese Art des freien Denkens anzuregen, besteht darin, mich dazu zu zwingen, vollkommen abwegige und unmögliche Lösungswege für ein gegebenes Problem in Erwägung zu ziehen. Vor mehr als dreißig Jahren mühte ich mich gerade damit ab, einen neuartigen Steuerungsmechanismus für Spülmaschinen zu erfinden, der das allgegenwärtige (und umständliche) mechanische Schaltwerk ersetzen sollte. Irgendwann fand ich mich auf dem Boden liegend wieder, wo ich mir vorzustellen versuchte, wie Heuballen, Elefanten, Planeten, Marienkäfer, Sofas, Mikroben, Zeitungen, Staudämme, Waldhörner, Elektronen und Bäume jeweils alleine oder in Verbindung miteinander eine Spülmaschine zu steuern versuchen.

Diese Übung war, milde ausgedrückt, außerordentlich schwierig und beunruhigend, sodass ich sie nie länger als zehn Minuten am Stück durchführen konnte. Aber nach einigen solchen Sitzungen erschien vor meinem geistigen Auge plötzlich ein fast vollständiger Schaltplan eines digitalen elektronischen Regelungssystems für ein Haushaltsgerät. Dieses System war vollkommen anders als alles, was ich oder andere jemals in Erwägung gezogen hatten. Das hatte zur Folge, dass meine Kollegen und ich in diesem speziellen technischen Bereich eine sehr starke Position hinsichtlich der Patentrechte aufbauen konnten und meine Erfindung letztendlich in Hunderten von Millionen von Haushaltsgeräten auf der ganzen Welt eingesetzt wurde.

So unwahrscheinlich es auch klingen mag, die Anwendung von freiem Denken in dieser Form kann auch neuartige Lösungswege für einige der wettbewerbstechnischen, politischen, rechtlichen, taktischen und bürokratischen Herausforderungen aufzeigen, denen man als Führungspersönlichkeit unweigerlich gegenübersteht. Der Knackpunkt besteht darin, sich nur ein paar Minuten von den unglaublich engen Beschränkungen freizumachen, die unser Denken fast ununterbrochen beherrschen, sogar dann, wenn wir träumen oder so genannte freie Assoziation praktizieren.

Echtes freies Denken ist harte Arbeit und erfordert in der Regel große Anstrengungen und Entschlossenheit, die über einfaches Tagträumen oder geistigen Freilauf hinausgehen. Es ist hart, die eingefahrenen Gleise zu verlassen, auf denen sich unser Geist normalerweise bewegt. Aber die Vorteile, die eine Führungspersönlichkeit aus freiem Denken schöpfen kann, sind oftmals geradezu spektakulär.

Natürlich kamen in meinem Patentantrag für eine neue Methode, ein Haushaltsgerät zu steuern, keine Mikroben, Heuballen oder Elefanten vor. Ganz im Gegenteil, die Lösung des Problems bestand aus einer einfachen Kombination von gängigen elektronischen Komponenten – so einfach, so beinahe offensichtlich, dass ich mich fragte, warum vor mir noch niemand darauf gekommen war.

So ist es mit vielen Innovationen – wenn sie erst einmal entdeckt und umgesetzt worden sind, erscheinen sie uns selbstverständlich. Aber vorher waren sie alles andere als offensichtlich. Die Vorteile des allgemeinen Wahlrechts für Erwachsene beispielsweise erscheinen Amerikanern im 21. Jahrhundert offensichtlich, aber es dauerte nach der Entwicklung der Schrift noch Jahrtausende, bis dieses neuartige Konzept entdeckt und auch verwirklicht wurde (in England wurde es erst 1928 vollständig umgesetzt, als das Wahlrecht endlich auch Frauen zuerkannt wurde). Rad und Achse erscheinen uns heute als eine selbstverständliche Technik, aber sie wurde erst tausende von Jahren nach der Erfindung der Rolle entdeckt, und viele Völker sind überhaupt nicht von alleine darauf gekommen. Man sollte meinen, die Konzentration vieler Autohändler an einem Fleck sei schon immer der offensichtliche Weg gewesen, um den Verkauf von Neuwagen zu steigern, aber als ich noch ein kleiner Junge war, konnte der ortsansässige Ford-Händler vom Chevrolet-Händler gar nicht weit genug weg sein.

Es ist unter Ingenieuren allgemein bekannt, dass die wichtigsten Erfindungen in einem bestimmten Bereich oft von Leuten stammen, die Neulinge auf dem betreffenden Gebiet sind – Leute, die zu naiv und unwissend sind, um all die Gründe, warum etwas eigentlich gar nicht funktionieren kann, zu überblicken und die daher sehr viel unvoreingenommener an scheinbar unlösbare Probleme herangehen. Dasselbe gilt für die Führung von Institutionen: Oft sind es frisches Blut und eine neue Sichtweise von außerhalb, die ein krankendes Unternehmen retten können.

Als meine Frau und ich uns in den frühen achtziger Jahren um den Präsidentenposten der State University of New York at Buffalo (SUNY-Buffalo oder die Universität in Buffalo oder einfach UB) bewarben, sahen wir eine Universität mit einer soliden Basis und einer Vielzahl von oberflächlichen Problemen. Unglücklicherweise war diese problematische Oberfläche alles, was die meisten Angehörigen der UB zur damaligen Zeit wahrnahmen.

Wir hatten noch nie zuvor in unserem Leben eine Universität kennen gelernt, die so wenig von sich hielt oder die von so vielen Angehörigen des Lehrkörpers, der Studentenschaft und der Verwaltung, von so vielen Ehemaligen und ortsansässigen Bürgern so gering geachtet wurde. Die Universität in ihrer Gesamtheit schien an allen Ecken und Enden angeschlagen zu sein – wann immer wir irgendwo nachfragten, wie vorsichtig auch immer, schien noch ein Stück mehr abzubröckeln.

Während der vier Monate vor meinem offiziellen Antritt als Präsident im März 1982 und auch während der ersten Monate in meinem neuen Amt sprach ich beispielsweise persönlich mit hunderten von Angehörigen der UB. Fast alle dieser Gespräche begannen unweigerlich damit, dass mein Gegenüber etwas Negatives über die Universität äußerte. In dieser Zeit traf ich keinen einzigen Studenten, der gesagt hätte, dass er oder sie *stolz* darauf sei, an der UB zu studieren.

Aus meiner Sicht und der Sicht meiner Frau war die Universität in Buffalo im Kern – wenn Sie wollen in ihrer Infrastruktur – jedoch äußerst vital. Die Universität verfügte über einen ausgezeichneten (wenn auch etwas entmutigten) Lehrkörper, wettbewerbsfähige Gehälter für die Lehrenden, begabte Studenten, die bereit waren, hart zu arbeiten, einen loyalen und kooperativen Verwaltungsrat, fähige und engagierte Angestellte, eine aktive Universitätsstiftung, nagelneue naturwissenschaftliche Einrichtungen, zum größten Teil neue wissenschaftliche Ausrüstung, eine hervorragende Bibliothek und eine lange und herausragende akademische Vorgeschichte.

Wir erkannten außerdem, dass die UB im Grunde das Flaggschiff der SUNY war, obwohl der größte Teil der New Yorker und selbst die meisten Einwohner von Buffalo dieser Aussage 1982 keinesfalls zugestimmt hätten. Für uns war klar, dass die UB als das Flaggschiff einer öffentlichen Institution in einem großen und wohlhabenden Bundesstaat das Zeug dazu hatte, eine der führenden öffentlichen Universitäten der USA zu werden.

Es gab natürlich einige gewaltige Hindernisse, die der Entwicklung der UB im Weg standen. Zu dem bereits genannten geistigen Unbehagen kam noch die Tatsache, dass die Stadt Buffalo und das Umland sich in einer tiefen Rezession befanden, mit einer Arbeitslosenrate von bis zu 15 Prozent. Außerdem war das gesamte SUNY-System in einem Sumpf von staatlicher Bürokratie gefangen, die auch noch die banalsten Abläufe innerhalb der Universität regelte, von den Kaffeetassen bis zu den Sprechstunden.

Und schließlich war da noch die Tatsache, dass in den Augen der meisten New Yorker öffentliche Hochschulen den privaten grundsätzlich unterlegen waren. Ich erinnere mich noch, wie bestürzt ich war, als ich gleich zu Beginn meiner Amtszeit an der UB hörte, wie ein Angehöriger des Kuratoriums des SUNY-Systems in aller Öffentlichkeit sagte: „Zur SUNY geht man nur, wenn einem nichts anderes übrig bleibt." Meine Güte! Ich hätte erwartet, dass gerade die Kuratoriumsmitglieder das SUNY-System als ein College *erster* Wahl für *alle* New Yorker, gleich welcher Herkunft, betrachten, so wie es auch bei anderen großen öffentlichen Universitäten in anderen Bundesstaaten der Fall ist.

Nichtsdestotrotz, selbst angesichts all dieser Schwierigkeiten und Probleme, waren meine Frau und ich überzeugt, dass die UB durchaus Potenzial für eine strahlende Zukunft hatte. Glücklicherweise waren die meisten Mitglieder des Verwaltungsrats der UB und eine beträchtliche Anzahl von Lehrkräften und Angestellten derselben Meinung.

Die folgenden neun Jahre rechtfertigten Kathryns und meinen scheinbar grundlosen Optimismus. Am Ende dieser Zeitspanne war die UB in die prestigeträchtige Association of American Universities gewählt worden (nur 61 der mehr als 3.500 Colleges und Universitäten in den USA sind Mitglied in der AAU; die UB war die erste öffentliche Universität in New York und sogar ganz Neuengland, die aufgenommen wurde), die Höhe der Forschungsgelder hatte sich verdreifacht, die Zahl der Studienbewerber hatte sich verdoppelt, mehr als 185.000 Quadratmeter an neuen Gebäuden mit einem Kostenaufwand von mehr als 400 Millionen US-Dollar waren entweder fertiggestellt oder befanden sich im Bau, die UB erhielt mehr private Fördergelder als alle anderen Teile der SUNY zusammengenommen und laut *U.S. News and World Report* war die UB eine der fünf am schnellsten aufsteigenden Universitäten im ganzen Land.

War hier ein Wunder geschehen? Nein. War der Präsident ein Genie? Nein. Meine Frau und ich waren lediglich dank unserer Erfahrungen an der University of Nebraska, an der Purdue University und an der University of Illinois in der Lage gewesen, die UB und die sie umgebende Gemeinde aus einer anderen Perspektive zu

sehen. Mit anderen Worten, wir waren in unserem Denken bezüglich der UB freier und unvoreingenommener als unsere Kollegen
im westlichen New York.

Wir sagen oft, dass Führungspersönlichkeiten Weitblick brauchen. Eine kreative Vorstellungskraft, die eng mit der Fähigkeit zu
freiem Denken zusammenhängt, könnte sich jedoch letztes Endes
als ebenso wichtig herausstellen.

Bei vielen von uns wurde in der Schule das räumliche Vorstel-
lungsvermögen geprüft; wir mussten uns die Teile eines Puzzles an-
schauen und uns dann verschiedene Möglichkeiten vorstellen, wie
diese Teile zusammengefügt werden könnten. Ein ähnliches Vorgehen kann auch für Führungspersönlichkeiten sehr hilfreich sein.

Eine Führungspersönlichkeit muss in der Lage sein, sich verschiedene Anordnungen innerhalb einer Organisation vorzustellen
und zu erkennen, wie gut oder schlecht sie funktionieren würden.
Sie muss Personen in Gedanken hin- und herschieben können und
erfassen, wie diese auf die neuartige Situation reagieren würden. Sie
muss Ressourcen und Geldmittel verschieben können und in der
Lage sein zu erkennen, wie diese Bewegungen sich unterm Strich
auswirken würden. Sie muss komplexe zwischenmenschliche Situationen in Gedanken durchspielen können und ein Gefühl dafür
haben, wie sich das jeweilige Ergebnis ändern würde, je nachdem,
an welcher Stelle der Interaktion sie selbst in das Geschehen ein-
greift. Wenn sie diese Dinge nicht effektiv lediglich mithilfe ihrer
Vorstellungskraft erledigen kann – wenn sie nur mit greifbaren,
konkreten Daten arbeiten kann –, dann könnte es gut sein, dass
diese Person als Führungspersönlichkeit versagt. Es ist viel zu zeit-
aufwändig, zu riskant und außerdem viel zu teuer, anhand von tatsächlichen Experimenten die Machbarkeit jeder einzelnen neuen
Idee zu prüfen. Eine Führungspersönlichkeit muss im Allgemeinen
dazu in der Lage sein, die vorhandenen Möglichkeiten im Geiste
realitätsnah durchzuspielen.

Aber es gibt auch eine gute Nachricht für aufstrebende Führungspersönlichkeiten, denen freies Denken schwer fällt und deren

Vorstellungskraft, wie soll ich sagen, ein wenig unterentwickelt ist. Es ist nicht unbedingt notwendig, dass eine Führungspersönlichkeit, um erfolgreich sein zu können, selbst ein kreatives Genie ist, das vor originellen Ideen und Erfindungsgeist sprüht. In vielen Fällen genügt es durchaus, wenn die Führungspersönlichkeit lediglich erkennt, welche ihrer Gefolgsleute frei denken können, diese darin unterstützt und dann *deren* kreative Ideen und Vorstellungen Gewinn bringend umsetzt. Viele erfolgreiche Führungspersönlichkeiten würden sogar sagen, dass freies Denken bei ihren engsten Mitarbeitern wichtiger ist als bei der Führungspersönlichkeit selbst. (J. Robert Oppenheimer hat einmal über sein Manhattan-Project-Team gesagt: „Was wir nicht wissen, erklären wir uns gegenseitig.") Realistisch betrachtet ist es jedoch so, dass es einer Führungspersönlichkeit, die selbst nur in eingefahrenen Bahnen denken kann, sehr schwer fallen wird, fantasievolles Denken bei anderen zu schätzen.

Man muss stets im Hinterkopf behalten, dass erfolgreiche Führung keine Wissenschaft ist, sondern eine Kunst. Erfolgreiches Management ist vielleicht eine Wissenschaft (obwohl ich da meine Zweifel habe), aber erfolgreiche Führung ist eine reine Kunst. In diesem Sinne steht sie der Musik, der Malerei und der Dichtung näher als anderen, standardisierteren Bestrebungen. Als Franklin Roosevelt Orson Welles kennen lernte, bezeugte der Präsident dem Medienpionier und Schauspieler große Ehrerbietung, indem er sagte, er wünschte, er wäre ein so begabter darstellender Künstler wie Welles – worauf Welles erwiderte: „Bei allem Respekt, Mr. President, das sind Sie!"

Alle Künste verlangen, wenn sie auf höchstem Niveau betrieben werden, einen beständigen Fluss an neuen Ideen und kreativer Vorstellungskraft. Seien Sie gewiss, auch Mozart dachte frei, als er komponierte, selbst wenn seine Musik heute kanonisch klingen mag. Als ehemaliger Berufsmusiker weiß ich, dass die besten Solos beim Jazz dann zustande kommen, wenn der Solist sich aller geistigen Zwänge entledigt und während seines Spiels völlig neue musikalische Assoziationen ersinnt. Kann man Picassos Gemälde oder Frank Gehrys Gebäude betrachten, ohne den Widerschein unbehinderter Gedanken und frei laufender Fantasie aufblitzen zu sehen? Und wenn ich Shakespeare lese, höre ich kakophonische Untertöne freien Denkens – sein ständiges Experimentieren mit ungewöhnlichen Kombinationen von Worten, seine neuartigen Metaphern und Gleichnisse, seine Wortschöpfungen und sein ungestraftes Erweitern herkömmlicher Wortbedeutungen.

Genauso verhält es sich mit erfolgreicher Führung. Eine Führungspersönlichkeit, die nur in eingefahrenen Bahnen denken kann, die voll und ganz von tief sitzenden Leidenschaften und Vorurteilen geleitet wird, die unfähig ist, grau oder frei zu denken und die sich noch nicht einmal die kreative Vorstellungskraft und die neuen Ideen der Menschen in ihrer Umgebung zunutze machen kann, ist so anachronistisch und ineffektiv wie ein Dinosaurier. Sie bleibt vielleicht aufgrund der Umstände an der Macht, aber ihre Gefolgsleute wären mit großer Sicherheit besser dran ohne sie.

Kapitel 2

Die Kunst, *richtig* zuzuhören

Der Durchschnittsbürger gibt sich dreierlei Illusionen hin: erstens, dass er ein guter Fahrer ist, zweitens, dass er Sinn für Humor hat, und drittens, dass er ein guter Zuhörer ist. Die meisten Menschen, viele Führungspersönlichkeiten eingeschlossen, sind jedoch miserable Zuhörer; für sie ist reden grundsätzlich wichtiger als zuhören. Querdenker hingegen wissen, dass es besser ist, zuerst zuzuhören und dann zu reden. Und wenn sie zuhören, dann mit einer gewissen Kunstfertigkeit.

Ein Querdenker sollte nicht nur deshalb ein „richtiger" Zuhörer sein, weil das seinem Gegenüber ein gutes Gefühl vermittelt (was nebenbei auch passiert), sondern vielmehr deshalb, weil richtiges Zuhören ein ausgezeichnetes Mittel ist, um Informationen sammeln und bewerten zu können und um auf neue Ideen zu kommen.

Wenn eine Führungspersönlichkeit in der Lage ist, aufmerksam zuzuhören, ohne voreilige Schlüsse zu ziehen, wird sie die Dinge oftmals aus einem neuen Blickwinkel sehen können und dadurch in ihrem Denken unabhängig bleiben. Diese Art von Führungspersönlichkeit hört ihren offiziellen Ratgebern, insbesondere denen, die zu ihrem inneren Beraterkreis gehören, sehr genau zu; ab und zu hört sie auch selbst ernannten Ratgebern zu – sogar den absolut unausstehlichen; und außerdem hört sie kontinuierlich auf ihre innere Stimme, die sich wiederum auf ihre persönlichen Erfahrungen und eigenen kreativen Impulse gründet.

„Denn es gibt drei Arten von Köpfen", schrieb Machiavelli. „Der eine erkennt alles von selbst, der zweite nur, wenn es ihm von anderen gezeigt wird, der dritte sieht nichts ein, weder von selbst noch durch die Darlegungen anderer. Der erste ist hervorragend, der zweite ist gut, der dritte nichts nütze." Auch wenn das, was Machiavelli hier sagt, voll und ganz zutrifft, würde ich trotzdem den Wortlaut dahingehend ändern, dass eine Führungspersönlichkeit zwar zu den Köpfen gehören sollte, die alles von selbst erkennen können, aber gleichzeitig auch fähig sein sollte, die Denkweise anderer Menschen nachzuvollziehen. Letztere Fähigkeit entsteht durch kunstfertiges Zuhören.

Durch richtiges Zuhören bewahrt sich ein Querdenker seine geistige Unabhängigkeit. Es gibt ihm die Möglichkeit, etwas mit den Augen seiner Gefolgsleute zu sehen, während er gleichzeitig seinen eigenen, ganz persönlichen Blickwinkel hat – ein Prozess, den ich gerne „doppelt sehen" nenne. Ein Querdenker schätzt und kultiviert diese Fähigkeit, Dinge aus zwei oder mehr Perspektiven gleichzeitig sehen zu können. Er kann sich anhören, was andere in wichtigen Angelegenheiten zu sagen haben, ohne von seinen Grundsätzen abzuweichen oder sein kreatives Urteilsvermögen einschränken zu lassen. Er lässt sich nicht von widersprüchlichen Meinungen außer Gefecht setzen und zeichnet stets sich selbst für die Gestaltung seiner eigenen und einzigartigen Vision verantwortlich.

Der innere Kreis von Beratern einer Führungspersönlichkeit sollte sich durch gegenseitiges Verständnis und Vertrauen auszeichnen. Er sollte sich nur aus solchen Personen zusammensetzen, die stets im besten Interesse der Angelegenheiten und der Führungspersönlichkeit handeln und mit deren persönlichen Filtern, Vorurteilen und Einstellungen die Führungspersönlichkeit bestens vertraut ist. Um das zu gewährleisten ist es meist ratsam, den inneren Kreis relativ klein zu halten – in der Regel sollte er aus nicht mehr als acht Personen bestehen.

An der USC besteht mein innerer Beraterkreis im Kern aus den fünf ranghöchsten Vizepräsidenten, die mir direkt unterstehen, sowie meiner Frau. Jede dieser Personen kann jederzeit sagen: „Steve, die Vorgehensweise, die Sie in dieser Sache vorschlagen, ist schlichtweg falsch" – und ist auch bereit, das zu sagen. Bei Diskussionen zwischen zwei oder mehreren von uns wird mit nichts hinter dem Berg gehalten. Aber alle diese Personen sind sich darüber im Klaren, dass eine einmal getroffene Entscheidung vom ganzen Team mitgetragen wird.

Meine engste und langjährigste Beraterin ist meine Frau Kathryn Sample, mit der ich seit vierzig Jahren verheiratet bin. Ich vertraue ihr mehr als jedem anderen Menschen und von ihr akzeptiere ich härtere Kritik als von allen anderen, weil ich weiß, dass ihr meine Interessen am Herzen liegen. Kathryn kennt natürlich meine Stärken und Schwächen besser als andere. Außerdem decken sich ihre persönlichen Ziele nach vier Jahrzehnten des Zusammenlebens weitestgehend mit meinen (auch wenn sich unsere jeweiligen *Blickwinkel* grundlegend voneinander unterscheiden). Natürlich folge ich nicht immer dem Rat meiner Frau, ebensowenig wie dem irgendeines anderen Beraters, aber ich höre mir ihre Meinung immer aufmerksam und interessiert an. Es ist ein Pluspunkt in unserer Beziehung, dass Kathryn keinerlei Interesse daran hat, an der Autorität des Präsidentenpostens teilzuhaben oder eine De-facto-Vizepräsidentin zu sein.

Man sollte niemals den Wert unterschätzen, den eine stabile, langjährige Ehe für den Erfolg einer Führungspersönlichkeit hat. In seinem Klassiker *On Becoming a Leader* schreibt Warren Bennis, dass die überwiegende Mehrheit der erfolgreichen Unternehmensleiter und anderen Führungspersönlichkeiten, mit denen er gesprochen hat, lange und glücklich verheiratet waren und dass diese Führungspersönlichkeiten der Meinung waren, dass sie ihren Ehepartnern einen großen Teil ihres beruflichen Erfolgs verdanken. Heutzutage scheinen viele Leute zu denken, dass jemand als Politiker, Militärführer, Unternehmensleiter oder Präsident einer Hochschule schwerlich erfolgreich sein kann, solange er nicht eine ansehnliche Zahl von Affären hatte und sich regelmäßig neu verheiratet. Die Tatsachen sprechen jedoch dagegen.

Der innere Beraterkreis hat insofern einen besonderen Stellenwert, als die Führungspersönlichkeit ausschließlich mit diesem Personenkreis sämtliche Angelegenheiten ihres weit reichenden Aufgabengebiets offen bespricht. Machiavelli argumentiert in *Der Fürst*, dass der innere Kreis aus den „weisen Männern eines Staates" bestehen sollte, die dazu angehalten sind, sich offen und ehrlich zu allen Anliegen zu äußern, in denen der Fürst sie um ihren Rat bittet, und er sagt weiterhin, dass der Fürst diesen Rat in allen wichtigen Angelegenheiten einholen sollte.

Präsident Harry Truman suchte sich bewusst Berater wie George C. Marshall oder Dean Acheson aus, die mehr wussten oder klüger waren als er selbst. Das erfordert von einer Führungspersönlichkeit ein erhebliches Maß an Mut und Bescheidenheit, mehr als die meisten aufbringen können. (In Kapitel 8 „Arbeiten Sie für die, die für Sie arbeiten" werde ich noch darauf eingehen, wie sich diese Einstellung auf die Auswahl der Stellvertreter auswirkt.)

Machiavelli betrachtete den inneren Kreis von Beratern als ein Mittel, mit dessen Hilfe der Fürst sich gegen Schmeichler schützen konnte, die davon leben, dass jede Führungspersönlichkeit natürlich gern gelobt wird.

Machiavellis Sichtweise hat auch heute noch Gültigkeit. Es ist nicht leicht, einen unangenehmen Rat oder gar persönliche Kritik von seinen engsten Beratern zu akzeptieren. Trotzdem bestand Machiavelli darauf, dass eine Führungspersönlichkeit dieses Maß an Offenheit von ihrem inneren Kreis fordern und ihren Unwillen zum Ausdruck bringen sollte, wenn sie bemerkt, dass sie es nicht bekommt.

Zugegeben, für den Berater ist es genauso schwer, seinem Chef negative Botschaften zu übermitteln, wie es ist, sie entgegenzunehmen. Berater haben immer auch eigene Interessen; daher neigen sie unwillkürlich dazu, auszuwählen, in welcher Arena sie kämpfen wollen, insbesondere dann, wenn sie nicht nur als Ratgeber fungieren, sondern außerdem auch innerhalb der Linienorganisation eine Führungsposition innehaben. „Will die Chefin wirklich, dass ich in dieser Angelegenheit ganz offen spreche?", wird sich der Berater vielleicht fragen. „Ich werde ihre Unterstützung eventuell später brauchen, wenn wir zu meinem Tagesordnungspunkt kommen, warum sollte ich sie also in dieser Angelegenheit, von der ich gar nicht direkt betroffen bin, gegen mich einnehmen?"

Viele Führungspersönlichkeiten lehnen es ab, Führungskräfte der Linie in ihren inneren Kreis an Beratern aufzunehmen, weil diese Personen unweigerlich einen enger gefassten Katalog von Prioritäten und Blickwinkeln haben als die Führungspersönlichkeit selbst. „Charlie ist für die Produktion zuständig, er hat keine Ahnung von Vertrieb, Technik, Marketing oder Finanzen. Wie könnte er mich (die Führungspersönlichkeit) in Angelegenheiten beraten, die das gesamte Unternehmen betreffen?" Führungspersönlichkeiten, die so denken, wählen in der Regel lieber Mitarbeiter der Stabsfunktionen statt Angehörige der Linienorganisation für ihren inneren Beraterkreis. Aber wie wir später noch feststellen werden, zieht das wiederum andere Probleme und Beschränkungen nach sich.

Ich persönlich habe lieber Personen aus der Linienorganisation als Berater in meinem inneren Kreis (meine Frau stellt eine Ausnahme dar), weil diese Leute wissen, was es heißt, persönlich für ihre Entscheidungen einstehen zu müssen – wie unangenehm es ist, derjenige zu sein, andere entlassen, ein Programm einstellen oder Mittel umverteilen muss.

Aber ganz gleich, ob sie nun Stab oder Linie angehören, Berater sind auch Menschen und keine Maschinen. Man kann nicht erwarten, dass sie keine eigenen Interessen haben. Hinter jeder Meinung, die jemand zum Ausdruck bringt, stehen bestimmte Interessen, auch wenn diese manchmal so verdeckt sein können, dass die Person selbst sich ihrer nicht bewusst ist. Aus diesem Grund verlange ich von den Beratern meines inneren Kreises, dass sie ihre Interessen offen auf den Tisch legen. So können wir gemeinsam versuchen, ihre jeweiligen Prioritäten in den Gesamtplan zu integrieren.

Viel zu oft benutzt ein ehrgeiziger Berater seinen direkten Zugang zur Führungspersönlichkeit dazu, seine eigenen Ziele durchzusetzen, während er sich dabei an den „Rockzipfeln" seines Chefs hängt. Dies stellt eine große Versuchung für einen Berater dar: die Macht der Führungspersönlichkeit zu nutzen, um einen Rivalen zu schädigen oder einen Plan auszuführen, ohne zur Verantwortung gezogen zu werden, falls die Unternehmung fehlschlägt. Eine vertrauensvolle Atmosphäre innerhalb des inneren Kreises ist der beste Schutz gegen diese Krankheit.

Führungspersönlichkeiten müssen immer im Hinterkopf behalten, dass sich wirkliches Vertrauen nicht so einfach herstellen lässt, wie man löslichen Kaffee in heißes Wasser rührt. Eine Führungspersönlichkeit, die auf lange Sicht erfolgreich arbeiten will, muss die Fluktuation bei ihren wichtigsten Beratern so gering wie möglich halten, sodass sich Vertrauen und Offenheit auf einer soliden Grundlage entwickeln können.

Auf der anderen Seite verfügt jede Organisation, ob groß oder klein, über eine Art von *Kurie*, eine oberste bürokratische Ebene analog zu dem Personenkreis im Vatikan, der dem Papst am nächsten steht. Eine Kurie kann leicht inzestuös werden, wenn jeder immer und immer wieder nur den Blickwinkel der anderen Mitglieder zum Ausdruck bringt. Ein innerer Zirkel, der zu beschränkt geworden ist und nur noch Nabelschau betreibt, stellt ein wesentliches Hindernis für erfolgreiche Führung dar.

Aufsichtsräte, Hochschulkuratorien, Betriebsräte, Gewerkschaften, Lehrervertretungen, Kirchenvorstände, Ältestenräte, Präsidialausschüsse, Sondereinheiten, Pfadfinderräte – alle diese Körperschaften fallen in die Kategorie gewählte und berufene Berater. Im Falle der Aufsichtsräte und Hochschulkuratorien sind die Berater sogar befugt, die Pläne einer Führungspersönlichkeit zu bewilligen oder abzulehnen, und letzten Endes liegt es in ihrer Macht, die Führungspersönlichkeit selbst einzustellen oder zu entlassen. Aber solange keine Revolution im Gange ist, treten selbst diese überaus mächtigen Gremien normalerweise als Berater der Führungspersönlichkeit auf.

Vor einigen Jahren musste ich einmal dem Finanzausschuss des USC Board of Trustees ein Projekt präsentieren, an dem mir per-

sönlich viel gelegen war und das vom Finanzausschuss bewilligt
werden musste. Am Ende meiner Präsentation sagte eines der
cleversten, zähesten und einflussreichsten Mitglieder des Kuratoriums: „Wissen Sie, Steve, das ist das unsinnigste Vorhaben, das mir
je zu Ohren gekommen ist. Es ist mir ein Rätsel, wie das jemals
funktionieren soll. Aber gut, Steve, Sie sind der Präsident, und
wenn Sie dieses Projekt durchziehen wollen, stehe ich voll und
ganz hinter Ihnen!" Nach ein oder zwei Millisekunden Nach-
denkens hatte ich Gott sei Dank die Geistesgegenwart zu sagen:
„Vielen Dank für Ihre Unterstützung, Bill, aber wenn Sie nichts
dagegen haben, würde ich diese Sache heute lieber von der Tages-
ordnung nehmen und noch einmal in Ruhe darüber nachdenken."
In diesem Fall trat diese höhere Instanz als mein offizieller Berater,
nicht als mein Vorgesetzter auf, und ich nahm mir ihren Hinweis
entsprechend zu Herzen.

Das wirklich Schwierige an gewählten oder berufenen Berater-
gremien (und auch an selbst ernannten Beratern) ist für die Führungspersönlichkeit herauszufinden, wen sie tatsächlich repräsentieren oder für welche Gruppe sie glaubhaft sprechen können.
Unser Lehrkörper an der USC umfasst 2.500 Vollzeit-Lehrkräfte,
von denen jeder Einzelne ein großes Maß an beruflicher Freiheit
genießt. Wer wollte da behaupten, dass ein aus 43 Mitgliedern be-
stehender Akademischer Senat an einem beliebigen Mittwoch-
nachmittag das kollektive Denken des gesamten Lehrkörpers der
USC ausmachen und artikulieren könnte? Natürlich niemand.
Aber da seine Mitglieder von der Gesamtheit des Lehrkörpers gewählt wurden, kann der Akademische Senat in der Tat die Interessen seiner Wähler auf eine wichtige Art und Weise vertreten.

Vielleicht könnte man hier frei nach dem Philosophen Eric
Hoffer sagen, dass eine Führungspersönlichkeit ihren gewählten
und berufenen Beratern sehr aufmerksam zuhören, sie jedoch
niemals *zu* ernst nehmen sollte. Insbesondere sollte die Führungspersönlichkeit den Worten eines offiziellen Beraters nie mehr
Bedeutung beimessen, als die tatsächliche Stellung dieses Beraters
unter seinen Wählern rechtfertigt.

Unerbetener Rat stürmt aus allen Ecken auf eine Führungspersönlichkeit ein – und das gilt ganz besonders für den Präsidenten einer
Universität. Briefe, Faxe, E-Mails und Anrufe erreichen mich in
meinem Büro; ein Absolvent begegnet mir beim Gemüsehändler;
ein Professor erwischt mich im Club; eine Studentenorganisation
schickt mir ihr neuestes Manifest zur Verbesserung der Universität.
Laut Machiavelli ist es reine Zeitverschwendung, sich diese Art
von Ratschlägen überhaupt anzuhören. Da bin ich anderer Meinung. Unerbetener Rat gibt der Führungspersönlichkeit die Gelegenheit, Dinge zu erfahren, die sie von ihren offiziellen Beratern
niemals gehört hätte. Auf der anderen Seite können solche Ratschläge jedoch auch äußerst irreführend sein.

Es kommt häufig vor, dass eine Führungspersönlichkeit von Personen angesprochen wird, die vorgeben, andere zu vertreten. In einigen Fällen sind diese Personen tatsächlich legitime Vertreter einer
bestimmten Gruppe; in anderen Fällen sind es einfach selbst ernann-
te Repräsentanten. In beiden Fällen muss die Führungspersönlichkeit immer bedenken, dass selbst die engagiertesten und lautstärks-
ten Mitglieder einer beliebigen Gruppe vielleicht für das kollektive
Denken dieser Gruppe überhaupt nicht repräsentativ sind.

Wenn Sie beispielsweise ein Amt innehätten, in das Sie
gewählt worden sind, wie wollten Sie an einem beliebigen Tag
feststellen, was die Wähler Ihres Bezirks denken? Wie würden Sie
ermessen wollen, wie sehr sie an ihren Überzeugungen festhalten?
Würden Sie die Briefe wiegen oder die E-Mails zählen, die entweder für oder gegen eine bestimmte Sache sprechen? Würden Sie
eine Umfrage starten?

In der Physik gibt es ein allgemein anerkanntes Gesetz, die so
genannte Heisenbergsche Unschärferelation. Diese besagt im Kern,
dass unter bestimmten Umständen der *Prozess* des Messens das
Ergebnis der Messung auf unvorhersehbare Art und Weise beeinflussen kann. Ein ähnliches Prinzip lässt sich beobachten, wenn
man die Stimmung unter Wählern oder Kunden oder Lehrkräften
sondieren will – allein schon der Akt des Fragens kann die Antwort
erheblich verzerren.

Die akademische Landschaft ist übersät mit Leichen von abgesetzten Dekanen, mit denen die Angehörigen ihrer Fakultät eigentlich relativ zufrieden waren, bis eine kleine Gruppe von Professoren auf die Idee kam, eine Umfrage zu dem Thema zu machen: „Sollte Dekan Higgens angesichts der Probleme, mit denen unser College zurzeit zu kämpfen hat, zum Rücktritt aufgefordert werden?" Und siehe da, plötzlich war die Mehrheit der Lehrkräfte der Meinung, dass es an der Zeit sei, den alten Higgens in Schmach und Schande zu entlassen, obwohl es *vor* dieser Umfrage den allermeisten mehr oder weniger egal war, was mit Dekan Higgens passiert.

Seien Sie auf der Hut, wenn ein offizieller oder auch selbst ernannter Berater Ihnen sagt, dass „unsere Kunden dieses wollen" oder „unsere Angestellten jenes wollen" oder „die Lehrkräfte einer bestimmten Fakultät sich über dies und das aufgeregt haben". Ein Querdenker nimmt solche Berichte nie für bare Münze; die erste Frage, die er stellt, lautet immer: „*Wer* sagt hier was zu *wem*?" Man muss zunächst einmal klären, ob die Person, die den Ratschlag erteilt, die Meinung von zwei oder von 200 Personen wiedergibt, und ob ihre Kenntnis dieser Meinung aus erster oder aus zweiter Hand stammt.

Oftmals hört ein Berater, wie ein paar Leute etwas sagen, das seinen eigenen Zielen entgegenkommt. Sodann überträgt er – unbewusst oder auch nicht – die Unterstützung für diese Ziele auf die breite Masse der betreffenden Gruppe. In anderen Fällen wird auch bei der Berichterstattung geschludert, sodass aus Kommentaren aus zweiter Hand oder aus Gerüchten plötzlich harte Fakten werden. Hier muss eine Führungspersönlichkeit das Durcheinander von widersprüchlichen Ratschlägen geschickt sortieren können. Manchmal darf sie einfach auf nichts anderes mehr hören als auf ihre innere Stimme.

Jemand, der aus dem Zuhören eine Kunst machen kann, ist jemand, der nicht einfach nur passiv zuhört; er entwickelt vielmehr ein reges Interesse an dem, was er hört, und ermutigt sein Gegenüber zum Erzählen. So erfährt er nicht nur zusätzliche Einzelheiten, sondern kann gleichzeitig auch etwas über die Intention und Tendenzen der Person lernen, die ihm die Informationen übermittelt. Aktives Zuhören, verbunden mit gezielten und prüfenden Fragen, hilft der Führungspersönlichkeit herauszufinden, ob ihr Gesprächspartner ein schludriger oder ein gewissenhafter Berichterstatter ist. Außerdem kann sie damit auch ein Gesprächsklima schaffen, in dem ihr Gegenüber merkt, dass er für seine Aussagen verantwortlich ist und dass man von ihm haltbare Informationen statt bloßer Belehrungen erwartet.

Sehr aufschlussreich ist es auch, sich dieselbe Begebenheit jeweils getrennt von zwei verschiedenen Personen erzählen zu lassen. Wie sehr man sich auch anstrengen mag, kein Mensch wird jemals in der Lage sein, einen völlig objektiven Bericht über ein Ereignis oder eine Angelegenheit zu liefern; seine Beschreibung wird immer in einem gewissen Maße durch seine persönlichen Vorurteile gefiltert sein. Wenn Sie jedoch ganz bewusst unabhängige Bewertungen desselben Ereignisses von zwei oder mehr Personen einholen, deren Einstellung Sie kennen, wird es Ihnen um einiges leichter fallen, einer bestimmten Sache auf den Grund zu gehen. Wenn ich weiß, dass einer meiner ranghöchsten Vizepräsidenten dazu neigt, die meisten Angelegenheiten in einem zynischen Licht zu sehen, während ein anderer die Dinge meist viel zu optimistisch einschätzt, dann wird es oft sehr hilfreich sein, mich jeweils getrennt mit beiden zusammenzusetzen und mir ihre jeweilige Darstellung eines bestimmten Ereignisses aufmerksam anzuhören.

Mit den herkömmlichen Regeln für den gesellschaftlichen Diskurs, die die meisten Führungspersönlichkeiten auf ihrem Weg nach oben erlernen, wird man im Allgemeinen kein „guter" Zuhörer werden. Erstens laufen Führungspersönlichkeiten, die aufmerksam und sorgfältig zuhören, Gefahr, missverstanden zu werden. Insbesondere mitfühlendes Zuhören kann bei einer Führungspersönlichkeit von ihren Gefolgsleuten fälschlicherweise als Zustimmung ausgelegt werden. Franklin Roosevelt hatte diesbezüglich ein großes Problem. Fast jeder hatte nach einem privaten Gespräch mit FDR das Gefühl, dass der Präsident mit ihm übereingestimmt hatte, obwohl es sehr gut sein konnte, dass Roosevelt in Wahrheit völlig gegensätzlicher Meinung war. Diese ungünstige Eigenschaft Roosevelts führte zu heftigen Auseinandersetzungen und viel bösem Blut innerhalb seiner Regierung.

Daher muss die *Führungspersönlichkeit* sicherstellen, dass ihr Gesprächspartner von ihren ehrlichen Bemühungen, die übermittelten Informationen zu verstehen und anzuerkennen, nicht unbeabsichtigt in die Irre geführt wird. Hier die richtige Balance zu finden ist eine hohe Kunst.

Im ersten Kapitel habe ich dargestellt, wie wichtig vorurteilsfreies Denken ist – eine Information aufzunehmen und die Beurteilung ihres Wahrheitsgehalts so lange wie möglich aufzuschieben. Ein bedeutsamer Teil vorurteilsfreien Denken ist für eine Führungspersönlichkeit vorurteilsfreies *Zuhören* – Geschichten, Berichte, Beschwerden, Beschuldigungen, Anmaßungen und Vorurteile zunächst einmal nur aufzunehmen, ohne gleich eine definitive Antwort zu geben.

Zudem ist eine Führungspersönlichkeit dank ihrer Position in der Lage, Dinge anders zu betrachten, als sie von ihren Gefolgsleuten gesehen werden, die direkt an der Front stehen und vielleicht gezwungen sind, ihre eigenen Mitarbeiter zu schützen oder ihr Vorgehen zu verteidigen. Da eine Führungspersönlichkeit von einer Situation oftmals nicht direkt betroffen ist, muss sie sich nicht verteidigen, sondern hat die Möglichkeit, Anliegen einfach nur wahrzunehmen, ohne sie gleich beurteilen zu müssen.

Manchmal kommt es vor, dass sich jemand bei mir – persönlich, in einem Brief, per Fax oder E-Mail – über ein Erlebnis oder ein Gespräch mit einem unserer Mitarbeiter oder Studenten beschwert, das ihn verärgert hat oder mit dem er unzufrieden war. Daraufhin nehme ich das betreffende Anliegen mit einer so genannten „Hinhalte-Antwort" zur Kenntnis. Ich schicke der betreffenden Person zum Beispiel umgehend einen Brief, in dem ich schreibe: „Mr. Smith, das Verhalten, das Sie in Ihrem Schreiben geschildert haben, ist hier an der USC vollkommen inakzeptabel. Ich habe eine hochrangige Vizepräsidentin, Ms. Jones, gebeten, der

Sache nachzugehen; Ms. Jones wird Sie und mich persönlich innerhalb der nächsten zehn Tage über die Ergebnisse und das weitere Vorgehen informieren." Was ich *auf keinen Fall* sage, ist: „Mr. Smith, es ist wirklich ungeheuerlich, was Ihnen widerfahren ist", denn ich weiß ja gar nicht genau, was ihm widerfahren ist, und bin daher nicht in der Lage, die Sache zu beurteilen, bevor ich nicht auch die andere Seite (oder die anderen Seiten) der Geschichte gehört habe.

Man sollte derartige Angelegenheiten also auf der einen Seite nicht abtun oder ignorieren, sich aber andererseits auch nicht zu einer schnellen Beurteilung der Sache hinreißen lassen. Mr. Smith hat sich beim Präsidenten beschwert, also bekommt er auch umgehend eine Antwort vom Präsidenten. In meiner Antwort habe ich meine Betroffenheit zum Ausdruck gebracht und ihm zu verstehen gegeben, dass er und ich sehr ähnliche Wertvorstellungen haben. So weiß Mr. Smith, dass wir ihm zuhören und dass wir bereit sind, auf seine Beschwerde hin etwas zu unternehmen, falls dies notwendig sein sollte. Gleichzeitig zeigt meine Erwiderung jedoch auch deutlich, dass ich seine Version der Geschehnisse nicht unbedingt akzeptiere.

Vielleicht muss ich auch überhaupt nie zu einer Schlussfolgerung kommen, was den genauen Ablauf dieses Ereignisses betrifft – normalerweise liegt die Entscheidung darüber bei jemand anderem. Nachdem ich der Person, die sich beschwert hat, gezeigt habe, dass ich ihr Anliegen ernst nehme, schicke ich der zuständigen übergeordneten Führungskraft eine Notiz, in der ich sie auffordere, sich darum zu kümmern. Ich sage der betreffenden Person wohlgemerkt nicht in aller Schärfe, dass sie die Sache gefälligst in Ordnung bringen solle, sondern schreibe vielmehr etwas wie: „Mr. Smith behauptet, von einem unserer Studenten schlecht behandelt worden zu sein. Ich habe keine Ahnung, ob seine Behauptung zutrifft, aber falls ja, teilen Sie mir bitte mit, was *Sie* in dieser Sache unternehmen werden."

Ein wichtiger Punkt hierbei ist, dass ich eine solche Angelegenheit immer einem hochrangigen Vizepräsidenten übergebe, der mir direkt untersteht – und nicht dem Manager, der am ehesten für das konkrete Problem zuständig wäre. Indem ich einer hochrangigen

Führungskraft die Verantwortung dafür übergebe, dass etwas unternommen wird, sind gleichzeitig auch alle ihre Mitarbeiter mit verantwortlich. Würde ich jemanden im mittleren Management mit der Beseitigung des Problems beauftragen, unterliefe ich damit die Autorität des Vizepräsidenten und spräche ihm seine Verantwortlichkeit für dieses Problem ab. Außerdem würde der beauftragte Manager innerhalb kürzester Zeit das Gefühl bekommen, dass er nicht mehr dem zuständigen Vizepräsidenten, sondern direkt mir verantwortlich ist.

Wenn ich fliege, bevorzuge ich meist eine bestimmte Fluggesellschaft. Ab und zu schreibe ich dem CEO dieser Airline einen Brief, in dem ich den hervorragenden Service eines seiner Angestellten lobe, und ab und zu schicke ich ihm einen Beschwerdebrief. Es amüsiert mich immer wieder, dass er auf meine positiven Schreiben persönlich antwortet, die Beschwerdebriefe dagegen immer von einem seiner Assistenten beantworten lässt. So ein Feigling! Ich hätte gedacht, er wäre Manns genug, sowohl auf Komplimente als auch auf Beschwerden selbst zu reagieren.

Ein wichtiger Bestandteil richtigen Zuhörens ist zu wissen, wann man aufhören sollte zuzuhören. Irgendwann kommt der Punkt, an dem eine Führungspersönlichkeit entweder selbst eine Entscheidung treffen oder sie an jemand anderen delegieren muss, um sich der nächsten Angelegenheit zuwenden zu können. Die gute Nachricht ist, dass sorgfältiges und intensives Zuhören gleich von Anfang an der Führungspersönlichkeit am Ende viel Zeit sparen kann. Wie wir in einem späteren Kapitel noch sehen werden, ist richtiges Zuhören sogar eines der Schlüsselelemente, wenn eine Führungspersönlichkeit Zeit und Effektivität gewinnen will.

Ebenso wie man vorurteilsfrei denken kann, ohne jemals zu einer Schlussfolgerung kommen zu müssen, kann man auch vorurteilsfrei zuhören, ohne jemals eine Antwort geben zu müssen. Manchmal ist eine Erwiderung nicht unbedingt notwendig und manchmal ist keine Antwort die beste Antwort.

Ein letzter Aspekt vorurteilsfreien Zuhörens ist, dass eine Führungspersönlichkeit sich kein Urteil über die Glaubwürdigkeit einer Person bilden sollte, solange dies nicht absolut notwendig ist. Viele erfolglose Führungspersönlichkeiten dachten, sie müssten auf der Stelle entscheiden, ob es sich lohnt, einer bestimmten Person zuzuhören oder nicht. Wer ihnen als Wirrkopf erschien, wurde sofort abgeschrieben, bis sich dann herausstellte, dass auch weniger wortgewandte Menschen manchmal sehr viel Wichtiges zu sagen haben. Ich staune immer wieder darüber, wie viele angehende Führungspersönlichkeiten auf diese aalglatten, gut ausgebildeten Idioten hereinfallen, während sie sich mit tiefgründigen Denkern, die ihre Gedanken nicht besonders gut in Worte fassen können, erst gar nicht abgeben. Wichtig ist, dass man sich nicht sofort ein Urteil bildet – weder über das, was man zu hören bekommt, noch über die Person, von der man es hört.

Verschiedene Beobachter haben gesagt, dass Eckhard Pfeiffers Karriere als CEO von Compaq nicht zuletzt deshalb so abrupt endete, weil er dazu neigte, Menschen in A- und B-Kategorien einzuteilen; ersteren hörte er zu, letzteren schenkte er wenig oder gar keine Beachtung. Als er Compaq auf einen neuen Kurs bringen wollte, um es zu einem der führenden Unternehmen im E-Business zu machen, hatte diese Unfähigkeit, auch die guten Ideen von Leuten der B-Kategorie anzuhören, Orientierungslosigkeit und Vertrauensverlust zur Folge. Dies führte letztendlich dazu, dass Pfeiffer innerhalb kürzester Zeit in Ungnade fiel.

Ich bin ein enthusiastischer Befürworter offener Kommunikation innerhalb eines Unternehmens als Mittel zur Verkürzung der Wege durch den Sumpf der Bürokratie. Ich weiß es zu schätzen, dass es mir jederzeit freisteht, informelle Gespräche mit Angestellten und Kollegen der verschiedensten Hierarchiestufen zu führen – und dabei ungehindert Ideen und Meinungen über unsere Arbeit an der USC und über die Leute, denen wir unsere Dienste anbieten, aussprechen und anhören zu können.

Dabei besteht allerdings die Gefahr, dass die Autorität und Zuständigkeit der Linienmitarbeiter untergraben wird. Wie ich weiter oben bereits dargestellt habe, kann es sehr schnell passieren, dass eine Führungspersönlichkeit die Verantwortlichkeitsstrukturen, die für eine Person einige Ebenen weiter unten in der Organisation gelten, unbeabsichtigt verändert, einfach indem sie direkt mit dieser Person spricht.

Meiner Erfahrung nach lässt sich dieser Balanceakt am besten vollführen, wenn man etwas anwendet, das ich „offene Kommunikation bei klaren Entscheidungsstrukturen" nenne. Unter dieser Rubrik steht es jedem Angehörigen einer Organisation frei, direkt mit jeder anderen Person innerhalb dieser Organisation zu kommunizieren, immer vorausgesetzt, dass *sämtliche Verpflichtungen, Zuteilungen und Entscheidungen immer streng den Hierarchielinien folgen.*

Was heißt das für die Praxis? Nun, es bedeutet, dass ich direkt mit jedem Lehrstuhlinhaber oder jedem Angehörigen des Lehrkörpers oder auch jedem angestellten Manager sprechen kann, ohne alle dazwischen liegenden Zuständigkeitsebenen durchlaufen zu müssen, und genauso kann auch jeder andere innerhalb der Organisation direkt mit mir oder jedem hochrangigen Vizepräsidenten oder jedem Dekan kommunizieren. Klingt ganz einfach, nicht wahr? Theoretisch ist es das auch, aber es funktioniert nur, wenn alle auch den zweiten Teil der Gleichung verstehen und akzeptieren – *klare Entscheidungsstrukturen.*

Sehen wir uns folgendes Beispiel an. Stellen Sie sich vor, ein angesehener Professor ruft mich an, um sich über die Ungeheuerlichkeiten zu beschweren, die der zuständige Lehrstuhlinhaber begangen hat. Ich höre aufmerksam zu und stelle Fragen, bis ich genau verstanden habe, worum es diesem Professor geht. Vielleicht fragt er mich dann, welche Veränderungen *ich* vornehmen werde oder was *ich* zu unternehmen gedenke, um dieses Problem anzugehen, woraufhin ich ihm erwidere: „Nichts." „Wie bitte?", fragt er. „Sie wollen die Sache nicht selbst in die Hand nehmen und sich persönlich um meine Belange kümmern?" Ich sage ihm dann: „Sehen Sie, Herr Professor, Sie haben mir das Problem in allen Einzelheiten erklärt; ich habe Ihnen sehr genau zugehört und ich verstehe Ihren Standpunkt voll und ganz. Ich werde Ihren Bericht wortgetreu an den Provost weitergeben, der es mit Sicherheit ausführlich mit dem Dekan besprechen wird, und dieser wird es zweifellos mit dem Vorsitzenden Ihres Instituts diskutieren. Ich persönlich ernenne oder entlasse nur den Provost, nicht die Lehrstuhlinhaber. Wenn ich wollte, könnte ich natürlich alle bürokratischen Hürden umgehen und direkten Einfluss auf die Budgetzuteilungen und die Berufungen innerhalb Ihres Fachbereichs nehmen, aber ich halte mich strikt an die Regel der *klaren Entscheidungsstrukturen*. Ein anderes Vorgehen würde Ihre und meine Freiheit, ohne Angst vor Repressalien oder Rebellion direkt miteinander sprechen zu können, mit Sicherheit einschränken."

Einer meiner Freunde, ein außergewöhnlich erfolgreicher Unternehmer, widersprach mir einmal in Bezug auf diese Art von offener Kommunikation mit klaren Entscheidungsstrukturen. Er erzählte mir von einem Vorfall, bei dem er bei einem der Ingenieure seines Unternehmens im Labor vorbeigeschaut hatte, um zu sehen, wie es voranging, und um ein paar Fragen zu stellen. Einige Tage später beklagte sich der Leiter der betreffenden Abteilung bei meinem Freund, dass dieser dem Ingenieur völlig neue Anweisungen für die Arbeit in dem betreffenden Labor gegeben hätte. Meinem Freund war das furchtbar unangenehm. „Ich habe doch nur ein paar Fragen gestellt, nichts weiter", sagte er. Was er jedoch nicht bedacht hatte, war, dass er völlig zu Recht als ein CEO galt, der die Dinge gerne selbst in die Hand nimmt. Der Ingenieur hatte die harmlos gemeinten Fragen daher als Anweisung vom obersten Chef ausgelegt, sich in eine neue Richtung zu bewegen. Um es noch einmal zu sagen: Offene Kommunikation funktioniert nur, wenn sich alle stets auch an die andere Seite des Geschäfts halten: klare Entscheidungsstrukturen.

Richtiges Zuhören kann Ihnen unerwartete Macht verleihen, was ein alter Freund von mir, Sam Regenstrief, mehr als einmal bewiesen hat. Sam hatte mich als technischen Berater für seine Geschirrspülerfirma in einer Kleinstadt im südlichen Indiana verpflichtet. Es gab Zeiten, da versandte sein Unternehmen täglich 6.000 Geschirrspülmaschinen unter dreizehn verschiedenen Markennamen, was einen Marktanteil von vierzig Prozent aller in den USA produzierten Geschirrspüler darstellte.

Sam war ein großartiger Geschäftsmann, aber wenn man ihn zum ersten Mal traf, machte er ganz und gar nicht diesen Eindruck. Er hatte sehr schlechte Augen und trug eine seltsam aussehende Brille mit dicken Gläsern, dazu litt er beim Sprechen unter einer Art Legasthenie. Das führte dazu, dass seine Verhandlungspartner (insbesondere solche, die aus größeren Städten kamen) ihn für ein naives Landei hielten, das man leicht über den Tisch ziehen konnte.

Während geschäftlicher Verhandlungen bombardierte Sam die andere Seite immer mit scheinbar unsinnigen Fragen und bat die Leute oft, noch einmal zu wiederholen, was sie gerade gesagt hatten. Er schien vieles durcheinander zu bringen und wirkte oft sehr verwirrt. Unsere Geschäftspartner waren von diesem umständlichen und zeitraubenden Verhandlungsstil so entnervt, dass sie in der Regel jede Menge Zugeständnisse machten.

Sams Verhandlungsgeschick beruhte nicht auf aggressivem, dominantem Verhalten, sondern vielmehr auf seiner Bereitschaft, unglaubliche Mengen an Zeit auf die Klärung von Fragen und das Anhören von Forderungen zu verwenden. Sein verwirrtes und verwirrendes Auftreten war einfach entwaffnend. Wenn man den Eindruck hatte, er hört überhaupt nicht zu, war er in Wirklichkeit der beste Zuhörer im ganzen Raum.

Die meisten Universitätspräsidenten, Fortune-500-CEOs oder Staatsoberhäupter können es sich nicht leisten, auf andere wie naive Landeier zu wirken. Nichtsdestotrotz habe ich eine Menge von Sam gelernt, was mir über die Jahre überaus nützlich war. Wenn ich in einer schwierigen Verhandlung bin, halte ich mich oft zurück, nehme Stück für Stück auf, was die andere Seite sagt, schlage dann, wenn es heiß hergeht, eine völlig neue Richtung ein und komme schließlich mit einer anderen Perspektive wieder auf das Hauptproblem zurück. Ich sage nie: „Nein, auf gar keinen Fall", oder „Das ist nicht verhandelbar". Ich bleibe flexibel, bitte mein Gegenüber, mir mehr zu erzählen, und höre genau hin, damit mir

kein Hinweis auf ein Entgegenkommen oder einen Stimmungs-
wechsel der anderen Seite entgeht.

Nach herkömmlicher Meinung sollte ein Außenstehender, der
zur Führung einer Organisation berufen wird, die Zügel so schnell
wie möglich in die Hand nehmen. Das ist vielleicht angebracht,
wenn die Organisation sich in einer Krise befindet und kurz vor
dem Untergang steht, was ja oft der Fall ist, wenn jemand zur Führung eines gewinnorientierten Unternehmens neu eingestellt wird.
Aber in anderen Fällen wäre es durchaus ratsam für die neu ernann-
te Führungspersönlichkeit von außen, auf eine Übergangszeit von
einigen Monaten zwischen der Ankündigung ihres Amtsantritts
und der tatsächlichen Amtsübernahme zu bestehen. Während
dieses Interregnums kann sie zuhören, Fragen stellen und noch ein
bisschen mehr zuhören, ohne für irgendwelche Entscheidungen
verantwortlich zu sein. Jeder Angehörige der betreffenden Organisation wird dem angehenden CEO in dieser Zeit sein Herz aus-
schütten wollen. Und die Führungspersönlichkeit wird niemals
eine bessere Gelegenheit haben, alle Stärken und Schwächen der
Organisation, ihre Zukunftsperspektiven und die Begabungen der
darin tätigen Leute kennen zu lernen.

Ich staune immer wieder über die eklatanten Fehler, die neue
CEOs machen, wenn sie in ein neues Unternehmen kommen. Sie
sind keinesfalls dumm, sie wissen es nur nicht besser. Ein paar
Monate richtigen Zuhörens als noch nicht amtierender CEO,
bevor sie das Zepter übernehmen, würde ihnen so gut wie sicher zu
einem erfolgreichen Start verhelfen.

In meinem eigenen Fall bestand ich auf einer Übergangszeit
von vier Monaten zwischen meiner Ernennung zum Präsidenten
der SUNY-Buffalo und dem Zeitpunkt, zu dem ich mein Amt 1982
tatsächlich antrat; ein ähnliches Interregnum handelte ich auch
1991 bei meinem Wechsel von Buffalo zur USC aus. Wenn ich auf
diesen beiden Posten tatsächlich so erfolgreich gewesen bin, wie
das Vorwort glauben machen will, dann habe ich einen Großteil
dieses Erfolgs in beiden Fällen der Tatsache zu verdanken, dass mir
der Luxus einer langen Zeit des richtigen Zuhörens vergönnt war,

bevor ich als Führungspersönlichkeit Verantwortung übernehmen musste.

Viele Menschen in Führungspositionen sind schlechte Zuhörer – sie interessieren sich entweder nicht für das, was andere zu sagen haben, oder ihnen mangelt es an den Fähigkeiten, die man braucht, um richtig zuhören zu können. Einige wenige dieser Menschen erscheinen vielleicht sehr erfolgreich. Aber ich schätze, dass die Zahl der wirklich erfolgreichen Führungspersönlichkeiten, die sich keine dieser zum Zuhören notwendigen Fähigkeiten angeeignet haben, relativ gering ist. Für die große Mehrheit von uns, deren Bestreben es ist, eine wirklich herausragende Führungspersönlichkeit zu werden, ist richtiges Zuhören nicht einfach nur ein zusätzlicher Vorteil – es ist schlicht eine Notwendigkeit.

Kapitel 3

Experten: Retter und Scharlatane

Man kann sich nur schwer vorstellen, wie eine moderne Führungs-persönlichkeit ihre Funktion ohne die Hilfe von Experten ausüben sollte. Wäre es überhaupt denkbar, dass in der heutigen Zeit jemand eine komplexe Organisation leitet, ohne eine ganze Horde von Rechtsanwälten, Wissenschaftlern, Architekten, Buchhaltern, Ingenieuren und Beratern zu beschäftigen? Natürlich nicht.

Weniger offensichtlich ist allerdings die große Zahl von Führungspersönlichkeiten, die von wohlmeinenden Fachleuten zu Fall gebracht werden. Die Frage ist also: Wie kann eine moderne Führungspersönlichkeit Experten zu ihrem Vorteil einsetzen, ohne von ihnen ausgenutzt oder gar aufgerieben zu werden?

George Bernard Shaw sagte einmal, dass jeder Beruf eine Verschwörung gegen den Laienstand darstelle. Da hat er nicht ganz Unrecht gehabt; Fachleute und die Berufe, die sie repräsentieren, sind nicht immer ein Segen für die Menschheit.

Ich habe einmal einen Artikel gelesen, in dem der Autor eine unglaubliche Menge an statistischen Daten zusammengetragen hatte, um zu zeigen, dass der Berufsstand der Mediziner erst 1931 sozusagen die Kurve gekriegt hat – das heißt unterm Strich mehr Gutes als Schlechtes bewirkt hat. Er führte an, dass es zwar einzelne Ärzte und bestimmte Prozeduren gegeben habe, die auch vor 1931 mehr genützt als geschadet haben, dass jedoch erst vor siebzig Jahren der Berufsstand in seiner Gesamtheit anfing, einen tatsächlichen positiven Beitrag zur Volksgesundheit zu leisten. Ich habe keine Ahnung, ob die These dieses Autors zutrifft, aber die zugrunde liegende Idee ist sehr reizvoll. Ich würde intuitiv sogar sagen, dass viele Berufe in Bezug auf ihren Nutzen für die Gesellschaft noch Jahrzehnte von einem solchen Wendepunkt entfernt sind.

Ich sollte vielleicht gleich zu Anfang sagen, dass ich beim Schreiben dieses Kapitels in einen Gewissenskonflikt geraten bin. Ich bin fast mein ganzes Berufsleben lang im akademischen Bereich tätig gewesen – als Professor, Dekan für das Graduiertenstudium, Vizepräsident und Präsident einer Universität. Eine der Hauptaufgaben (manche würde sagen, die Aufgabe schlechthin) einer Universität besteht darin, Experten und Intellektuelle hervorzubringen. Ich hege natürlich Sympathien für diese Leute, weil ich einer von ihnen bin. Gleichzeitig kenne ich ihre Fehler und Schwächen nur zu gut, die, wenn sie auch für sich genommen nicht so gravierend sind, doch für Führungspersönlichkeiten schwer wiegende Folgen haben können, ganz gleich, in welchen Bereichen unserer Gesellschaft diese tätig sind.

Die Herausforderung beim Schreiben dieses Kapitels bestand für mich also darin, wohlwollend und doch offen über diejenigen meiner Seelenverwandten zu sprechen, die ständig durchblicken lassen, dass sie über spezielle Kenntnisse verfügen, die dem Laien im Allgemeinen nicht zugänglich sind.

Lassen Sie mich mit einer ganz persönlichen Geschichte beginnen. Eines Samstagmorgens im Jahr 1947, ich war gerade sieben Jahre alt, fuhren mein Vater und ich von unserer Farm in Missouri aus in die Bezirkshauptstadt. Als wir aus dem Wagen stiegen, um zu Fuß die Straße hinunterzugehen, bemerkte ich ein relativ neues Gebäude, das kurz nach dem Zweiten Weltkrieg gebaut worden war. Die weißen Mauern waren von dunkelgelben und braunen Streifen entstellt, die sich an der Außenfläche nach unten zogen. Aus heutiger Sicht würde ich sagen, dass der Architekt irgendwo oben in der Mauerkrone einen unverzinkten Stahl verwendet hatte, der zu rosten anfing und damit die weißen Mauern verschmutzte. Zu jener Zeit konnte ich das jedoch noch nicht wissen und fragte daher meinen Vater, woher denn diese „hässlichen braunen Flecken" kämen. Mein Vater blieb stehen, betrachtete das Gebäude eine geraume Weile, schaute dann mich an und sagte: „Mein Sohn, vertraue niemals einem Architekten." Und mit diesen Worten ging er weiter.

Soweit ich weiß, hatte mein Vater nicht besonders viel mit Architekten zu tun. Wahrscheinlich hat er überhaupt nie einen persönlich gekannt. Und ich muss ehrlicherweise sagen, dass die große Mehrheit der Architekten, mit denen ich im Laufe der Jahre gearbeitet habe, sehr vertrauenswürdige Fachleute waren, die stets im Interesse ihrer Kunden handelten.

Aber diese ein halbes Jahrhundert alte Bemerkung meines Vaters enthält doch einen praktischen Rat für Führungspersönlichkeiten, die sich mit Fachleuten auseinandersetzen müssen. Um noch einmal den Philosophen Eric Hoffer zu paraphrasieren: Eine Führungspersönlichkeit sollte Experten aufmerksam zuhören, sie jedoch niemals zu ernst nehmen – und ihnen auf gar keinen Fall voll und ganz vertrauen.

Die meisten Leute würden sagen, dass Frank Lloyd Wright ein großartiger Architekt war – vielleicht sogar der größte Architekt des 20. Jahrhunderts. Aber er verlangte von seinen Kunden ein Maß an Unterordnung und eine Leidensfähigkeit, die für die meisten von uns unerträglich wäre.

Anfang des letzten Jahrhunderts entwarf Wright ein Haus für Mr. und Mrs. Darwin Martin aus Buffalo, New York. Dieses herausragende Beispiel für Wrights Arbeit ging in den späten sechziger Jahren in den Besitz der SUNY-Buffalo über. Mit dem Kauf dieses Hauses erwarb die Universität auch einen großen Teil der Originalkorrespondenz zwischen Wright und Martin. In diesen Briefen zeigt sich ganz deutlich, dass Wright ein hochgradiger Egomane war, der sich nicht im Geringsten um die Bedürfnisse oder Wünsche seiner Kunden scherte. Wright sah sich als kreatives Genie, während den Martins die Rolle der wohlhabenden Kulturbanausen zukam, die sich glücklich schätzen konnten, dass sie ein von Wright entworfenes Haus bewohnen (und bezahlen) durften. Letzten Endes lief es darauf hinaus, dass die gesamte Familie Martin (ausgenommen der schwer geprüfte Mr. Martin) Wright, sein Haus und sein überdimensioniertes Ego kaum noch ertragen konnten.

Ich habe viele wundervolle Stunden im teilweise restaurierten Martin-Haus verbracht, als ich von 1982 bis 1991 Präsident der SUNY-Buffalo war. Ich konnte Wrights Gegenwart und seine Kreativität im Zusammenklang vieler Interieur-Details, in den wunderschönen farbigen Fenstern und den wenigen noch im Haus befindlichen Möbelstücken, die Wright persönlich entworfen hatte, beinahe körperlich spüren. Es steht außer Zweifel, dass das Martin-Haus ein herausragendes Kunstwerk darstellt. Aber als Heim für die Familie Martin hat es kläglich versagt. Wright war mit Sicherheit ein begnadeter Künstler. Aber war er auch ein Architekt in dem Sinne, dass er als Fachmann stets die Bedürfnisse und Interessen seiner Kunden obenan stellte? Vielen Experten ist weniger daran gelegen, ihren Kunden zu dienen, als vielmehr ihrem eigenen Ego gerecht zu werden oder ihr Ansehen innerhalb ihrer Zunft oder bei ihren Kollegen zu mehren. Sie umgehen dieses ethische Dilemma, indem sie sich einreden, dass sie einfach besser wissen, was für den jeweiligen Kunden gut ist. Manchmal haben sie da auch durchaus Recht. Aber manchmal können derartige Fachleute sich auch den Ruf eines rechten Rasputins erwerben, sodass die verschüchterten Kunden sich nicht einmal mehr trauen nachzufragen, was im Moment eigentlich passiert (Wie könnte man es wagen zu behaupten, der Kaiser wäre nackt?).

Ein solch egozentrisches Verhalten lässt sich keineswegs nur bei Architekten beobachten. Auch viele Innenausstatter, Unternehmensberater, Ingenieure, Buchhalter, Rechtsanwälte, Ärzte, Software-Entwickler und Chirurgen neigen dazu.

Ein Freund erzählte mir kürzlich von seinem Ärger mit einer Grafikdesignfirma, die eine Werbekampagne für ein neues Projekt seiner Universität entwerfen sollte. Sein Mitarbeiterstab wollte die Überschriften und Bildunterschriften in der betreffenden Broschüre gerne in großer Schrift haben, da viele ihrer Geldgeber nicht mehr die Jüngsten waren (also über sechzig, so wie ich) und Schwierigkeiten hatten, allzu klein Gedrucktes zu lesen. Die Grafikdesigner hingegen bestanden darauf, dass diese Teile in kleiner Schrift gehalten sein müssten, um die „künstlerische Integrität" der Broschüre zu gewährleisten. Ihnen war es offensichtlich wichtiger, ihre Berufskollegen im ganzen Land zu beeindrucken (und vielleicht sogar eine Auszeichnung zu erhalten), als die Botschaft ihres Kunden an dessen Geldgeber zu übermitteln.

Ich selbst bin schon lange Zeit sowohl als Fachmann als auch in einer hohen Führungsposition tätig und ich würde Warren Bennis darin zustimmen, dass ein Experte ein „großer Spezialist" und eine Führungspersönlichkeit ein „großer Generalist" sein muss. Ein Fachmann muss tiefer gehende Einblicke in ein oder einige wenige Sachgebiete haben, während eine Führungspersönlichkeit über ein ausreichend breites Allgemeinwissen verfügen muss, damit sie aus den Ratschlägen verschiedener Experten ein in sich stimmiges Vorgehen ableiten kann.

Eine Führungspersönlichkeit, die mit Fachleuten zu tun hat, muss immer genau wissen, welche Ziele sie verfolgt und wie ein bestimmter Experte ihrer Meinung nach dazu beitragen kann, diese Ziele zu erreichen. Lassen Sie mich ein Beispiel anführen. Die Gebäude der USC sind seit den zwanziger Jahren des vorigen Jahrhunderts überwiegend in italienisch-romanischer Architektur gehalten. Dieser klassische Stil zeichnet sich durch Backsteinmauern, dekorative Bögen, Kolonnaden und Loggias und rote Ziegeldächer aus. Während meiner zehn Jahre an der USC haben mir ungelogen tausende Universitätsangehörige – Studenten, Angehörige des Lehrkörpers, Eltern, Absolventen und Geldgeber – gesagt, wie sehr sie die Gebäude auf unserem Campus lieben, die in diesem Stil gehalten sind, und nicht ein einziger hat sich jemals dahingehend geäußert, dass sie ihm nicht gefielen.

In den sechziger Jahren wandte sich die USC von diesem italienisch-romanischen Baustil ab und ersetzte ihn durch eine eklektische Sammlung moderner Gebäude. Tausende unserer Universitätsangehörigen haben mich wissen lassen, wie abstoßend sie diese Bauten finden, und kein einziger hat jemals gesagt, dass sie ihm besser gefielen als die traditionellen Gebäude.

Welchen architektonischen Stil soll ich als Präsident der USC jetzt, in einer der regsten Bauphasen in der Geschichte unserer Universität, also befürworten? Soll ich mich von meinem persönlichen Geschmack (der eher zu modern hin tendiert) leiten lassen, oder sollte ich stattdessen lieber höheren Interessen dienen? Und wenn ja, welchen höheren Interessen?

Die Antwort ist, glaube ich, klar. Es ist völlig egal, welche Art von Architektur ich persönlich bevorzugen würde. Worauf es ankommt ist einzig und allein, welcher Stil die Rolle und die Mission der USC am besten fördert.

Die Aufgaben der USC sind Lehre, Forschung und Dienst an der Allgemeinheit. Um diese Aufgaben erfüllen zu können, müssen wir die allerbesten Studenten und Lehrkräfte anwerben und eine Menge Geld aufbringen, um sie zu unterhalten. Es gehört keinesfalls zu unseren Aufgaben, Bauten zum Selbstzweck zu errichten, vielmehr bauen wir neue Gebäude nur, um unsere akademische Mission besser erfüllen zu können. Und das bedeutet, dass wir Häuser bauen müssen, die den talentiertesten jungen Leuten und den hervorragendsten Professoren langfristig gefallen und bei deren Anblick unseren Absolventen, Geldgebern, Eltern und Freunden das Herz aufgeht.

Und was ist letztendlich passiert? Nun, wir reißen im Moment einige der geschmackloseren Bauten aus den sechziger Jahren auf unserem Campus ab und ersetzen sie durch neue Gebäude im italienisch-romanischen Stil.

Manchmal gibt es keine höheren programmatischen Interessen, denen ein Bauwerk dienen muss, manchmal ist das Gebäude an sich alles, worauf es ankommt. Ein anschauliches Beispiel ist Frank Gehrys neues Guggenheim-Museum im spanischen Bilbao. Ich kenne niemanden, der ernsthaft daran glauben würde, dass das Guggenheim-Museum in New York eine nennenswerte Kollektion seiner wichtigsten Besitztümer einem Satelliten-Museum in einer kleinen und relativ abgelegenen Stadt in Nordspanien zur Verfügung stellen würde. Also haben die Stadtväter von Bilbao bei der Wahl des Architekten einen wichtigen Punkt berücksichtigt: Das Gebäude selbst musste so überwältigend und originell sein, dass es Touristen aus der ganzen Welt anzog. Es war riskant, aber letzten Endes ist die Rechnung für Bilbao voll aufgegangen. Die Leute werden sich noch auf Jahre hinaus darüber streiten, ob Gehrys Kreation ein gutes Kunstmuseum abgibt, aber fast alle sind sich darin einig, dass es für sich genommen ein herausragendes Kunstwerk ist und dass es sich auf jeden Fall lohnt, nach Bilbao zu fahren, um es zu sehen.

Das australische Sydney mit seiner Oper ist ein ähnliches Beispiel. Das Gebäude ist zwar in der Unterhaltung ein Albtraum, aber es gibt ein wunderbares internationales Symbol sowohl für Sydney als auch für Australien ab. Im Vergleich hat die australische Regierung mit ihrem neuen Parlamentsgebäude in Canberra völlig danebengegriffen – das Bauwerk ist nur eine weitere seltsam aussehende Konstruktion ohne jeglichen Symbolwert.

Ich staune immer wieder darüber, wie stark der Herdentrieb innerhalb der künstlerischen Berufe ist. Bei so nüchternen Professionen wie Arzt, Ingenieur und Buchhalter würde man vielleicht eine gewisse Konformität erwarten, aber hätten Sie nicht auch gedacht, dass Modedesigner, Filmemacher, Maler, Musiker, Architekten und Schriftsteller geradezu militant individualistisch wären? Die allerbesten von ihnen sind es natürlich, aber die meisten sind nichts weiter als Sklaven der jeweils vorherrschenden Mode.

Nun, wenn man ein Kleid oder ein Kunstwerk kauft, das nach ein paar Jahren völlig aus der Mode ist, dann ist das nicht weiter schlimm; man kann es immer noch im Schrank verstecken oder zur Altkleidersammlung geben. Aber Gebäude, die aus einer kurzlebigen Mode heraus entstanden sind, stellen schon ein größeres Problem dar. Bauwerke sind in ihrer Beschaffenheit nun einmal darauf ausgerichtet, Jahrzehnte (wenn nicht Jahrhunderte) zu überdauern, daher gestaltet es sich sehr viel schwieriger, sie zu verstecken, wenn sie aufgrund eines Modewechsels plötzlich überholt oder hässlich wirken. Daher stellt die Zusammenarbeit mit Archi-

tekten eine besondere Herausforderung für jede Führungspersönlichkeit dar, denn Fehlentscheidungen in diesem Bereich werden
auf lange Zeit hin sichtbar bleiben.

Unser Zeitalter wird oft das Zeitalter der Wissenschaft genannt.
In Wirklichkeit ist es das Zeitalter der wissenschaftlichen Technik
– eine scheinbar unerhebliche Nuance, die für heutige Führungspersönlichkeiten jedoch von grundlegender Bedeutung ist. Im gleichen Maße, wie Wissenschaft und Technik zunehmend jede Art
von Unternehmen durchdringen, wird es auch für Führungspersönlichkeiten immer wichtiger, die Unterschiede und symbiotischen Beziehungen zwischen beiden zu verstehen. Es könnte durchaus sein, dass sich im 21. Jahrhundert die wissenschaftlichen und
technischen Experten als die wichtigsten Mitglieder eines jeden
Beraterstabs herausstellen werden.

Einige Leser, denen der entsprechende fachliche Hintergrund
fehlt, sind jetzt vielleicht versucht, diesen Abschnitt zu überspringen. Bitte tun Sie es nicht, wir werden hier auch auf einige für
einen quer denkenden Führungsstil grundlegende Aspekte zu sprechen kommen. Außerdem denke ich, dass Sie diesen Abschnitt sowohl interessant als auch leicht verständlich finden werden.

Grundsätzlich gilt, dass Führungspersönlichkeiten sich in weit
größerem Maße für Technik als für Wissenschaft interessieren. Das
liegt daran, dass die Mittel der Technik es ihnen ermöglichen, die
natürliche Welt zu ihrem eigenen Vorteil zu nutzen – also die
Abfolge der Ereignisse dahingehend zu beeinflussen, dass sie den
Wünschen der Führungspersönlichkeit entspricht. Die Wissenschaft ist dagegen mehr damit befasst, die natürliche Welt zu verstehen, was auf den ersten Blick für eine Führungspersönlichkeit
von eher geringem Interesse ist.

Aber im Verlauf der letzten zwei Jahrhunderte, und insbesondere
in den letzten sechzig Jahren, haben sich Wissenschaft und Technik
mehr und mehr angenähert und gegenseitig durchdrungen, und zwar
so sehr, dass es den meisten Führungspersönlichkeiten heute schwer
fällt, sie auseinander zu halten.

Das war nicht immer so; während einer langen Periode der Menschheitsgeschichte waren Wissenschaft und Technik vielmehr zwei klar voneinander getrennte Bereiche. Als die Wissenschaft aufkam, blühte die Technik bereits seit Hunderttausenden von Jahren, und sie florierte auch noch weitere 2.000 Jahre völlig unabhängig, während die Wissenschaft noch in den Kinderschuhen steckte. Knüppel, Äxte, Speere, Pfeil und Bogen, Schwerter, Feuer, Keramik, Körbe, Stoff, Rad und Achse, Schrift, Landwirtschaft, domestizierte Tiere, Gärung, Bauwerke, Bronze, Eisen, Stahl, Schießpulver, Medizin, Chirurgie, Segelschiffe, Spiegel, Papier, Buchdruck – all das sind Technologien, die von der Menschheit durch Ausprobieren und im Wesentlichen ohne die Unterstützung der Wissenschaft entwickelt wurden. Man muss nicht verstehen, warum die vorgenannten Techniken funktionieren, um sie anwenden zu können; es reicht ein einfaches Rezept (zum Beispiel: Man mische drei Teile geschmolzenes Kupfer mit einem Teil geschmolzenem Zinn, lasse es abkühlen und schon hat man Bronze).

Im Gegensatz dazu nahm die Wissenschaft im Sinne von quantitativen, Vorhersagen machenden, auf sorgfältigen Beobachtungen und schlüssigen Erklärungen von physikalischen Phänomen aufgebauten Theorien vor gerade einmal 2.500 Jahren im alten Griechenland ihre Anfänge und verschwand mit dem Untergang des Römischen Reiches prompt erst einmal für fast 1.000 Jahre wieder von der Bildfläche. Die Wissenschaft war im Wesentlichen von Anfang an irrelevant für die Technik und daher auch ebenso irrelevant für Führungspersönlichkeiten. Anfangs gewann die Wissenschaft ihre bahnbrechendsten Erkenntnisse auf dem scheinbar eher nutzlosen Gebiet der Astronomie. Sogar der spektakuläre Erfolg, den im 17. Jahrhundert Newtons Gesetze bei der Erklärung der Planetenbewegungen um die Sonne hatte, berührte weder die Technik noch irgendwelche Führungspersönlichkeiten sonderlich.

Von wenigen Ausnahmen abgesehen dauerte es bis zum 19. Jahrhundert, bis Wissenschaft und Technik sich ernsthaft annäherten. Es war dann zunächst auch eine eher wechselhafte Beziehung; noch zu Beginn des 20. Jahrhunderts zeigten viele der größten Erfinder

der Welt, darunter auch Thomas Edison, offen ihre Verachtung für die Wissenschaft und Wissenschaftler, ebenso wie die meisten Führungspersönlichkeiten in Regierung, Wirtschaft und Militär.

Nichtsdestotrotz haben sich, wenn auch sehr zögerlich, Wissenschaft und Technik über die Jahrhunderte zu einem funktionierenden Gespann entwickelt, und die Früchte, die dieser Zusammenschluss getragen hat, sind mit jedem neuen Jahrzehnt sowohl in ihrer Anzahl als auch in ihrer Wichtigkeit exponential gewachsen. Für Führungspersönlichkeiten ist diese veränderte Beziehung zwischen Wissenschaft und Technik von enormer Tragweite. Heutzutage erzeugt die wissenschaftliche Forschung neue Technologien, die durch bloßes Ausprobieren – die Methode, die in der Vergangenheit die meisten technischen Errungenschaften hervorbrachte – niemals entdeckt worden wären. Diese veränderte Sachlage hat bei vielen Führungspersönlichkeiten plötzlich ein ganz neues Interesse an wissenschaftlicher Forschung geweckt.

Die Macht der modernen Wissenschaft gründet sich auf das Konzept der Widerlegung; das bedeutet, dass jede wissenschaftliche Theorie, die jemand aufstellt, ebenso gültig ist wie jede andere Theorie, sofern sie nicht oder bis sie anhand von Experimenten widerlegt wird. In der modernen Wissenschaft wird also eine Theorie üblicherweise nicht „bewiesen", sondern sie kann höchstens widerlegt werden. Albert Einstein sagte einmal, keine noch so große Zahl von Experimenten könne beweisen, dass er Recht habe, aber ein einziges Experiment könne ihn widerlegen. Aber solange eine Theorie nicht tatsächlich widerlegt worden ist, solange sie sich nicht als unvereinbar mit Versuchsergebnissen erweist, wird sie als gültig angesehen. In einem gewissen Sinne existieren wissenschaftliche Theorien daher in einer darwinschen Welt, in der eine jede von ihnen jederzeit vom Aussterben bedroht ist.

Der wichtigste Punkt für Führungspersönlichkeiten (und eigentlich ebenso für Manager) ist in diesem Zusammenhang: Es kommt nicht darauf an, ob eine bestimmte wissenschaftliche Theorie tatsächlich in einem endgültigen Sinne „richtig" ist; was für die Führungspersönlichkeit zählt, sind vielmehr die in der Praxis anwendbaren Techniken, die sich aus dieser Theorie ableiten lassen. Wissenschaftliche Theorien kommen und gehen, aber die darauf basierenden technischen Verfahren und Berechnungen sind innerhalb der Gültigkeitsgrenzen der zugrunde liegenden Theorie weiterhin anwendbar. Selbst wenn eine Theorie (wie zum Beispiel Newtons Gravitationsgesetz) im strengen Sinne widerlegt worden ist, kann sie doch noch immer nutzbringend eingesetzt werden, um Berechnungen durchzuführen und praktische technische Probleme zu lösen – wenn auch nur innerhalb gewisser Grenzen.

So sind Wissenschaft und Technik im Verlauf der letzten sechzig Jahre immer mehr zusammengewachsen und werden es auch weiterhin tun. Viele Wissenschaftler sind im Grunde genommen eigentlich Technologen, da ihre Forschungen die Entwicklung eines bestimmten Medikaments oder eines bestimmten Geräts zum Ziel haben. Ein gutes Beispiel ist hier der Transistor, der in den späten vierziger Jahren des 20. Jahrhunderts entwickelt wurde, und zwar nicht von Ingenieuren, sondern von drei in den Bell Laboratories tätigen Physikern, die für ihre Leistungen den Physiknobelpreis erhielten. Ebenso befassen sich heute viele Ingenieure mit angewandter (oder gar elementarer) Wissenschaft, weil ein tieferes Verständnis eines bestimmten physikalischen Phänomens oftmals unerlässlich ist, bevor dieses für praktische technische Anwendungen genutzt werden kann.

Was bedeutet dies nun alles für eine Führungspersönlichkeit? Nun, wenn die Führungspersönlichkeit mit Fachleuten und Technologien aus den „harten" Wissenschaften, das heißt den Naturwissenschaften (also Physik, Chemie und Biologie) zu tun hat, in denen Theorien leicht widerlegt oder in ihrer Gültigkeit eingeschränkt werden können, besteht keine größere Gefahr, dass sie vollkommen in die Irre geführt wird. Sie kann natürlich immer eine Menge Geld verlieren, wenn sie in eine neue Technologie investiert, die sich dann als zu teuer oder aus einem anderen Grund als für den Markt ungeeignet erweist. Aber die Wahrscheinlichkeit, dass einer Führungspersönlichkeit auf der Grundlage völlig irriger wissenschaftlicher Annahmen zu bestimmten Entscheidungen geraten wird, ist eher gering.

Die Naturwissenschaften und die aus ihnen abgeleiteten technischen Verfahren spielen in jedem Bereich des modernen Lebens eine zunehmend wichtige Rolle. Ob es ihr gefällt oder nicht, eine Führungspersönlichkeit muss mit diesen Bereichen menschlichen Strebens wenigstens soweit vertraut sein, dass sie sich ihre wissenschaftlichen und technischen Berater klug auswählen und sie Gewinn bringend einsetzen kann.

Mein Freund Warren Bennis ist der Ansicht, dass zwar nur ein Bruchteil der Bevölkerung Naturwissenschaftler ist, jedoch fast jeder ein praktizierender Sozialwissenschaftler. Auf das Risiko hin, dass ich ein bisschen zu pingelig wirke, würde ich „Sozialwissenschaftler" hier vielleicht durch den Begriff „Sozialtechnologe" ersetzen. Aber es trifft auf jeden Fall zu, dass jeder von uns schon von einem frühen Alter an Theorien darüber entwickelt, wie unsere Gesellschaft und die Menschen in ihr funktionieren und wie sich die Untiefen des gesellschaftlichen Lebens möglichst sicher umschiffen lassen.

Was ist nun aber mit den Sozialwissenschaften als Wissenschaft? Wie lassen sich Theorien in diesen Disziplinen widerlegen? Und lassen sich aus den Sozialwissenschaften technische Verfahren ableiten, die einer Führungspersönlichkeit von Nutzen sein könnten?

Viele Menschen, insbesondere viele Naturwissenschaftler, vertreten den Standpunkt, dass die Sozialwissenschaft überhaupt keine echte Wissenschaft ist, da ihre Theorien nicht wirklich widerlegbar sind. Es ist schwierig, auf der Grundlage einer sozialwissenschaftlichen Theorie eine klare und eindeutige Voraussage zu treffen, die dann von anderen Sozialwissenschaftlern überall auf der Welt auf ihre Richtigkeit hin geprüft werden kann.

Sozialwissenschaftler verbringen eine Menge Zeit damit, sich über Begriffsdefinitionen zu streiten, und wie man die Quantitäten, die mit diesen Begriffen gemeint sind, am besten messen könnte und mit welchen Messinstrumenten und in welchen Einheiten gemessen werden sollte. Naturwissenschaftler und Ingenieure hingegen verbringen relativ wenig Zeit mit derartigen Zankereien. Das hat zur Folge, dass eine wenig einleuchtende naturwissenschaftliche Theorie oftmals schon innerhalb eines einzigen Jahres in Misskredit gebracht werden kann, während es vielleicht ein ganzes Jahrhundert dauert, bis eine sozialwissenschaftliche Theorie überzeugend widerlegt ist.

Vergleichen wir beispielsweise die Widerlegung der kalten Fusion in der Physik mit der endgültigen Ablehnung der freudschen Theorien in der Psychologie. Stanley Pons von der University of Utah und Martin Fleischmann von der University of Southampton verblüfften die Welt am 23. März 1989, als sie verkündeten, dass sie in einem Glas auf dem Schreibtisch eine nukleare Fusion bei Raumtemperatur erfolgreich durchgeführt hätten. Innerhalb weniger Tage machte ihre „Entdeckung" auf der ganzen Welt Schlagzeilen. Aber ebenfalls innerhalb weniger Tage begannen andere Wissenschaftler, die Versuche von Pons und Fleischmann in ihren eigenen Labors nachzustellen. Einige berichteten von positiven Ergebnissen, die meisten jedoch nicht.

Innerhalb weniger Monate wandte sich die wissenschaftliche Meinung gegen die Theorie der kalten Fusion, nicht aus Irritation oder Neid, sondern weil diese Theorie Voraussagen machte, die von Versuchen in allen Teilen der Welt widerlegt wurden. Pons und Fleischmann wurden in wissenschaftlichen Kreisen geächtet, der Präsident der University of Utah trat zurück und damit war die Sache erledigt.

Wenden wir uns nun Freud zu. Er veröffentlichte seine Theorie zur Traumdeutung erstmals 1899, den Meilenstein „Über Psychoanalyse" 1910 und seine Theorie über das Es, das Ich und das Über-Ich 1923. Haben Freuds Theorien irgendwelche Voraussagen gemacht? In einem gewissen Sinne schon. Wurde versucht, sie in Experimenten mit allgemein anerkannten Definitionen und Messverfahren zu widerlegen? Nein.

Es war vielmehr so, dass Freud mit so schwammigen Begriffen und so schlecht definierten Messverfahren arbeitete, dass anhand seiner Theorien fast jedes psychologische Phänomen erklärt werden konnte. Aber was sie nicht konnten, war Voraussagen zu machen, die von anderen Psychologen in aller Welt anhand von Experimenten ohne größere Schwierigkeiten einer eindeutigen Prüfung hinsichtlich ihrer Richtigkeit unterzogen werden konnten.

Indem Freuds Anhänger seine psychologischen Theorien in ein wissenschaftliches Mäntelchen hüllten – wobei ja galt, dass jede wissenschaftliche Theorie gültig ist, sofern oder solange sie nicht in Versuchen widerlegt wird –, konnten sie die „Wahrheit" dieser Theorien fast ein ganzes Jahrhundert lang verteidigen. Erst mit der Entwicklung und der breiten Anwendung einiger verschreibungspflichtiger Psychopharmaka in den neunziger Jahren des 20. Jahrhunderts stellte sich heraus, dass Freuds Theorien zum großen Teil auf Sand gebaut waren.

Nun gut, gehen wir also davon aus, dass viele sozialwissenschaftliche Theorien weniger gesichert sind als naturwissenschaftliche, da sie keine Voraussagen machen, die sich durch Versuche eventuell widerlegen ließen. Aber was ist mit den technischen Verfahren, die auf sozialwissenschaftlichen Erkenntnissen aufbauen? Könnten nicht einige davon einer modernen Führungspersönlichkeit von Nutzen sein?

Die Antwort ist ja, aber seien Sie sehr, sehr vorsichtig damit. Hitler verfolgte unvorstellbar böse Ziele mithilfe von Techniken, die aus sozialwissenschaftlichen Theorien abgeleitet waren. Hunderte von anderen Führungspersönlichkeiten im gerade vergangenen Jahrhundert rechtfertigten ihre repressiven sozialpolitischen Mittel, die sich gegen ethnische und religiöse Minderheiten sowie Frauen richteten, mit den Erkenntnissen der Sozialwissenschaften. Es waren auch Sozialtechnologen, die das lautierende Lesenlernen aus den Schulen verbannten, uns erzählten, dass Kokain nicht wirklich abhängig mache, und uns zu überzeugen versuchten, dass kaputte Familien für Kinder nicht schlechter seien als heile –, und dies alles mit den Ergebnissen sozialwissenschaftlicher Forschungen begründeten.

Andererseits ist der Test zur Ermittlung des Intelligenzquotienten ein gutes Beispiel für ein nützliches technisches Verfahren, das auf einer sozialwissenschaftlichen Theorie aufbaut, die mir per-

sönlich einfach lächerlich erscheint: dass nämlich im Gehirn jedes
Menschen eine einzelne Region oder ein Software-Konstrukt existiert, wo die allgemeine Intelligenz dieses Menschen lokalisiert ist,
und dass dieses einzelne Konstrukt sich mit einer einfachen Zahl
beschreiben lässt, die wiederum mit einem einfachen schriftlichen
Test ermittelt werden kann. Die meisten Führungspersönlichkeiten, die ich kenne, halten diese Theorie schlichtweg für Unsinn.
Aber gleichzeitig glauben auch viele von ihnen, dass Intelligenz-
tests als Reihenuntersuchungsverfahren durchaus nützlich sein
können. Mithilfe derartiger Tests lässt sich feststellen, ob bestimmte Personen einer Arbeit oder Situation wahrscheinlich gewachsen
sind oder ob sie sich eher weniger dafür eignen. Die meisten Führungspersönlichkeiten sind sich aber auch darüber im Klaren, dass
solche Tests unter gewissen Umständen sehr irreführend sein
können und dass sie manchmal sogar gravierende Folgen für das
Leben und die Berufsaussichten der getesteten Personen haben
können. Und schließlich wissen die meisten Führungspersönlichkeiten auch, dass ein Intelligenztest nicht die tatsächliche Intelligenz eines Menschen misst, sondern lediglich seine Leistungen in
eben diesem Test.

Natürlich können auch aus den Naturwissenschaften abge-
leitete technische Verfahren gefährlich und kontraproduktiv sein.
Welche Führungspersönlichkeit hat schon voraussehen können,
dass der großflächige Einsatz von Verbrennungsmotoren verheeren-
de Umweltschäden verursachen würde, dass Haarspray und Kühl-
schränke ein Loch in die Ozonschicht fressen könnten, was wiederum auf der südlichen Erdhalbkugel eine erhöhte Hautkrebsrate zur
Folge haben würde, oder dass Fernsehen eine ganze Generation
junger Leute geistig betäuben könnte?

Worauf ich hinaus will, ist, dass alle Technologien, sei es im
sozial- oder im naturwissenschaftlichen Bereich, möglicherweise
nutzbringend, aber möglicherweise auch gefährlich sein können;
sie alle haben das Potenzial, günstige Wirkungen und ungünstige
Nebenwirkungen zu erzielen. Der einzige Unterschied für eine Führungspersönlichkeit besteht darin, dass sie sich im Falle von aus den

Naturwissenschaften hervorgegangenen technischen Verfahren zumindest getrost darauf verlassen kann, dass die zugrunde liegende
Theorie jeglichen Widerlegungsversuchen erfolgreich widerstan-
den hat oder aber durch diese in ihrer Gültigkeit klar eingeschränkt
worden ist, während das bei den meisten aus den Sozialwissenschaften abgeleiteten Verfahren keineswegs der Fall ist. Das mag
der Grund dafür sein, weshalb sich so viele erfolgreiche Führungspersönlichkeiten bei der Bewertung neuer sozialer Technologien
mindestens ebenso von den allgemeinen Gebräuchen und ihrem
eigenen Urteilsvermögen leiten lassen wie von sozialwissenschaftlichen Forschungsergebnissen.

Das alles soll nun nicht heißen, dass die Sozialwissenschaften
den Naturwissenschaften in irgendeiner Form unterlegen sind,
genauso wenig wie es die Künste und die Geisteswissenschaften
sind. Führungspersönlichkeiten müssen einfach nur im Hinterkopf
behalten, dass sich die Sozialwissenschaften radikal von den Naturwissenschaften unterscheiden.

Die Sozialwissenschaften sind in gewisser Weise sogar über die
Naturwissenschaften erhaben, denn sie erreichen die Stufe von
Poesie und Mythos; damit ermöglichen sie es uns, die Welt um uns
herum auf eine Art und Weise zu deuten, die über die kalte Realität
und die beschränkte Anwendbarkeit der Naturwissenschaften hin-
ausgeht. Ralph Ellison bemerkte einmal, dass der Mensch ohne
Mythos wie ein Othello ohne Desdemona sei; Chaos mache sich
breit, Glaube verschwinde und Aberglaube bemächtige sich des
menschlichen Geistes. Es sei die kreative Funktion des Mythos, das
Individuum vor dem Unbegreiflichen zu schützen. Und wie der
Inbegriff eines Naturwissenschaftlers, Albert Einstein, einmal
sagte: „Nicht alles, was zählt, kann gezählt werden, und nicht alles,
was gezählt werden kann, zählt."

Es gibt also viele Dinge, die eine Führungspersönlichkeit von
den Sozialwissenschaften lernen kann, vorausgesetzt, sie hütet sich
davor, sie mit den Naturwissenschaften gleichzusetzen.

Kommen wir nun zu einer Gruppe von Experten, die einer jeden Führungspersönlichkeit ganz besonders am Herzen liegen: Rechtsanwälte. Diese innige Zuneigung zeigt sich besonders ausgeprägt in den Vereinigten Staaten; hier gibt es mehr Rechtsanwälte und Gerichtsverfahren pro Kopf der Bevölkerung als in jeder anderen Industrienation.

Beginnen wir unsere Querdenker-Analyse der Rechtsanwälte mit einem Blick auf die Eigentümlichkeiten des Gesetzes selbst. Die Verfassung der Vereinigen Staaten enthält ein ausdrückliches Verbot für rückwirkende Gesetze – also Gesetze, die nachträglich ein bestimmtes Verhalten verbieten. Europäische Monarchen benutzten manchmal derartige Gesetze, um eine Person festnehmen zu lassen und für ein Vergehen vor Gericht zu stellen, das zum Zeitpunkt der Tat gar nicht unter Strafe stand. Die Väter unserer Verfassung wollten so etwas in Amerika unbedingt vermeiden.

Aber genau das haben wir heute in den Vereinigten Staaten, dank der Entscheidungen von Richtern und Geschworenen, die im Nachhinein feststellen, dass bestimmte Handlungen „gesetzeswidrig" sind (das heißt, sie werden mit hohen „Geldstrafen" geahndet, die in Form von Gerichtsurteilen daherkommen), obwohl vorher kein Gesetz derartige Taten ausdrücklich untersagte und obwohl kein vernünftiger Mensch zum Zeitpunkt der Tat auch nur im Entferntesten daran gedacht hätte, dass er sich damit strafbar machen könnte.

Ein ausgezeichnetes Beispiel für diese Art von Geschworenengerichtsurteil ist der Fall einer Frau aus New Mexico, der 2,7 Millionen US-Dollar (später herabgesetzt auf 640.000 US-Dollar) zugesprochen wurden, weil sie sich an einer heißen Tasse Kaffee aus einem McDonalds-Restaurant verbrannt hatte. Der Fall erregte aufgrund seiner schier unfassbaren Irrationalität landesweit Aufsehen – die Klägerin hatte ja immerhin gewusst, dass der Kaffee sehr heiß war, trotzdem hatte sie sich die Tasse aus freiem Willen beim Autofahren zwischen die Knie geklemmt. Es war spannend (und gleichzeitig erschreckend) sich vorzustellen, dass zwölf durchschnittliche Bürger aus New Mexico, die von niemandem zu irgendetwas gewählt worden waren, willkürlich und vielleicht aus einer Laune heraus ein radikal neues Gesetz erlassen konnten, das im Grunde auf 260 Millionen Amerikaner anwendbar war.

Erwarten wir vom Kongress oder von den Regierungen der einzelnen Bundesstaaten noch dramatische und überraschende Gesetze? Nein, da rechnen wir vielmehr auf die Justizbehörden. „Es ist ein Zeichen unserer Zeit, dass Reformer inzwischen routinemäßig den legislativen Prozess überspringen und ihre Angelegenheiten direkt vor Gericht bringen", stellte John Leo, Kolumnist beim *U.S. News and World Report*, vor einigen Jahren fest. Und erst kürzlich fällte der ehemalige Präsident der Harvard-Universität, Derek Bok, das ernüchternde Urteil: „Die Vereinigten Staaten sind bereits weiter gegangen als alle anderen Staaten, wenn es darum geht, die Justizbehörden Entscheidungen treffen zu lassen, die in anderen demokratischen Staaten das Vorrecht gewählter Vertreter sind."

Tatsächlich geht ein beträchtlicher Anteil der wirklich wichtigen neuen Gesetze in den Vereinigten Staaten – alles mögliche betreffend, von Asbest bis Tabak – in den letzten fünfzig Jahren auf die geheimen Beratungen von Geschworenen oder die Notizen von bestellten Richtern und nicht auf die kollektive Stimme gewählter Gesetzgeber zurück. Da ist es nicht weiter verwunderlich, wenn die erste Frage, die sich Amerikaner heute bezüglich eines Präsidentschaftskandidaten stellen, lautet: „Welche Art von Leuten wird er wohl ins Oberste Gericht berufen?"

Ich persönlich denke, dass dieser Trend zur Gesetzgebung durch Gerichte gefährlich ist. Aber das tut hier nichts zur Sache. Worauf es für Querdenker ankommt; ist Folgendes: Weder Sie noch Ihre Rechtsanwälte können mit letzter Sicherheit wissen, wie die Gesetzeslage in diesem Moment ist, denn das Gesetz kann von den Gerichten jederzeit nachträglich geändert werden.

An der USC verbringen meine ranghöchsten Berater und ich ziemlich viel Zeit mit Anwälten, um herauszufinden, welche unserer Vorhaben im Rahmen der Gesetze möglich sind und welche nicht. Dabei geht es dann weniger darum, Gesetze und Präzedenzfälle nachzulesen, sondern eher darum, das Verhalten von Richtern und Geschworenen vorherzusagen.

Dieses Spiel hat sich inzwischen so weit entwickelt, dass einige Leute ihren Lebensunterhalt damit verdienen, Schein-Geschworenengerichte zusammenzustellen, die sich aus statistisch repräsentativen Bürgern aus eben jenem Gebiet zusammensetzen, unter dessen Gerichtsbarkeit der Fall ihres Kunden verhandelt werden soll, und mit diesem Schein-Geschworenengericht eine Schein-Verhandlung durchzuspielen. Diese Art von Spielerei unterstreicht nur noch einmal mehr die Tatsache, dass vom praktischen Standpunkt aus gesehen die in Kalifornien oder in den Vereinigten Staaten geltenden Gesetze in San Diego nicht notwendigerweise dieselben sind wie hundert Meilen weiter nördlich in Los Angeles.

Eine Führungspersönlichkeit sollte immer misstrauisch werden, wenn ein Rechtsanwalt – oder irgendein anderer Experte – behauptet, dass ein Konzept oder eine Strategie einfach zu kompliziert sei, um sie der Führungspersönlichkeit erklären zu können. Ich war schon immer der Meinung, dass ein Physiker, der einem hellen Zwölfjährigen die Quantenmechanik nicht verständlich machen kann, sie einfach selbst nicht ganz verstanden hat. Dieselbe Regel gilt auch für Rechtsanwälte.

Natürlich braucht jede Führungspersönlichkeit unbedingt Anwälte, welche die für einen bestimmten Fall relevanten Gesetze, Präzedenzfälle und Vorschriften finden, systematisieren und zusammentragen und das Ergebnis der Führungspersönlichkeit und ihren Stellvertretern dann darlegen können. Manchmal ist es jedoch von Vorteil, wenn die Führungspersönlichkeit und ihre Berater selbst nachschlagen und erst einmal ihre eigenen Schlussfolgerungen ziehen, ohne dass ein Anwalt anwesend ist. Ich habe schon oft über die erfrischend neuen Wege zur Lösung juristischer Rätsel gestaunt, die auf diese Weise zustande kommen (ein gutes Beispiel für freies Denken wie in Kapitel 1 beschrieben).

Vor einigen Jahren veröffentlichte ein überregionales Magazin den Bericht eines freien Journalisten, in dem eine ganze Reihe von Feststellungen über die USC gemacht wurden, die ganz offensichtlich falsch waren. Ich war außer mir! Unsere Anwälte versicherten uns, dass wir bei einer Verleumdungsklage fraglos Recht bekämen, insbesondere da der Herausgeber des betreffenden Magazins an der Ostküste saß und der Fall vor einem Gericht in Los Angeles verhandelt werden würde.

Das Kuratorium war sich von Anfang an darüber einig, dass die Entscheidung, ob wir eine Klage anstrengen sollten oder nicht, einzig und allein bei mir lag. Einige der älteren und erfahreneren Mitglieder des Kuratoriums rieten mir jedoch dringend davon ab. Nicht, dass sie befürchtet hätten, wir könnten den Prozess verlieren; sie hatten vielmehr erkannt, dass diese Angelegenheit politischer und nicht juristischer Natur war, und dass ein gerichtlicher Sieg über die „Bösen" sehr viel schlimmere Auswirkungen haben könnte als der relativ geringe Schaden, den uns ein ethisch verantwortungsloser Herausgeber und ein skrupelloser Journalist zugefügt hatten. Letztendlich hörte ich auf meine Kollegen im Kuratorium und wies den Rat meiner juristischen Experten ab.

Experten, Gott schütze sie, sind für eine moderne Führungspersönlichkeit so unabdingbar wie Mobiltelefone und E-Mail. Und sie warten alle nur auf den Anruf einer Führungspersönlichkeit, damit sie schnurstracks zu ihr eilen können, um ihr zur Seite zu stehen. Die Frage ist nur, wen genau sollte man anrufen und um was genau sollte man ihn bitten?

Es ist hilfreich zu wissen, was genau Sie von einem Experten erwarten, bevor Sie ihn einladen, in Ihrem Team mitzuarbeiten. Und da seine Kenntnisse und Erfahrungen im Vergleich zu ihren eigenen esoterisch sind, sollten sie sich auch gegenseitig sympathisch sein und ein vertrauensvolles Verhältnis entwickelt haben, bevor Sie sich zu eng an einen Experten binden. Schließlich sollte ein Experte immer in der Lage und auch willens sein, Ihnen in verständlichen Worten erklären zu können, was er unternimmt oder zu unternehmen gedenkt.

Was hingegen den Experten betrifft, so muss er sich immer als Vertrauensperson derjenigen Führungspersönlichkeiten und Organisationen betrachten, die ihn eingestellt haben. Wenn der Experte seinerseits außerdem noch richtig zuzuhören versteht, wird es ihm sehr viel leichter fallen, die tatsächlichen Ziele der betreffenden Führungspersönlichkeit zu verstehen und zur Erreichung dieser Ziele beizutragen.

Ich war selbst einige Jahre lang als Experte – nämlich als beratender Ingenieur – tätig. Für mich standen die Interessen meiner Kunden fast immer an erster Stelle und ich habe fast nie meinem Ego nachgegeben. Wenn ich zurückblicke, erkenne ich jedoch, dass ich denjenigen meiner Kunden den größten Nutzen gebracht habe, die nie in allzu große Abhängigkeit von mir gerieten, die stets ihre geistige Unabhängigkeit bewahrten und die sich nie dazu verleiten ließen zu denken, dass Fachkenntnisse echte Führungsqualitäten ersetzen könnten.

Kapitel 4

Sage mir, was du liest,
und ich sage dir, wer du bist

Wir alle werden in höherem Maße, als uns bewusst ist, und in weitaus höherem Maße, als wir jemals zugeben würden, von dem geprägt, was wir lesen.

Für einige von uns stellt das Lesen eine Möglichkeit dar, sich einen Standpunkt anzueignen und sich zu unabhängigem Denken anzuregen. Für die meisten Leute jedoch ist Lesen einfach nur eine Form der Unterhaltung, oder schlimmer noch, eine Beschäftigung, die ihnen auf heimtückische Weise ihre geistige Unabhängigkeit raubt.

Nehmen wir einmal an, eine Führungspersönlichkeit müsste sich entscheiden, ob sie lieber an einem bestimmten Tag die *New York Times* oder aber Machiavellis Meisterwerk *Der Fürst* lesen möchte. Nach herkömmlicher Meinung wäre die *New York Times* fraglos die Lektüre der Wahl. Die *Times* von heute ist auf jeden Fall neu und aktuell, während Machiavellis kleines Handbuch eher alt und schal erscheint. Und außerdem hat die betreffende Führungspersönlichkeit den *Fürst* vielleicht vor zwanzig Jahren während des Studiums schon einmal gelesen.

Die Weisheit der Querdenker argumentiert jedoch gerade andersherum. Wie wir in diesem Kapitel noch sehen werden, kann eine Führungspersönlichkeit durchaus einen Tag oder eine Woche oder sogar mehrere Monate mit der täglichen Zeitungslektüre aussetzen, ohne dass es ihr in irgendeiner Weise schadet – in manchen

Fällen kann es sich sogar als vorteilhaft erweisen. Aber sich eine Gelegenheit entgehen zu lassen, Machiavelli (oder ein anderes der bedeutenden Werke, zu denen wir später noch kommen werden) zu lesen oder noch einmal zu lesen, könnte sich als ein großer Verlust sowohl für die Führungspersönlichkeit als auch für ihre Gefolgsleute erweisen.

Bei unserem alljährlichen Kurs über Führung bekommen Warren Bennis und ich jedes Mal von einigen Teilnehmern zu hören, warum wir denn um Gottes Willen *Der Fürst* auf die Liste der fünf obligatorischen Texte für diesen Kurs gesetzt hätten. Sie müssen wissen, dass die vierzig Teilnehmer dieses Kurses aus den begabtesten und ehrgeizigsten Studenten des dritten und vierten Studienjahres an der USC ausgewählt werden und dass die meisten von ihnen während ihrer ersten Jahre an der Universität bereits beachtliche Führungsqualitäten bewiesen haben. Trotzdem fragen sie immer wieder: „Was um alles in der Welt kann ein obskurer florentinischer Bürokrat, der seit fast 500 Jahren tot ist, über Führung im 21. Jahrhundert zu sagen haben?"

Statt einer Antwort gehe ich zur Tafel und sage: „Gut, machen wir einmal eine Liste von allen Werken auf der ganzen Welt, die 400 Jahre oder älter sind und heute noch von einem breiten Publikum gelesen werden." Die ersten fünf sind leicht: die jüdisch-christliche Bibel, der Koran, die Bhagavad-Gita, der in Pali verfasste buddhistische Kanon und die Analekten des Konfuzius. Dann werden in rascher Folge übereinstimmend genannt: *Der Staat* von Platon, Aristoteles' *Politik*, die Dramen von Shakespeare und von Sophokles, Dantes *Göttliche Komödie*, Homers *Ilias* und *Odyssee*, Montaignes *Essais*, Cervantes' *Don Quixote* und natürlich *Der Fürst* von Machiavelli (von dem allein in den Vereinigten Staaten mehr als fünfzig verschiedene Ausgaben erhältlich sind). Danach wird es schon schwieriger, zu einer Übereinstimmung zu kommen: Man könnte noch die *Upanischaden* nennen, vielleicht auch Vergils *Aeneis*, oder auch die Dramen des Äschylos, eventuell noch etwas von Plutarch, vielleicht auch den *Beowulf*, das *Rolandslied*, Chaucers *Canterbury-Erzählungen*, Maimonides' *Führer der Unschlüssigen* oder Thomas Morus' *Utopia*.

Es kommt nicht darauf an, ob nun 12 oder 24 oder sogar 50 Bücher auf der Liste stehen; entscheidend ist vielmehr die Tatsache, dass diese Liste äußerst *kurz* ist. Überlegen Sie einmal: Von all den hunderttausenden von Büchern, Essays, Gedichten, Briefen, Dramen und geschichtlichen Werken, die bis vor 400 Jahren verfasst worden sind, werden heute nur noch ein bis zwei Dutzend von einem breiten Publikum gelesen.

„Also", sage ich zu meinen Studenten, „welchen Einfluss, denken Sie, hatten diese ein bis zwei Dutzend Werke auf die Entwicklung der Menschheitsgeschichte? Inwieweit haben diese Schriften Ihrer Meinung nach im Verlauf der letzten Jahrhunderte das Denken, Schreiben, Sprechen und Handeln der Menschen beeinflusst und tun dies noch bis zum heutigen Tag?"

Die Antwort ist natürlich klar: Diese Werke hatten und haben noch immer einen ungeheuren Einfluss auf alle Bereiche unserer Zivilisation. Jeder, der im Jahr 2001 ein Buch, einen Artikel, ein Gedicht oder ein Theaterstück schreibt, jeder, der einen Film dreht oder eine Rede hält, steht in weit höherem Maße, als ihm bewusst ist, unter dem Einfluss dieser Werke – selbst wenn er sie nie gelesen oder noch nicht einmal von ihnen *gehört* hat.

Wie kommt das? Was verleiht diesen Werken eine so große Macht? Kommt es daher, dass sie besonders gut geschrieben sind und viele wichtige Einsichten enthalten? Vielleicht. Aber im Hinblick auf ihren Nutzen für Führungspersönlichkeiten ist es vollkommen gleichgültig, ob diese Werke große Literatur sind oder nicht. Wichtig ist nur, dass sie in den letzten 400 Jahren oder sogar noch länger von einem breiten Publikum gelesen wurden und daher eine wichtige Grundlage unserer Zivilisation darstellen.

Machen wir uns die Dimensionen dieser besonderen Vormachtstellung noch einmal klar. Fast alles, was heutzutage auf der Welt geschrieben wird (zum Beispiel Briefe, Memos, E-Mails), wird von einer oder einigen wenigen Personen gelesen und dann vernichtet. Sogar eine Titelgeschichte der *Los Angeles Times*, die vielleicht von bis zu einer Million Menschen gelesen (oder zumindest überflogen) wird, hat 24 Stunden nach ihrer Veröffentlichung so gut wie keine

Leser mehr. Wenn ein wissenschaftlicher Artikel fünf Jahre nach seiner Veröffentlichung noch von dreißig Leuten gelesen wird, dann ist das eher ungewöhnlich. Und weniger als die Hälfte aller Bücher, die in den Vereinigten Staaten veröffentlicht werden, sind zehn Jahre nach ihrem ersten Erscheinen noch erhältlich und werden auch gekauft.

Also stellt es eine große Leistung dar, etwas – irgendetwas – zu schreiben, das fünfzig Jahre später von einem wenn auch kleinen Publikum noch gelesen wird. Und ein schriftliches Vermächtnis, das selbst nach vier oder mehr Jahrhunderten noch von vielen Menschen gelesen wird, ist extrem selten – *und* einflussreich.

In unserer schnelllebigen Zeit erscheint es oft so, als würde sich ständig alles verändern, noch dazu in einem sich stetig steigernden Tempo. Unter derartigen Bedingungen kann es für eine Führungspersönlichkeit ein entscheidender Wettbewerbsvorteil sein, wenn sie in der Lage ist, die wenigen Dinge zu erkennen, die sich gar nicht, nur langsam oder nur leicht verändern. Und das beste Mittel, dies zu erreichen, ist die gründliche Kenntnis einiger dieser Werke.

Willa Cather bemerkte einmal, dass es im menschlichen Leben nur zwei oder drei wichtige Geschichten gebe, und diese würden sich immer und immer wieder mit einer Heftigkeit wiederholen, als wären sie noch nie vorher passiert. Ich würde Mrs. Cathers Zahl vielleicht auf ein halbes Dutzend erhöhen, aber mehr sind es tatsächlich nicht. Und alle diese Geschichten werden in den vorher genannten Werken immer und immer wieder auf kunstvolle Weise erzählt. Die Geschichte beispielsweise, wie König David mit Bathsheba Ehebruch begeht und dann veranlasst, dass ihr Mann getötet wird, damit er sie heiraten und die Früchte dieses Verhältnisses vertuschen kann, ist absolut zeitlos. Das Gleiche gilt für die Charakterisierungen des introspektiven Hamlet und der tapferen Antigone und ebenso für den Rat, den Machiavelli allen angehenden Führungspersönlichkeiten erteilt.

Man sollte dabei jedoch stets im Hinterkopf behalten, dass diese Werke nicht unfehlbar sind (es sei denn, die eigenen religiösen Überzeugungen verlangen diese Annahme). Jede Führungspersönlichkeit muss selbst über die Gültigkeit und Anwendbarkeit eines bestimmten Abschnitts in einem bestimmten Text entscheiden. Ich persönlich glaube zum Beispiel, dass es etwas kurzsichtig von Machiavelli war, anzunehmen, dass Gefolgsleute ihre Anführer nur entweder lieben, fürchten oder hassen könnten. Tatsächlich ist es jedoch so, dass es im Verlauf der Geschichte und insbesondere in den letzten 300 Jahren eine große Anzahl von Menschen gab, die andere erfolgreich geführt haben, indem sie sich den *Respekt* ihrer Gefolgsleute erworben haben.

Ich werde manchmal gebeten, diejenigen Werke zu nennen, die meiner Meinung nach für eine moderne Führungspersönlichkeit am wertvollsten sind. Außer *Der Fürst* würde ich die Geschichten von vier der größten biblischen Führer auswählen: Moses (im Zweiten Buch Mose), David (im Ersten und Zweiten Buch Samuel), Jesus (im Matthäusevangelium) und Paulus (in der Apostelgeschichte). Danach würden auf meiner Liste folgen: Platons *Der Staat*, weil er unsere besten Seiten zum Vorschein bringt; Shakespeares *Hamlet*, weil er uns einen erschreckenden Einblick in unser innerstes Selbst gewährt, und dazu *Othello* als Beispiel für eine Führungspersönlichkeit, die von einem bösen Gefolgsmann ins Verderben gestürzt wird; Sophokles' *Antigone*, weil sie uns zeigt, welche fatalen Folgen Unbeugsamkeit bei einer Führungspersönlichkeit haben kann; und John Ciardis vollständige Übersetzung von Dantes *Göttlicher Komödie*, weil in ihr alle Facetten menschlichen Triumphs und menschlicher Schwäche beschrieben sind.

Das wichtigste Verdienst dieser bedeutenden Werke besteht nicht in einem Katalog von zeitlosen Wahrheiten über Führung, sondern vielmehr darin, dass sie uns einige zeitlose Wahrheiten über die menschliche Natur vor Augen führen. Einer der größten Trugschlüsse unseres Zeitalters (vielleicht sogar jedes Zeitalters) ist der Glaube, dass wir uns von unseren Vorfahren grundlegend unterscheiden, dass wir den barbarischen und finsteren Bräuchen der vergangenen Jahrhunderte und Jahrtausende irgendwie entwachsen sind. Was für ein Unsinn! Wir sind genauso menschlich und kein bisschen besser als die Figuren des Alten Testaments oder die Bewohner von Florenz im 16. Jahrhundert. Ich will damit nicht sagen, dass wir uns zwangsläufig so verhalten oder so sprechen oder auch nur so denken wie unsere Vorfahren, ich meine damit nur, dass unser grundlegendes Wesen – unser menschliches Potenzial, wenn man so will – das gleiche geblieben ist. Und die bedeutenden Werke können uns – mehr als jeder zeitgenössische Text – helfen, diese Zeitlosigkeit der menschlichen Natur zu begreifen.

Darüber hinaus ist es nicht nur wichtig, was diese Werke sagen, sondern auch, wie sie es sagen. Weil diese Texte über eine so lange Zeitspanne von so vielen Menschen gelesen wurden, hatten und haben sie einen ungeheuren Einfluss auf die Sprache, die Führungspersönlichkeiten verwenden, selbst wenn diese sich dessen gar nicht bewusst sind.

Das Vokabular, die Metaphorik, die Syntax, die Phraseologie und die Sprachmuster, die eine Führungspersönlichkeit verwendet, sind alle in gewissem Maß von diesen bedeutenden Werken geprägt, denn eine Führungspersönlichkeit weiß (oder spürt intuitiv), dass die Sprache dieser Texte (mit ein bisschen gängigem Jargon auf den neuesten Stand gebracht) bei ihren Gefolgsleuten mit großer Wahrscheinlichkeit auf Widerhall stoßen wird. Sowohl die Führungspersönlichkeit als auch ihre Gefolgsleute sind bis zu einem gewissen Grad von den in den Werken enthaltenen Gedanken und der Sprache, in der diese Gedanken zum Ausdruck gebracht werden, sozusagen vorprogrammiert.

Für englische Muttersprachler stellen in diesem Zusammenhang die englische Bibelfassung von 1611 und Shakespeares Dramen die wichtigsten Werke dar. Der Einfluss dieser speziellen Texte auf die Reden und Schriften von Lincoln, Franklin Roosevelt und Churchill ist beinahe greifbar. Unglücklicherweise ist die Bibelfassung von 1611 weitgehend durch politisch korrekte Überarbeitungen ersetzt worden, die zu kraftlos sind, um die Sprache von Führungspersönlichkeiten formen und beeinflussen zu können.

Wie die meisten Menschen lese ich sehr gerne Zeitung. Ich versuche immer, sowohl die *Los Angeles Times* wie auch das *Wall Street*

Journal jeden Tag zu überfliegen, und wenn ich unterwegs bin, gönne ich mir oft die *New York Times*.

Eine freie, unbehinderte Presse ist ein unerlässlicher Bestandteil unserer Form von demokratischer Regierung. Obwohl diese uneingeschränkte Freiheit unschuldigen Menschen und Institutionen oftmals großen Schaden zufügt und auch hin und wieder einmal zur Folge hat, dass die Allgemeinheit in die Irre geführt wird, würde ich sie für alles Geld der Welt nicht eintauschen oder abändern wollen.

Nichtsdestotrotz stellen die modernen Nachrichtenmedien eine Führungspersönlichkeit vor besondere Probleme. Thomas Jefferson war sich dessen bewusst, als er in einem Brief an John Norville bemerkte: „Ein Mensch, der niemals in eine Zeitung schaut, ist besser informiert als einer, der sie liest, insofern als einer, der nichts weiß, der Wahrheit näher kommt als einer, dessen Geist mit Unwahrheiten und Fehlern gefüllt ist. Wer nichts liest, wird immer noch alles Wichtige erfahren, und die Details sind sowieso alle falsch." Diese Bemerkung wurde später auf die allgemein bekannte Maxime gebracht: „Ein Mensch, der gar nicht liest, ist gebildeter als ein Mensch, der außer Zeitungen nichts liest."

Wir sind im 21. Jahrhundert versucht, Jeffersons Maxime als übertriebene Zornesäußerung einer Führungspersönlichkeit abzutun, die vor zwei Jahrhunderten in einem rückständigen Land lebte und von verantwortungslosen Journalisten umgeben war. Heutzutage arbeiten in den Nachrichtenmedien doch fast ausschließlich Leute mit einer journalistischen Fachausbildung, da ist diese Bemerkung doch gewiss nicht mehr zutreffend, oder etwa doch?

Mitte der achtziger Jahre des 20. Jahrhunderts, während meiner Zeit als Präsident an der SUNY-Buffalo, wollte ich Jeffersons Maxime einmal in einem modernen Kontext überprüfen. Ohne irgendjemandem außer meiner Frau etwas davon zu sagen, las ich über einen Zeitraum von sechs Monaten keine einzige Zeitung und kein einziges Nachrichtenmagazin mehr. Ich schaute auch keine Fernsehnachrichten mehr an (was für mich kein großes Opfer darstellte, da ich sowieso seit mehreren Jahren im Grunde genommen nicht mehr fernsah, die einzigen Ausnahmen waren Sport und die öffentlichen Sender).

Ich wollte mit diesem Selbstversuch herausfinden, welche negativen Auswirkungen – wenn überhaupt – das Abschirmen von den öffentlichen Nachrichten auf meine Befähigung haben würde, meinen Pflichten als Leiter einer großen und komplexen Organisation nachzukommen. Ich hätte das Experiment natürlich jederzeit sofort abgebrochen, wenn ich das Gefühl gehabt hätte, dass es meiner Arbeit oder der Universität auf irgendeine Weise schadete.

Die ersten zwei Wochen waren wirklich *hart*! Sie erinnerten mich an die zweiwöchigen Qualen, die ich viele Jahre zuvor durchlitten hatte, als ich endgültig mit dem Rauchen aufhörte. Ich hätte *so* gerne eine Zeitung in die Hand genommen – es war so schlimm, dass ich jedes Mal einen heimlichen Blick auf die Schlagzeilen warf, wenn ich an einem Zeitungskiosk vorbeikam, und immer verstohlen mitlas, so viel ich konnte, wenn im Flugzeug jemand mit einer Zeitung vor mir saß.

Aber es war wie mit dem Rauchen – nach einigen Wochen Abstinenz verspürte ich ein ganz neues Gefühl der Freiheit und Selbstbestimmung. Mir wurde klar, dass für mich (wie für fast alle anderen Einwohner der Vereinigten Staaten auch) die modernen Medien zu einer Sucht geworden waren und dass ich dabei einen großen Teil meiner geistigen Unabhängigkeit an eine Gruppe von Redakteuren und Reportern abgetreten hatte, deren Wertvorstellungen und Interessen nicht unbedingt mit meinen übereinstimmten.

Außerdem stellte ich erstaunt fest, dass ich innerhalb der ersten zwölf Stunden, nachdem ein Bericht in der Zeitung veröffentlicht worden war, oftmals *besser* über die Fakten informiert war als diejenigen meiner Freunde und Kollegen, die nach wie vor zeitungssüchtig waren. Wie war das möglich? Ganz einfach. Mir wurden die Nachrichten mündlich von Leuten (zum Beispiel meinen wichtigsten Beratern) übermittelt, deren Einstellung ich gut kannte und die nur mein Bestes wollten.

Es stellte sich heraus, dass die meisten Leute ihrem Chef *liebend gern* von irgendeiner brandheißen Neuigkeit erzählen, von der er noch nichts gehört hat. Wenn mich ein Kollege zum Beispiel fragte: „Steve, was halten Sie eigentlich von dem erneuten Ausbruch der Gewalt in Nordirland?", dann antwortete ich ihm etwa: „Wissen Sie, John, ich bin heute Morgen nicht dazu gekommen, die Zeitung zu lesen. Erzählen Sie mir doch mal, was passiert ist." Was John daraufhin mit Begeisterung tat. Er erzählte mir jedoch keineswegs nur das, was darüber an jenem Morgen in der *New York Times* gestanden hatte; vielmehr verband er die Version der *Times* mit der des *Wall Street Journal*, der *Washington Post*, der *Buffalo News* und der von CNN, filterte diese Kombination dann durch seine persönlichen Leidenschaften und Vorurteile (mit denen ich bestens vertraut war), bewertete das Ganze noch nach seinen persönlichen Maßstäben und übermittelte mir dann einen in seinen Augen akkuraten Bericht des betreffenden Vorfalls.

Ich bin von Natur aus ein guter Zuhörer, daher hatte ich, nachdem mir zwei oder drei Leute die Nachrichten des Tages erzählt hatten, ein vollständigeres und genaueres Bild der Lage als meine Kollegen oder Konkurrenten. Diese Methode der Nachrichtenbeschaffung war zugegebenermaßen nicht so effizient wie das Überfliegen einer Zeitung, aber im Hinblick auf die inhaltliche Qualität war sie eindeutig überlegen. Und sie half mir dabei, meine geistige Unabhängigkeit zu bewahren, sodass ich selbst entscheiden konnte, was tatsächlich wichtig war und was nicht.

Das ist eine der Tücken der populären Nachrichtenmedien: Wir lassen andere für uns entscheiden, worauf wir unsere Aufmerksamkeit richten sollen und was wir dagegen ignorieren. Es ist nicht allein der Inhalt einer Nachrichtenmeldung, der irreführend sein kann, vielmehr fängt es schon damit an, worüber überhaupt berichtet wird, und von wem, und an welcher Stelle der Zeitung die Nachricht platziert wird (ob auf Seite 1 oder Seite 42, ob auf der oberen oder der unteren Hälfte der Seite, mit einer Überschrift, die sich über eine oder über vier Spalten erstreckt), ob ein bestimmter Bericht mit Fotos versehen wird und wenn ja, mit wie vielen und welchen.

Ich kenne unzählige Führungspersönlichkeiten, die ernsthaft glauben, dass sie ein Ereignis, das nicht in Teil A der *New York*

Times erscheint, nicht weiter zur Kenntnis nehmen müssen. Um zu sehen, wie albern diese Einstellung ist, muss man nur ein Exemplar der *New York Times* von vor, sagen wir, fünfzig Jahren zur Hand nehmen und sich fragen, ob über die Ereignisse, die sich langfristig als tatsächlich wichtig erwiesen haben, damals auch immer ausführlich berichtet wurde. Ging es auf der ersten Seite um Vietnam, Rassentrennung an den Schulen, Transistoren, Computer, die Erforschung des Weltraums, Luftverschmutzung, Organtransplantationen, Geschlechterdiskriminierung und Öl aus dem Nahen Osten? Hin und wieder vielleicht, aber größtenteils konzentrierte sich die Berichterstattung doch auf eher kurzlebige Themen, genau wie heutzutage auch.

Ich will den Zeitungen hier keinen Vorwurf machen. Das ist ihre Aufgabe – uns über die täglichen Ereignisse zu informieren, uns zu unterhalten, die momentane öffentliche Stimmung wiederzugeben, Berichte zu drucken, die uns heute interessieren und die wir auch gerne lesen *wollen*.

Unglücklicherweise gibt es bei den Nachrichtenmedien einen starken Herdentrieb, genauso wie in der Mode- und Unterhaltungsbranche auch. Natürlich verfügt jede Zeitung innerhalb ihrer Nachrichtenredaktion oder in ihren Leitartikeln über eine eigene, unverwechselbare Ausprägung dieses Herdentriebs (zum Beispiel liberal oder konservativ). Aber auch der Berufsstand der Journalisten als solcher unterliegt einem gewissem Herdentrieb. Diese Tendenz zur Konformität innerhalb der Medien stellt für Führungspersönlichkeiten eine sehr konkrete Gefahr dar. In diesem Zusammenhang fällt mir die Bemerkung eines Besuchers aus der Sowjetunion vor einigen Jahren ein, die in etwa lautete: „Ihr Amerikaner seid wirklich beeindruckend! Ihr erreicht ein erstaunliches Maß an Gedankenkontrolle mit Pressefreiheit und ohne Geheimpolizei!"

Hinzu kommt noch, wie Jefferson schon bemerkte, dass Zeitungen oftmals die Tatsachen verdrehen. Jeden, den ich kenne, der jemals aus erster Hand über eine Sache Bescheid wusste, über die auf den Titelseiten berichtet wurde, hat mir das bestätigt. Solche Sachfehler rühren nicht grundsätzlich von einer Böswilligkeit des Reporters her; es ist sogar oftmals eher so, dass diese Fehler sich für die betroffenen Personen eher günstig auswirken. Sachfehler sind vielmehr in der Regel auf mangelnde Zeit für die Recherche (aufgrund von Termindruck oder auch Angst, dass einem die Konkurrenz zuvorkommt) und/oder schlicht auf Unkenntnis des Reporters zurückzuführen.

Einer der großartigsten mir bekannten Journalisten erzählte mir einmal, das Beste an seinem Job wäre für ihn, dass er alle paar Jahre ein neues Sachgebiet zugewiesen bekäme, wo er absolut nichts über das wüsste, wovon er berichten soll. Ich kann schon verstehen, dass es für jemanden, der vielseitig interessiert ist, einen großen Reiz hat, sich immer wieder einmal in ein völlig neues Gebiet einarbeiten zu müssen. Aber gleichzeitig ist mir auch klar, wie gerade das bei einem Reporter zu groben sachlichen Fehlern und Fehlinterpretationen führen kann. Nicht zuletzt geht es auch um journalistische Ethik, wenn Berichte auf die eine oder andere Weise gefärbt werden.

Fairerweise muss man sagen, dass kein Mensch, auch nicht der gewissenhafteste Wissenschaftler, eine Untersuchung beginnen kann, ohne sich bereits zu Anfang zumindest teilweise eine Meinung gebildet zu haben. Francis Bacon glaubte im 16. Jahrhundert, dass Wissenschaftler einfach nur Beobachtungen und Fakten auf völlig neutrale Weise zusammentragen müssten, dann würden ihnen früher oder später wissenschaftliche Gesetzmäßigkeiten quasi von allein ins Auge springen. Da hat sich Bacon aber leider geirrt. Jeder Wissenschaftler – und jeder Reporter –, der Nachforschungen anstellt, geht mit einer bestimmten Hypothese im Kopf ans Werk und versucht dann, Fakten und Beobachtungen zu sammeln, die diese Hypothese stützen. Weder der Wissenschaftler noch der Reporter sind in diesem Stadium (ihrer Arbeit) objektiv.

Dann jedoch trennen sich die Wege von wissenschaftlicher und journalistischer Ethik. Von einem Wissenschaftler wird erwartet, dass er seine Hypothese verwirft, wenn die Last der experimentellen Beweise dagegensteht. Demgegenüber steht es einem Journalisten in ethischer Hinsicht frei, einen Bericht zu veröffentlichen, der auf einer falschen Hypothese beruht, vorausgesetzt, der Text enthält keine Sachfehler oder ausgemachten Lügenmärchen. Mit anderen Worten, es bleibt dem Journalisten überlassen, sich aus den Fakten, Zitaten und Daten das Gewünschte herauszusuchen und damit seinen Lesern einen Eindruck zu vermitteln, der nicht unbedingt mit der gesamten Faktenlage übereinstimmt, während ein Wissenschaftler, der so handeln würde, von seinesgleichen aufs Schärfste verurteilt würde.

Übrigens ist dieses seltsame (die meisten würden sogar sagen verabscheuungswürdige) für Journalisten geltende ethische Prinzip sehr wertvoll für den Erhalt einer demokratischen Regierung. Denn erst dieser Grundsatz ermöglicht es einem Journalisten, eine Persönlichkeit des öffentlichen Lebens anzugreifen, die er für korrupt *hält*, noch bevor ihm unbestreitbare Beweise für diesen Verdacht vorliegen. Solange alles, was der Journalist über diese Person schreibt, der Wahrheit entspricht, handelt es sich um ethisch vertretbaren Journalismus, selbst wenn der veröffentlichte Bericht der betroffenen Person selbst oder anderen Eingeweihten als offensichtlich einseitige, gemeine Attacke erscheint. Mit diesen Mitteln kann ein Reporter manchmal einen schlechten Schauspieler ausräuchern, der sich vorübergehend unter dem Deckmantel der Ehrbarkeit versteckt hat. Natürlich kann diese Art von tendenziösem Journalismus in anderen Fällen auch den Ruf und die Karriere von Menschen zerstören, die im Großen und Ganzen rechtschaffene Bürger sind.

Daher trifft Jeffersons kleine Maxime letztes Endes heute manchmal genauso zu wie vor 200 Jahren: Wer im Jahr 2001 überhaupt nichts liest, ist in der Tat vielleicht besser informiert als derjenige, der nichts außer Zeitung liest.

Nichtsdestotrotz habe ich die Zeitungslektüre mit Begeisterung wieder aufgenommen, nachdem meine selbst auferlegte Abstinenz nach sechs Monaten zu Ende war. Sehen wir doch einfach der Tatsache ins Auge, dass es Spaß macht, über das derzeit geläufige Denken auf dem Laufenden zu sein und Redakteure und Reporter Tag für Tag unsere Aufmerksamkeit auf diese Krise oder jenes Problem oder eine selbige aus dem Leben gegriffene Geschichte lenken zu lassen. Und es ist doch so beruhigend annehmen zu dürfen, dass, wenn eine Geschichte plötzlich nicht mehr in Teil A einer Zeitung auftaucht, die betreffenden Probleme dann aller Wahrscheinlichkeit nach aus der Welt geschafft worden sind (etwa in der Art: „Die Hungersnot in Äthiopien muss vorbei sein, man liest ja gar nichts mehr darüber in der Zeitung.").

Als Querdenker bin ich jedoch sehr viel vorsichtiger mit Zeitungen als ich es früher war:

- Wenn ich Zeitung lese, bin ich mir bewusst, dass ich dies vornehmlich zu meiner Unterhaltung tue.

- Wenn in der Zeitung jemand angegriffen wird, behalte ich stets im Hinterkopf, dass es vielleicht überzeugende Argumente und Tatsachen gibt, die für die betreffende Person sprechen, von den Journalisten jedoch einfach ignoriert oder willentlich heruntergespielt werden.

- Ich versuche den Herdentrieb nicht zu vergessen, der notwendigerweise hinter jeder einzelnen Zeitung und hinter den Medien im Ganzen steht.

- Ich versuche stets daran zu denken, dass Zeitungen sowohl in Schwarz-Weiß gedruckt *als auch geschrieben* sind, dass ein Reporter oder Redakteur auf gar keinen Fall eine Geschichte mit mehreren Grauschattierungen will, dass die meisten Zeitungsberichte von weißen und schwarzen Hüten, von Tugend und Laster, von Gut und Böse handeln, alles immer schön in binären Begriffen dargestellt.

- Ich versuche, nicht zu vergessen, dass die Geschichten, die nie in irgendeiner Zeitung auftauchen, oftmals wichtiger sind als die, welche wir zu lesen bekommen, und dass langsame, aber nachhaltige Strömungen innerhalb der Gesellschaft für Zeitungsleute am schwersten zu erkennen und auch am schwierigsten in einen fesselnden Bericht zu verpacken sind.

- Ich versuche wie Mr. Jefferson immer zu bedenken, dass sogar die seriösesten Zeitungen die Tatsachen manchmal verdrehen.

- Wenn in der Presse eine Geschichte auftaucht, die für meine Arbeit als Präsident der USC sehr wichtig ist, lasse ich sie mir von verschiedenen meiner Ratgeber erzählen. Das ist immer noch die weitaus beste Methode für eine Führungspersönlichkeit, um die für eine Entscheidungsfindung notwendigen Nachrichten in Erfahrung zu bringen. Voraussetzung ist allerdings, dass es sich bei diesen Beratern um eine bunt gemischte Gruppe von intelligenten Leuten handelt, denen die Interessen der Führungspersönlichkeit und der betreffenden Institution am Herzen liegen und die bereit sind, der Führungspersönlichkeit auch Dinge zu sagen, die sie nicht so gerne hört.

Und schließlich fühle ich mich nicht mehr *verpflichtet*, die Zeitung zu lesen, und wenn ich sie nicht lese, dann ist es mir auch nicht peinlich, das zuzugeben. Zeitungen sind ein bisschen wie Seifenopern – man kann ruhig einige Tage damit aussetzen und dann problemlos wieder einsteigen. Wenn ich das Gefühl habe, dass ich wieder süchtig nach meiner Zeitungslektüre werde, höre ich einfach eine Woche ganz damit auf, bis ich meine geistige Unabhängigkeit wiedergewonnen habe. Das ist eine gute Übung für das Biegen in die entgegengesetzte Richtung im aristotelischen Sinne, um die eigenen Fehler auszugleichen.

So weit, so gut: Querdenker lesen die bedeutenden Werke mehrmals und so oft wie möglich und schränken die tägliche Zeitungslektüre ein. Was ist nun aber mit den tausenden von anderen Publikationen – Bücher, Magazine, wissenschaftliche Fachzeitschriften, Fachblätter für bestimmte Branchen und dergleichen –, die alle um die Aufmerksamkeit einer Führungspersönlichkeit wetteifern?

Das Problem ist natürlich Zeitmangel. Ich habe in meinem ganzen Leben noch keine Führungspersönlichkeit getroffen, sei es das Oberhaupt einer Familie oder eines Staates, die sich über zu viel freie Zeit oder zu wenig Lesestoff beschwert hätte. Im Gegenteil, die meisten Führungspersönlichkeiten beklagen eher, dass es zu viel gibt, was sie lesen wollen (oder meinen, lesen zu müssen), und zu wenig Zeit, um es tatsächlich zu tun.

Henry David Thoreau, der in seiner Hütte nahe Walden Pond täglich mehrere Stunden mit Lesen verbrachte, gab einmal den Rat, immer die besten Bücher zuerst zu lesen, falls keine Zeit bliebe, um sie alle zu lesen. Danke für den Tipp, Henry, aber woher soll man wissen, welche die besten sind?

Eine Möglichkeit wäre, jegliches veröffentlichte Schriftmaterial als eine Art Kontinuum oder Spektrum zu betrachten, das sich vom kurzlebigsten (Zeitungen) ganz links auf der Skala bis zum dauerhaftesten (die bedeutenden Werke) ganz rechts auf der Skala erstreckt. Vom Standpunkt eines Querdenkers aus gesehen, nimmt die Wichtigkeit dabei von links nach rechts zu.

Bei den Zeitungen (also links oder am unwichtigsten) stehen Magazine und Fachblätter einzelner Branchen, gefolgt von den meisten (aber nicht allen) neu erschienenen Büchern. Gleich daneben kämen vielleicht die wissenschaftlichen Fachzeitschriften und andere regelmäßig erscheinende Veröffentlichungen von Bedeutung sowie einige der am weitesten verbreiteten Lehrbücher. Näher an den bedeutenden Werken (also rechts oder am wichtigsten) sollten Romane, Biographien, Dramen, geschichtliche Werke, Gedichte und Essays stehen, die fünfzig oder mehr Jahre nach ihrem ersten Erscheinen noch gelesen werden.

Als mein Redakteur hörte, dass ich diese Meinung vertrat, wandte er ein: „Aber Mr. Sample, das würde ja gegen Ihr eigenes Buch sprechen, weil es noch keine fünfzig Jahre alt ist." Nun, ja und nein. Gegen *Der Fürst*, *Hamlet* oder *Der Staat* komme ich natürlich niemals an. Aber wenn Sie mein Buch mit all den gängigen Fachbüchern vergleichen, die derzeit auf dem Markt sind, dann wird es vielleicht doch im Hinblick auf seine Überzeugungskraft ganz gut abschneiden, eben weil es praktische Erfahrung mit neuen Denkweisen und einer recht soliden Kenntnis der bedeutenden Werke verbindet. Natürlich besteht immer die – wenn auch sehr geringe – Möglichkeit, dass mein Buch auch in fünfzig Jahren noch gelesen wird, aber bis sich herausstellt, ob es tatsächlich die Zeit überdauern wird, sollten wir es vielleicht irgendwo in der breiten Mitte des Spektrums ansiedeln.

Als Nächstes stellt sich für jede Führungspersönlichkeit dann die Frage, wie viel ihrer Zeit sie jeden Tag insgesamt der Lektüre widmen will (hierzu zählt wohlgemerkt nicht das Lesen von Memos, Briefen, E-Mails und Berichten, die sich direkt auf Ihr Unternehmen oder Ihre Institution beziehen), und wie sie diese Zeit auf das Spektrum allen veröffentlichten Schriftmaterials verteilen soll.

Fangen wir mit den Fachblättern für bestimmte Branchen an. Als Faustregel für Querdenker gilt hier, dort zu suchen, wo Ihre Konkurrenten nicht suchen, und das zu lesen, was Ihre Konkurrenten nicht lesen. Lassen Sie Ihre Stellvertreter mit den Entwicklungen in Ihrem jeweiligen Geschäftszweig Schritt halten; sie werden Sie über alle wichtigen Ereignisse auf dem Laufenden halten, genauso, wie sie Ihnen auch alles Wichtige mitteilen, was in der Zeitung steht. Es bricht mir jedes Mal das Herz, wenn ich mit ansehen muss, wie eine angehende Führungspersönlichkeit versucht, vorwärts zu kommen, indem sie möglichst viele der üblichen Fachblätter liest, die es in ihrer jeweiligen Branche gibt. Arme Seele – sie verschwendet ihre Zeit. Es wird doch niemand allen Ernstes glauben, dass Warren Buffet oder Bill Gates weitergekommen sind, indem sie sich gewissenhaft alle Blättchen zu Gemüte geführt haben, die etwas über ihr jeweiliges Betätigungsfeld zu sagen hatten?

Für einen Querdenker ist eine einzige originelle Idee mehr Wert als hundert wiedergekäute herkömmliche Weisheiten. Und aller Wahrscheinlichkeit nach wird der Führungspersönlichkeit diese eine originelle Idee gekommen sein, als sie etwas gelesen oder gehört hat, das nichts mit ihrem angestammten Fachgebiet zu tun hatte.

Ich kann daher allen Führungspersönlichkeiten nur raten, relativ wenig Zeit am linken Ende des Spektrums (Zeitungen) und so viel Zeit wie möglich am rechten Ende (bedeutende Werke) zu verbringen. Ich persönlich verbringe jeden Tag ungefähr dreißig Minuten mit Lesen – davon sind insgesamt zehn Minuten für Zeitungen, branchenbezogene Fachblätter und wissenschaftliche Fachzeitschriften und zwanzig Minuten für Bücher vorgesehen.

Und wenn ich einmal gezwungen bin, meine Lesezeit zu beschränken, dann kürze ich stets am linken Ende des Spektrums.

Die gute Nachricht ist, dass zwanzig Minuten pro Tag sich auf stattliche 120 Stunden im Jahr summieren, was für mich mehr als genug Zeit ist, um jedes Jahr ein Dutzend oder noch mehr umfangreiche und anspruchsvolle Bücher in aller Ruhe durchzulesen, wobei noch reichlich Zeit bleibt, um die bedeutsameren Passagen noch einmal gründlich zu durchdenken und zu unterstreichen. Zu den Büchern, die ich in einem beliebigen Jahr lese, gehören immer zwei oder drei der bedeutenden Werke (wovon ich manche vielleicht bereits gelesen habe) sowie mehrere Bücher, die erfolgreich die 50-Jahre-Hürde genommen haben, und ein paar Bücher, die erst kürzlich erschienen sind.

Auf diese Weise habe ich in den letzten drei Jahrzehnten fast 400 Bücher gelesen und dabei ein breites Spektrum an Geschichte, Philosophie, Essays, Religion, Biographien, Romanen und Lyrik abgedeckt. Nebenbei habe ich mir damit eine recht gute Allgemeinbildung erworben, besonders für einen Ingenieur. Auf gewisse Art und Weise ist mein Wissen in den geisteswissenschaftlichen Fächern dem meiner Freunde, die Geisteswissenschaften studiert haben, sogar überlegen, weil viele von ihnen noch zu jung und naiv waren, um die wichtigen Werke schätzen zu können, als sie diese während ihrer Studienzeit gelesen haben. Und nach ihrem Abschluss haben die meisten von ihnen nie mehr einen Blick in diese Bücher geworfen. Außerdem versäumen es die meisten Geisteswissenschaftler, ihre Allgemeinbildung dadurch abzurunden, dass sie wenigstens irgendetwas über Wissenschaft und Technik lernen.

Mit die größten Schwierigkeiten bereitet es mir, wie den meisten anderen Führungspersönlichkeiten wahrscheinlich auch, zu entscheiden, welche neueren Bücher ich jedes Jahr lesen soll. Es stehen tausende zur Auswahl, nach welchen Kriterien sollte man also auswählen?

Ständig drängen uns Freunde und Kollegen irgendwelche Empfehlungen auf, etwa mit den Worten: „Haben Sie John Smedleys

neues Buch schon gelesen? Noch nicht? Also, das *müssen* Sie einfach lesen! Es ist absolut *fabelhaft*! Sie werden es nicht mehr aus der
Hand legen können! Smedley ist eindeutig einer der ganz großen
Denker unserer Zeit!" In Wirklichkeit wird sich aber erst herausstellen, ob Smedley tatsächlich einer der ganz großen Denker
unserer Zeit ist, wenn Smedley – und wir alle ebenso – schon lange
tot sind. Hierzu fällt mir ein Ausspruch von Winston Churchill ein,
dass es eine sehr kluge Redensart gebe, die besage, man solle jedes
Mal, wenn ein neues Buch erscheine, ein altes lesen.

Sogar (und vielleicht ganz besonders) die Literaturexperten
haben ihre liebe Mühe zu entscheiden, wer die Zeit überdauern
wird. Sehen Sie sich die Liste der Gewinner des Pulitzer- und des
Literaturnobelpreises aus der ersten Hälfte des vorigen Jahrhunderts einmal an – wie viele dieser Autoren zählen heute zu den
wichtigen Stimmen des 20. Jahrhunderts?

Ich bin zufällig ein glühender Verehrer von Willa Cather, die
1923 für ihren Roman *One of Ours* den Pulitzer-Preis bekam. Fast
niemand würde heute noch dieses spezielle Buch zu ihren bedeu-
tendsten Romanen rechnen. So sehr ich sie und ihre Bücher auch
liebe, heute würde noch nicht einmal mehr jemand sagen, dass
Willa Cather eine der führenden amerikanischen Schriftstelle-
rinnen sei.

Ein möglicher Ausweg aus dieser Zwickmühle wäre für Sie als
Führungspersönlichkeit, vielleicht ein Dutzend der infrage kommenden Neuerscheinungen, die Ihnen Ihre engsten Freunde und
Berater so dringend empfohlen haben, auszuwählen und dann jede
Person zu bitten, ihre jeweilige Empfehlung etwa fünf Minuten lang
mit Ihnen zu besprechen und Sie auf einige der besten Abschnitte
darin hinzuweisen. Es ist wohl nicht zu viel verlangt, dass jemand,
dessen Leidenschaften und Vorurteile Sie bestens kennen, Ihnen
eine wohl durchdachte Zusammenfassung liefert, bevor Sie mehrere
Stunden darauf verwenden, ein relativ neues Buch konzentriert
durchzulesen. Oftmals wird diese wohl durchdachte Zusammenfassung alles sein, was Sie jemals über das betreffende Buch wissen
wollten oder mussten.

Alle Führungspersönlichkeiten, ob sie nun Querdenker sind oder nicht, werden sehr stark von dem beeinflusst, was sie lesen. In vielen Fällen lassen sich Führungspersönlichkeiten von ihrer Lektüre sogar in dem gleichen Maße leiten und inspirieren wie von ihren engsten Beratern.

Aus diesem Grund kann die Auswahl ihres Lesestoffs für eine Führungspersönlichkeit weit reichende Folgen haben. Der Umstand, dass eine Führungspersönlichkeit so wenig Zeit zur Verfügung hat, zwingt sie überdies dazu, einander ausschließende Entscheidungen zu treffen. Wie schon Thoreau ganz klar begriffen hatte: Das Lesen einer Zeitung schließt von vornherein aus, dass wir ein Buch lesen, und die Lektüre eines bestimmten Buches verhindert, dass wir hundert andere lesen.

Für dieses Problem gibt es keine einfache Patentlösung. Es ist wie mit allem, was mit Führung zu tun hat: Was bei der einen Führungspersönlichkeit funktioniert, lässt sich bei einer anderen vielleicht nicht anwenden, und was für eine Führungspersönlichkeit ganz zu Anfang ihrer Laufbahn gut ist, könnte für dieselbe Person zu einem späteren Zeitpunkt weniger geeignet sein.

Aber wenn eine Führungspersönlichkeit es versäumt, bewusste Entscheidungen hinsichtlich ihres Lesestoffs zu treffen, dann ist das einer der schwer wiegendsten Fehler, die sie begehen kann. Es ist hundertmal besser für eine Führungspersönlichkeit, ihre eigenen Fehlentscheidungen zu treffen, als sich von Bestsellerlisten, Redakteuren oder Literaturkritikern diese Entscheidungen abnehmen zu lassen. Keine Führungspersönlichkeit, die etwas auf sich hält, würde sich ihre Stellvertreter von Außenstehenden auswählen lassen, und ebenso wenig sollte sie jemand anderen ihre Lektüre auswählen lassen. Beim Lesen, wie in so vielen anderen Bereichen auch, ist die Bewahrung Ihrer geistigen Unabhängigkeit eine der wesentlichen Voraussetzungen für erfolgreiche Führung.

Kapitel 5

Entscheidungen, Entscheidungen

Entscheidungen zu treffen ist ein wesentlicher Bestandteil der Führungsaufgaben. Es kann Spaß machen, berauschend sein oder als Ego-Trip dienen; es kann auch eine schwere Bürde darstellen, Qualen verursachen oder furchtbar beängstigend sein – und manchmal ist es all das auf einmal.

Die meisten Führungspersönlichkeiten üben einen beträchtlichen Anteil ihrer Macht und Autorität dadurch aus, dass sie Entscheidungen treffen. Die Wichtigkeit einer Führungspersönlichkeit lässt sich in der Tat daran messen, inwieweit sich die Entscheidungen, die sie trifft, auf andere Personen auswirken, oder ob sich jemand überhaupt dafür interessiert. Und das Vermächtnis einer Führungspersönlichkeit wird oftmals von den langfristigen Folgen ihrer Entscheidungen geprägt.

Die wahrscheinlich kritischsten Entscheidungen, die eine Führungspersönlichkeit treffen muss, beziehen sich auf die Einstellung, die Förderung und die Entlassung ihrer Stellvertreter. Weil dies ein so komplexes und wichtiges Thema ist, werde ich in Kapitel 8 noch ausführlich darauf eingehen („Arbeiten Sie für die, die für Sie arbeiten").

Was Entscheidungen betrifft, ist die große Mehrheit von uns mit der Einstellung aufgewachsen, dass der Teller leer gegessen und der Schreibtisch aufgeräumt sein muss; das heißt, eine Entscheidung, die man heute noch treffen könnte, darf nie auf morgen ver-

schoben werden. Mit dieser althergebrachten Weisheit mögen
Manager und Bürokraten gut beraten sein, Führungspersönlichkeiten sollten diesem Rat jedoch auf keinen Fall folgen.

Beim Umgang mit Entscheidungen gelten für Führungspersönlichkeiten zwei allgemeine Regeln:

1. Treffen Sie niemals eine Entscheidung selbst, die Sie ohne
   weiteres auch an einen Stellvertreter delegieren können.

2. Treffen Sie niemals heute eine Entscheidung, die Sie ohne
   weiteres auch morgen noch treffen können.

Worauf es hier ankommt, ist natürlich der Ausdruck „ohne weite-
res". Zu entscheiden, was das in Bezug auf eine konkret anstehende
Entscheidung bedeutet, erfordert ein hohes Maß an Geschick und
Übung.

Lassen Sie mich Regel 1 näher erläutern. Im Allgemeinen kann
der größte Teil aller Entscheidungen, mit denen eine Führungspersönlichkeit konfrontiert wird, ohne weiteres an einen Stellvertreter delegiert werden, vorausgesetzt, die Führungspersönlichkeit
verfügt über ausgezeichnete Stellvertreter und ist auch in der Lage,
denjenigen unter ihnen auszuwählen, der für eine konkrete Entscheidung am ehesten geeignet ist. Aber die Tatsache, dass eine
Führungspersönlichkeit Entscheidungen an ihre Stellvertreter weitergeben kann, heißt noch lange nicht, dass sie damit die Verantwortung für diese Entscheidungen abgibt, insbesondere dann nicht,
wenn irgendetwas schief läuft.

Dies ist eins der Probleme, das die meisten Leute daran hindert,
sich zu erfolgreichen Führungspersönlichkeiten zu entwickeln: Sie
glauben (fälschlicherweise, wie sich herausgestellt hat), wenn sie
die Befugnis haben, eine bestimmte Entscheidung zu treffen, und
wenn sie am Ende sowieso immer persönlich für das Ergebnis verantwortlich sind (insbesondere dann, wenn eine Sache sich als
Fehlentscheidung entpuppt), dann müssten sie diese Entscheidung

auch persönlich treffen. Für einen Durchschnittsmenschen ist es einfach unvorstellbar, dass er, unter welchen Umständen auch immer, einem Untergebenen erlauben sollte, eine falsche Entscheidung zu treffen, für die er (in diesem Fall die Führungspersönlichkeit) letzten Endes zur Verantwortung gezogen wird. Aber gerade dadurch zeichnet sich Führung der Spitzenklasse aus.

Militärführer sind besonders geübt darin, Entscheidungen an Untergebene zu delegieren und gleichzeitig in vollem Umfang für diese Entscheidungen einzustehen. Ich erinnere mich an eine Geschichte (möglicherweise nachträglich erfunden) über Verteidigungsminister Robert MacNamara während der missglückten Schweinebucht-Invasion im Jahr 1961. MacNamara war natürlich ein blutiger Anfänger in Bezug auf Kriegsführung. Während er und seine versammelten Stabschefs sich die Positionen der amerikanischen Kriegsschiffe bei ihrer Anfahrt auf Kuba ansahen, fiel MacNamara auf, dass eines der Schiffe die Formation verlassen hatte. Er wies den Stabschef der Marine umgehend an, dem Kapitän des betreffenden Schiffes Befehl zu geben, sich wieder auf seine vorgesehene Position zu begeben, worauf der Admiral angeblich erwiderte: „Herr Minister, ich werde den Flottenkommandanten bereitwillig entlassen, wenn Sie es wünschen, aber solange er das Kommando hat, werde ich ihm nicht vorschreiben, wie er die einzelnen Schiffe unter seinem Kommando anordnen soll." Im Gegensatz zu seinem Vorgesetzten hatte der Marinestabschef die Realitäten *und die Risiken* von Entscheidungen, bei denen viel auf dem Spiel steht, begriffen.

Warum sollte eine Führungspersönlichkeit dann überhaupt delegieren? Warum behält sie sich nicht alle Entscheidungen, die großen wie die kleinen, persönlich vor? Immerhin ist sie ja mit der Führung betraut und alle müssen ausführen, was sie anordnet, richtig?

In der Tat versuchen viele Anführer kleinerer Bewegungen und Leiter von Organisationen, sämtliche Entscheidungen alleine zu treffen und unter bestimmten Umständen kann das auch sehr gut funktionieren. Aber diese Führungspersönlichkeiten scheitern fast immer an der zunehmenden Größe ihrer Organisation; oder aber die Organisation selbst bricht zusammen, wenn die ursprüngliche Führungspersönlichkeit älter wird, erkrankt oder stirbt.

Selbst in kleinen Organisationen gibt es zwingende Gründe, warum eine Führungspersönlichkeit konsequent die meisten Entscheidungen an ausgewählte Stellvertreter delegieren sollte. Der erste Grund hat mit zeitlichen Beschränkungen zu tun. Eine wohl überlegte Entscheidung zu treffen ist harte, zeitraubende Arbeit, und keine Führungspersönlichkeit kann innerhalb eines Monats allzu viele richtige Entscheidungen treffen, und erst recht nicht innerhalb eines einzigen Tages oder einer einzigen Woche. Daher sollte sie sich nur die wichtigsten Entscheidungen vorbehalten und den Rest frohen Mutes an andere delegieren.

Ein zweiter wichtiger Grund, der für das Delegieren spricht, ist, dass eine Führungspersönlichkeit sich damit starke Stellvertreter aufbauen und kontinuierlich fordern kann. Wie wir in einem späteren Kapitel noch sehen werden, kann eine Führungspersönlichkeit von ihren Stellvertretern nicht erwarten, dass sie wachsen und reifen, solange sie ihnen keine Gelegenheit gibt, echte Entscheidungen mit realen Auswirkungen auf die Organisation zu treffen, die nicht ständig im Nachhinein kritisiert werden.

Jack Welch, der legendäre CEO von General Electric, hatte das hundertprozentig begriffen. Unter Welch wurden bei General Electric geschäftliche Entscheidungen, bei denen es um eine Summe von weniger als 25 Millionen US-Dollar ging, von den für das operative Geschäft zuständigen Führungskräften getroffen, nicht vom CEO. Welsh hörte einem Stellvertreter, der sich gerade mit einer bedeutsamen Entscheidung herumschlug, aufmerksam zu, fragte nach und ordnete das Problem vielleicht noch einmal in den Gesamtkontext des Unternehmens ein, aber er hütete sich stets, seinem Stellvertreter die Entscheidung abzunehmen.

Und schließlich hat ein Querdenker, der bereit ist, so gut wie alle Entscheidungen auch an einen Stellvertreter zu delegieren, die Möglichkeit, eine sehr viel stärkere und kohärentere Organisation aufzubauen als jemand, der sämtliche Entscheidungen alleine zu treffen versucht. Diese Feststellung läuft natürlich jeglicher Intuition zuwider; im ersten Moment würde man denken, dass Stärke und Kohärenz dort zu suchen seien, wo ein Diktator unbeschränkt herrscht. Aber der Knackpunkt ist folgender: Eine Führungspersönlichkeit, die Entscheidungen delegiert, ist quasi gezwungen, Kohärenz herzustellen, indem sie ein Team von Stellvertretern zusammenstellt, das ähnliche Wertvorstellungen und gemeinsame Ziele hat. Wenn sie in dieser Hinsicht erfolgreich ist, wird ihre Organisation auch den Tod der Führungspersönlichkeit (der früher oder später unweigerlich eintritt) überdauern können.

Im Gegensatz dazu hinterlässt ein diktatorischer Führer in der Regel keine starke und gut aufgebaute Gruppe von Stellvertretern, welche die betreffende Organisation fließend weiterführen könnten. Wenn jahrelange diktatorische Repression abrupt endet, kommt es in der Regel zu erbitterten internen Streitigkeiten und innerparteilichen Machtkämpfen (denken Sie nur an Jugoslawien nach dem Tod Titos).

Also gut – ein Querdenker hält sich an Regel 1 und delegiert fast alle Entscheidungen an seinen Stellvertreter. Die nächste Frage lautet nun: Welche wenigen Entscheidungen behält er sich vor?

Zuerst einmal sollte eine Führungspersönlichkeit alle Entscheidungen bezüglich der Einstellung, Bezahlung, Motivation, Entwicklung, Beurteilung und Entlassung ihrer wichtigsten Stellvertreter persönlich treffen. Langfristig gesehen könnten dies durchaus die schwer wiegendsten Entscheidungen sein, die eine Führungspersönlichkeit überhaupt treffen kann (was in fast allen Büchern zum Thema Führung übersehen wird).

Zweitens sollte eine Führungspersönlichkeit diejenigen Entscheidungen selbst treffen, die weit reichende Folgen für die Organisation haben können, die sie leitet. Sollen wir das Unternehmen verkaufen? Sollen wir einen Konkurrenten aufkaufen oder uns mit ihm zusammenschließen? Sollen wir die Hälfte unseres Eigenkapitals für die Entwicklung eines einzigen neuen Produkts riskieren? Sollen wir unsere medizinische Fakultät schließen? Das sind Fragen für die Führungspersönlichkeit, nicht für ihre Stellvertreter.

Man sagt manchmal, die tatsächlich wichtigen Entscheidungen zu identifizieren sei dasselbe, wie zwischen dringenden und wichtigen Angelegenheiten zu unterscheiden, was eigentlich ganz einfach klingt, sich in der Praxis jedoch als äußerst schwierig erweist. Auch hier können die Nachrichtenmedien einem das Leben schwer machen. Das Gezeter der Presse führt oft dazu, dass eine Führungspersönlichkeit sich von den wirklich wichtigen Dingen ablenken lässt und sich stattdessen mit den derzeit hochaktuellen Themen befasst. Genau wie Odysseus seinen Männern Wachs über die Ohren strich, um sie vor den verführerischen (und zerstörerischen) Gesängen der Sirenen zu schützen, so muss sich auch eine kluge Führungspersönlichkeit gegen das Geplapper der Medien abschirmen, um das Dringende vom Wichtigen unterscheiden zu können.

Seltsamerweise beziehen sich die wichtigsten Entscheidungen manchmal jedoch auf scheinbar triviale Angelegenheiten. Irgendwann in den sechziger Jahren, als die öffentliche Moral noch um einiges strenger war als heute, kam es an einer Universität im mittleren Westen der USA einmal zu einer hitzigen Kontroverse über die Veröffentlichung eines „unanständigen" (das heißt in sexueller Hinsicht deutlichen) Gedichts von einem der dortigen Professoren. Der Präsident der Universität erkannte richtig, dass es sich hier keineswegs nur um einen Sturm im Wasserglas handelte, sondern dass diese Angelegenheit eine reale Bedrohung sowohl für die akademische Freiheit als auch für den Finanzhaushalt der Universität darstellte. Der Präsident opferte daher einen beträchtlichen Teil seiner Zeit, um alle Entscheidungen in dieser Sache persönlich treffen zu können. Und er hat richtig daran getan, denn er war der einzige, der das Format hatte, um Schlimmeres verhindern zu können.

Ähnlich verhielt es sich bei dem illegalen Fluglotsenstreik im Jahr 1981, als Ronald Reagan – der vielleicht überzeugteste Delegierer, der im letzten Jahrhundert das Weiße Haus bewohnt hat – plötzlich einen Großteil der Befugnisse wieder an sich riss, die er unter normalen Umständen an den Verkehrsminister abtrat. Seine Rechnung ging auf: Indem er in dieser Krise das Ruder selbst in die Hand nahm und die streikenden Lotsen persönlich entließ, verhalf er seiner Präsidentschaft langfristig zu höherem Ansehen, selbst wenn die ganze Angelegenheit eigentlich von eher geringer Bedeutung war.

Machiavelli weist darauf hin, dass eine Führungspersönlichkeit in ihrem Handeln niemals allzu vorhersehbar werden sollte, damit ihre Stellvertreter und andere Gefolgsleute sie nicht übermäßig manipulieren können. Beachten Sie bitte die feine Nuance: Es ist durchaus wünschenswert für eine Führungspersönlichkeit, bis zu einem gewissen Grad von ihren Gefolgsleuten und insbesondere von ihren wichtigsten Stellvertretern manipuliert zu werden; es kommt nur darauf an, dass derartige Manipulationen im richtigen Rahmen bleiben.

Eine sehr gute Methode, um Vorhersehbarkeit und Manipulation in Grenzen zu halten, besteht darin, dass die Führungspersönlichkeit immer wieder einmal eine Entscheidung persönlich trifft, die sie normalerweise an einen ihrer Stellvertreter delegieren würde. Das schreckt diese gerade so weit auf, dass sie sich daran erinnern, wer ihnen ihre Befugnisse eigentlich einräumt, und dass sie im Grunde nur die Verwalter von etwas sind, das genau genommen nicht ihnen, sondern der Führungspersönlichkeit zusteht. Ein gelegentlicher Überfall dieser Art kann bei einem Stellvertreter auch das Bewusstsein für seine Verantwortlichkeit schärfen und ihm zu einem besseren Verständnis der Ziele verhelfen, die sein Vorgesetzter verfolgt.

Dies wird an einem Beispiel deutlich. Es wäre in den meisten Fällen eher kontraproduktiv, wenn der CEO einer großen Produktionsfirma sich persönlich mit den Details des Produktdesigns befassen würde. Wenn er dies jedoch ab und zu einmal tut, vermittelt er damit zwei klare Botschaften: erstens, dass dem CEO dieses Produkt wirklich am Herzen liegt, und zweitens, dass das Produktdesign mit allen anderen Facetten des Unternehmens (hier repräsentiert vom CEO) verwoben sein muss, damit das Unternehmen im harten Wettbewerb bestehen kann.

Kurz nachdem ich im März 1991 zum Präsidenten der USC ernannt worden war, beschloss ich, mich einmal persönlich um unsere so genannten „griechischen" studentischen Vereinigungen, die *fraternities* und *sororities*, zu kümmern. Diese Vereinigungen konnten an der USC auf eine lange und vornehme Geschichte zurückblicken, hatten aber in den letzten Jahren in zunehmenden Maße durch Ausschweifungen und Rowdytum von sich reden gemacht. Meiner Meinung nach mussten die Zügel wieder etwas fester angezogen werden, um den Fortbestand dieser Vereinigungen an der USC langfristig zu sichern. Nachdem mir die Studenten selbst auf meine Anfrage hin einen Vorschlag für einen neuen Verhaltenskodex eingereicht hatten, entschied ich mich jedoch, diesen Vorschlag einfach abzulehnen und stattdessen eigene Regeln aufzustellen, was die *fraternities* und *sororities* erreichen könnten und sollten, und setzte sie den Studenten einfach vor die Nase. Das hatte natürlich erst einmal viel Gejammer und Zähneknirschen zur Folge; auf lange Sicht hat es die Vereinigungen jedoch gestärkt, sodass sie heute zu den stärksten und angesehensten im ganzen Land gehören.

Interessanterweise musste ich mich seitdem nie mehr einschalten, wenn es an der USC um Verhaltensmaßregeln für die Studenten ging, vielleicht deshalb, weil jeder weiß, dass ich mich jederzeit einmischen würde, wenn ich das Gefühl hätte, dass die Dinge aus dem Ruder laufen – und weil das jeder tunlichst vermeiden will.

Eine Führungspersönlichkeit sollte stets bereit sein, eine klare Entscheidung zu treffen, um Streitigkeiten unter ihren ranghöchsten Stellvertretern zu schlichten. Lassen Sie Konflikte niemals schwelen; hören Sie beiden Seiten aufmerksam zu und lösen Sie das Problem dann sofort. Wenn zwei oder auch mehrere Ihrer Stellvertreter Ihnen mit ihren Streitigkeiten ständig Ihre Zeit stehlen, dann sollten Sie einen davon oder auch beide entlassen.

Ein wichtiger Punkt bei der Auswahl Ihrer persönlich zu treffenden Entscheidungen ist die Frage, ob Sie auch tatsächlich befugt sind, in einer bestimmten Angelegenheit zu entscheiden. Viele aufstrebende Führungspersönlichkeiten scheitern daran, dass sie ihre Befugnisse überschreiten – sie treffen großartige Entscheidungen in Angelegenheiten, die in Wirklichkeit in den Bereich einer anderen Führungspersönlichkeit oder eines anderen Entscheidungsträgers fallen und verscherzen sich dabei einen Großteil ihrer Glaubwürdigkeit und Legitimität.

George Washington war besonders geschickt darin, diese Art von Fallstrick zu vermeiden. Anstatt möglichst viel Macht für sich in Anspruch zu nehmen, beugte er sich oftmals der Autorität anderer (zum Beispiel einem zänkischen und unfähigen Kongress). Nur wenn es für alle klar ersichtlich war, dass die Entscheidung in einer bestimmten Angelegenheit ganz eindeutig in seinen Zuständigkeitsbereich fiel, übte Washington seine präsidiale Macht auch aus. Wie der Historiker Garry Wills in *Certain Trumpets* schrieb: „Darin besteht das Paradoxe an Führung in einem Rechtssystem – Autorität wird dadurch gefestigt, dass man sie anderen überträgt, so wie auch Washington Macht ausübte, indem er sie abtrat."

In den späten achtziger Jahren des 20. Jahrhunderts, während meiner Zeit als Präsident an der SUNY-Buffalo, verwehrte unsere juristische Fakultät Vertretern des Kriegsgerichtsrätekorps den Zutritt zum Fakultätsgebäude, um Juristen zu rekrutieren; Grund dafür war die Politik der Bundesregierung, Homosexuelle vom Militärdienst auszuschließen. Die Sache wurde mir schon bald vorgelegt. Anstatt mich in der Frage, ob Homosexuelle in der Armee dienen dürfen, übereilt in die Nesseln zu setzen, beschloss ich, zunächst einmal herauszufinden, wer tatsächlich befugt war, irgendwelchen Personen den Zutritt zu einem unserer Universitätsgebäude zu verwehren. Hatte die Fakultät, die in diesem Gebäude untergebracht war, eine derartige Befugnis? Der Präsident? Der Verwaltungsrat der SUNY-Buffalo? Der Kanzler der gesamten SUNY? Das Kuratorium der SUNY?

Am Ende stimmten alle, die juristische Fakultät eingeschlossen, darin überein, dass einzig und allein der Präsident das Recht hatte, bestimmten Personen oder Gruppen den Zutritt zu einzelnen Gebäuden der Universität zu verbieten. Diese Feststellung der tatsächlichen Befehlsgewalt verwandelte das von der juristischen Fakultät verhängte Zutritts*verbot* automatisch in eine schlichte *Empfehlung* an den Präsidenten, dass Angehörigen des Kriegsgerichtsrätekorps der Zutritt verboten werden *sollte*. Das veränderte wiederum das

Wesen der Entscheidung, die ich treffen musste, denn in akademischen Kreisen ist es eine Sache, wenn der Präsident die Empfehlung einer Fakultät ablehnt, aber es ist etwas ganz anderes, wenn er einen Beschluss rückgängig macht, zu dem sich die Fakultät selbst in vollem Maß legitimiert fühlt.

Und wenn sich herausgestellt hätte, dass allein die juristische Fakultät und nicht der Präsident befugt gewesen wäre, Personen von ihrem Fakultätsgebäude fernzuhalten, dann hätte ich in dieser Angelegenheit überhaupt keine Entscheidung treffen müssen. Ich hätte mich zwar in aller Öffentlichkeit zustimmend oder missbilligend über diese Entscheidung der juristischen Fakultät äußern können, aber ich wäre nicht dafür verantwortlich gewesen.

Das vorangehende Beispiel veranschaulicht sehr gut, warum eine Führungspersönlichkeit es möglichst vermeiden sollte, sich in einem Zwei-Fronten-Krieg zu verzetteln, wenn es um Entscheidungen geht – also gleichzeitig darüber zu streiten, wer für eine bestimmte Entscheidung zuständig ist und wie diese Entscheidung ausfallen sollte.

Die Präsidenten John F. Kennedy, Lyndon Johnson und Richard Nixon kämpften in Bezug auf Vietnam immer an zwei Fronten gleichzeitig – einmal im tatsächlichen Kriegsgeschehen in Südostasien und gleichzeitig noch an der politischen Front zu Hause, wo es um die Frage ging, mit welchem Recht der President der Vereinigten Staaten eigentlich die Nordvietnamesen bekämpfte. Das hatte zur Folge, dass Kennedy, Johnson und Nixon über weite Strecken handlungsunfähig waren und keiner der drei es fertigbrachte, diesen Krieg entweder zu gewinnen oder sich ehrenhaft zurückzuziehen.

Präsident George Bush der Ältere hingegen vermied einen Zwei-Fronten-Krieg (das heißt, einen mit Gewehrkugeln und einen politischen) im Persischen Golf, indem er zunächst einmal darstellte, was aus der Sicht des amerikanischen Volkes für beziehungsweise gegen diesen Krieg sprach, und dann den Kongress aufforderte, darüber abzustimmen. Ich nehme an, Bush hätte geschwiegen und zugesehen, wie der Irak Kuwait annektiert, wenn der Kongress tatsächlich gegen eine amerikanische Intervention gestimmt hätte. Da er jedoch sowohl den Kongress als auch das Volk hinter sich wusste, konnte er alle seine Energien und Amerikas militärische Macht darauf konzentrieren, die irakische Invasion abzuwehren.

Manchmal ist eine Führungspersönlichkeit gut damit beraten, eine Situation zu *schaffen*, die sie zu einer Entscheidung zwingt. Diese Methode ist insbesondere dann sehr hilfreich, wenn die Organisation, die diese Führungspersönlichkeit leitet, vor dem Untergang steht oder träge geworden ist, wenn sie ihre Ziele aus den Augen verloren oder ihre Vitalität eingebüßt hat.

Der CEO eines Unternehmens könnte beispielsweise seinen hochrangigen Führungskräften mitteilen, dass er vorhat, ihre Zahl um 30 Prozent zu reduzieren, jedoch erst in zwei Monaten entscheiden wird, wer gehen muss. Oder die Präsidentin einer Hochschule könnte ankündigen, dass es für die Universität an der Zeit sei, ihre Rolle und ihre Mission neu zu definieren und dass sie, die Präsidentin, persönlich die Hauptverantwortliche für dieses Projekt sein wird. Der Leiter einer Wohltätigkeitsorganisation könnte seinen Mitarbeitern zu verstehen geben, dass es ratsam für die Organisation wäre, zwei ihrer sieben Kernprogramme einzustellen, um die verbleibenden fünf noch verbessern zu können, und dass er in einem Monat, nach eingehender Prüfung und Beratung, entscheiden wird, welche zwei das sein sollen. Worauf es hier ankommt, ist, dass jede dieser Entscheidungen von der Führungspersönlichkeit selbst mit voller Absicht forciert und ihr nicht von den äußeren Umständen aufgezwungen wurde.

Gelegentlich besteht für eine Führungspersönlichkeit auch die Notwendigkeit, *den Anschein zu erwecken*, als ob sie Entscheidungen träfe, obwohl dies gar nicht der Fall ist. Im April 1992 kam es in L.A. zu schrecklichen und blutigen Unruhen, ausgelöst durch das Urteil eines Geschworenengerichts, das mehrere Polizisten freisprach, die einen Autofahrer namens Rodney King verprügelt und festgenommen hatten. Die USC war von diesen Krawallen eigentlich nicht direkt betroffen, aber auf dem Höhepunkt der Unruhen (die rund um den Campus der Universität tobten) rechneten wir jede Minute mit Brandstiftung, Plünderungen, Schlägereien und sogar Mord.

Glücklicherweise verfügte unsere Universität über einen sorgfältig durchdachten Notfallplan, der bei einem katastrophalen *Erdbeben* zum Einsatz kommen sollte. Einer unserer Vizepräsidenten, der zu Beginn der Unruhen die sich zuspitzenden Ereignisse vom Dach eines Universitätsgebäudes aus verfolgte, sagte sich: „Also, wenn das mal kein Erdbeben ist!" und ordnete unverzüglich die Ausführung des besagten Notfallplans an. Dieser sah vor, dass die auswärtig untergebrachten Studenten vorübergehend in Unterkünfte auf dem Hauptcampus verlegt wurden, dass sämtliche Polizisten der Universität sowie alle Mitarbeiter der naturwissenschaftlichen Einrichtungen zum Einsatz erscheinen mussten, dass das Universitätsgelände gesichert wurde, dass auf bestimmten Gebäuden mit Radios ausgestattete Beobachter postiert wurden, dass ein Telefondienst eingerichtet wurde, um mit den zehntausenden Anrufen fertig zu werden, die von den Eltern der Studenten und den Angehörigen unserer Mitarbeiter hereinkamen, und dass eine Befehls- und Kontrollzentrale eingerichtet wurde, um alle Aktivitäten zu koordinieren.

Und worin bestand die Aufgabe des Präsidenten während dieser drei Tage dauernden Unruhen? Nun, ich ging herum und zeigte mich einfach. Ich schüttelte Hände, unterhielt mich mit Studenten und Mitarbeitern, stellte Fragen, hörte mir die Geschichten der Leute an, beruhigte wenn nötig und verteilte großzügig Komplimente. Jeder dachte, dass ich für alles zuständig sei und pro Minute 17 Entscheidungen träfe, aber in Wirklichkeit war das gar nicht der Fall. Alle Entscheidungen wurden vielmehr von jenen Leuten getroffen, die monatelang dafür ausgebildet worden waren, im Fall einer Katastrophe die Situation unter Kontrolle zu bringen.

Hatte meine Anwesenheit auf dem Campus dann überhaupt irgendeinen Sinn? Ja, sie war sogar sehr wichtig. Die Tatsache, dass der Präsident der Universität während der Unruhen Tag und Nacht

präsent war, gab allen ein Gefühl der Sicherheit, was wahrscheinlich dazu beigetragen hat, eine Panik zu vermeiden und die Kooperation zwischen Studenten und Universitätsangestellten zu verbessern. Aber was die Entscheidungen anging, so hielt ich mich strikt
an Regel 1: Ich delegierte alles an meine Stellvertreter und übernahm die volle Verantwortung, falls etwas schief gehen sollte.

Letzen Endes ist eine Führungspersönlichkeit in der Frage, welche Entscheidungen sie persönlich treffen und welche sie dagegen
delegieren oder ignorieren sollte, gut beraten, sich an das dem Heiligen Franz von Assisi zugeschriebene Gebet zu erinnern: „Gott
gebe mir die Gelassenheit, Dinge hinzunehmen, die ich nicht
ändern kann, den Mut, Dinge zu ändern, die ich ändern kann, und
die Weisheit, das eine vom anderen zu unterscheiden." Wie alles
andere auch, was Führung betrifft, gilt auch der Rat des Heiligen
Franziskus nicht unumschränkt. Aber eine Führungspersönlichkeit,
die ihre Entscheidungen und die damit verbundenen Risiken auf
Angelegenheiten beschränkt, die langfristig gesehen von großer
Bedeutung sind, ist wahrscheinlich auf dem richtigen Weg.

Kommen wir nun zur Wahl des richtigen Zeitpunkts für eine
Entscheidung, nämlich Regel 2: Treffen Sie niemals heute eine
Entscheidung, die Sie ohne weiteres auch morgen noch treffen
können. Diese Regel ist eng mit dem vorurteilsfreien Denken ver-
wandt. Und genau wie das Aufschieben eines Urteils über den
Wahrheitsgehalt einer neuen Information läuft auch Regel 2 der
Intuition der meisten Menschen so zuwider, dass sie beinahe lä-
cherlich erscheint. Aber für langfristig effektives Führen ist sie ab-
solut unabdingbar. Ich nenne dieses Vorgehen auch gerne „richtiges
Zögern".

Fast alle fähigen Führungspersönlichkeiten sind in mehr oder
weniger großem Umfang richtige Zögerer, aber President Harry
Truman verkörperte diese Eigenschaft geradezu. Wann immer einer
seiner Mitarbeiter mit einem Problem oder einer Angelegenheit,
die der President entscheiden musste, zu ihm kam, lautete Trumans
erste Frage stets: „Wie viel Zeit habe ich?" War es unbedingt erforderlich, dass die Entscheidung in den nächsten dreißig Sekunden,

in einer Stunde, innerhalb eines Tages, irgendwann im Lauf der nächsten Woche, in einem Monat oder noch dieses Jahr fiel?

Truman hatte begriffen, dass *die Wahl des richtigen Zeitpunkts* für eine Entscheidung genauso wichtig sein konnte wie die Entscheidung selbst. Eine lange Vorlaufzeit ließ ihm genügend Zeit für ausführliche Beratungen und Diskussionen; eine sehr kurze Vorlaufzeit bedeutete, dass der Präsident manchmal nur kurz in sich hineinhören konnte, um dann eine Antwort zu geben, die vielleicht Konsequenzen für Millionen von Menschen hatte.

Truman wusste auch, dass er die zeitlichen Einschätzungen seiner Mitarbeiter nicht für bare Münze nehmen durfte. Er musste immer genau nachfragen und seine Mitarbeiter manchmal sogar regelrecht drangsalieren, um zu erfahren, wie viel Zeit *tatsächlich* zur Verfügung stand. Denn fast jeder Mitarbeiter, der seinem Vorgesetzten eine Angelegenheit zur Entscheidung vorlegt, möchte natürlich gerne so schnell wie möglich eine Antwort haben. Für dieses Phänomen gibt es mindestens zwei Gründe. Erstens ermöglicht eine schnelle Entscheidung es dem betreffenden Mitarbeiter, seine Arbeit fortzusetzen, ohne dass er viel Zeit mit Warten vergeuden muss, bis sein Vorgesetzter sich endlich entschieden hat. Dies könnte und sollte eine Führungspersönlichkeit auch bedenken, aber davon allein sollte der Zeitpunkt einer Entscheidung niemals abhängen. Zweitens weiß jeder Mitarbeiter, dass eine sofortige Entscheidung vermutlich eher seinen Wünschen entsprechen wird; denn in diesem Fall ist der Mitarbeiter selbst wahrscheinlich die einzige Person, welche die Führungspersönlichkeit in dieser Sache konsultieren wird.

Königin Elizabeth I. ist ein weiteres Beispiel für eine brillante Führungspersönlichkeit (zumindest während der ersten dreißig Jahre ihrer Regierungszeit), die den Wert des richtigen Zögerns zu schätzen wusste. Vielleicht das beste Beispiel für ihre diesbezüglichen Fähigkeiten ist die Art, wie sie zahlreiche Bewerber um ihre Hand (und ihre eigenen höchsten Beamten) in der Frage, ob und wann und wen sie wohl heiraten würde, über zwei Jahrzehnte hinweg gegeneinander ausspielte.

Elizabeth stand unter enormem Druck vonseiten ihrer Regierung und des englischen Volkes, dass sie heiraten und einen Erben hervorbringen sollte. Sie erweckte stets den Eindruck, dass es ihr Wunsch sei zu heiraten, dass sie vorhabe zu heiraten und dass es für sie dringend notwendig sei zu heiraten (sie sagte beispielsweise, sie sei nur eine Frau, der es sowohl an Verstand als auch an Erinnerungsvermögen mangele), aber irgendwie kam immer etwas dazwischen, das sie davon abhielt, *tatsächlich* eine Ehe zu schließen.

Wer weiß, ob Elizabeth überhaupt jemals wirklich vorhatte zu heiraten, denn eine Heirat hätte ihre Macht mit großer Sicherheit eingeschränkt und vielleicht sogar ihr Königreich destabilisiert. Aber ihr richtiges Zögern in dieser Angelegenheit wirkte sich für sehr lange Zeit sowohl zu ihrem eigenen als auch zum Vorteil ihres Landes aus.

Einer der versteckten Vorzüge von Regel 2 ist, dass sie der Führungspersönlichkeit noch mehr Optionen eröffnet, als sie anfänglich vielleicht zur Verfügung hatte. Wenn sich eine Entscheidung ohne weiteres um, sagen wir, einige Monate verschieben lässt, könnte ein Gegenspieler vielleicht sterben oder zurücktreten, ein Konkurrent könnte eventuell Bankrott gehen, ein Gericht könnte völlig unerwartet eine vorteilhafte neue Rechtslage schaffen (siehe Kapitel 3) oder die Zinssätze könnten sinken. Um einen Ausdruck der Jugend in leicht abgewandelter Form zu gebrauchen: *stuff happens*, und manchmal wendet sich allein dadurch schon alles zum Guten.

Regel 2 birgt jedoch auch eine sehr große Gefahr – nämlich zu lange zu warten. Genauso, wie Zögern der Führungspersönlichkeit neue Optionen erschließen kann, kann es auch dazu führen, dass Optionen plötzlich wegfallen. Manchmal können eben auch Dinge passieren, durch die sich alles zum Schlechten wendet. Das bringt uns wieder zur Wahl des richtigen Zeitpunkts für eine Entscheidung, was eine Kunst für sich ist.

Einer meiner Lieblingsausdrücke ist: „Manchmal ist eine bis Dienstag nicht getroffene Entscheidung eine Entscheidung durch Versäumnis." Mit anderen Worten, wenn eine bis Dienstag nicht getroffene Entscheidung dazu führt, dass diese Entscheidung der Führungspersönlichkeit, bedingt durch die äußeren Umstände, endgültig aus der Hand genommen wird oder dass sich die Zahl der Optionen erheblich verringert, dann muss die Führungspersönlichkeit auch den Mut haben, bis zum Dienstag eine bewusste Entscheidung zu treffen und die Sache anzupacken. Wenn eine Führungspersönlichkeit eine Entscheidung an einen Stellvertreter delegiert, dann ist das eine Sache, aber wenn sie eine Entscheidung ihren Gegenspielern oder gar dem Schicksal überlässt, dann ist das eine völlig andere (und vollkommen inakzeptable) Sache. Hier liegt der Unterschied zwischen richtigem und feigem Zögern.

General George McClellan, der 1861 von Lincoln zum Kommandeur der Potomac-Armee ernannt wurde, ist ein anschauliches Beispiel für jemanden, dessen Vorgehen durch feiges Zögern geprägt ist. McClellan verpasste mehrere Gelegenheiten, die Truppen der Konföderierten anzugreifen oder gar zu schlagen. Wie der Historiker Garry Wills in *Certain Trumpets* schreibt: „Bei McClellan führte die Doktrin der zahlenmäßigen Übermacht zur absoluten Lähmung. Seiner Ansicht nach verfügte er nie über genügend Soldaten, sie waren nie gut genug ausgebildet oder ausgerüstet." Nachdem McClellan mehrmals die militärische Vormachtstellung des Nordens gegenüber dem Süden verspielt hatte, entließ ihn Lincoln. McClellan war vielleicht einfach nur dem Peter-Prinzip zum Opfer gefallen – ein begabter junger Mann, der nur eine einzige Stufe zu weit befördert worden war. Aber es lässt sich nicht leugnen, dass er absolut unfähig war, kühne Entscheidungen zu treffen, wenn die Zeit dafür reif war.

Wenn nun ein Querdenker beschlossen hat, eine bestimmte Entscheidung persönlich zu treffen, und wenn er weiß, bis wann er diese Entscheidung treffen muss, bleibt die Frage: *Wie* soll er zu einer Entscheidungsfindung kommen? Wer oder was sollte den Ausschlag geben? Der Rat seiner Experten und wichtigsten Stellvertreter? Die Forderungen irgendwelcher Beteiligten (etwa des Lehrkörpers, der Studentenschaft, der Aktionäre, der Gewerkschaften, der Politiker, der Medien, der Absolventen, der Nachbarschaftsvereine etc.)? Sein eigenes Urteilsvermögen und seine persönlichen Erfahrungen? Alles oben Genannte zusammengenommen?

Einer meiner Lieblingskollegen an der SUNY-Buffalo war unser Chief Financial Officer, Bob Wagner. Wann immer unser Verwaltungsteam vor einer besonders kniffligen Entscheidung stand, sagte Bob stets: „Vergesst nicht, hier an der Universität ist *Prozess* unser wichtigstes Produkt!" Und in gewisser Weise hatte er Recht. Es spricht viel dafür, die Bedürfnisse und Wünsche eines möglichst breiten Querschnitts aller Beteiligten zu berücksichtigen, bevor man eine wichtige Entscheidung trifft, selbst wenn die Entscheidung am Ende dem widerspricht, was einige oder alle Beteiligten wollten.

Natürlich ist diese Art von Beratung sehr viel einfacher und vielleicht auch sinnvoller, wenn es sich um eine nicht gewinnorientierte Organisation statt um ein profitorientiertes Unternehmen handelt. Aber selbst im gewinnorientierten Sektor kann es ein gutes Geschäft sein, wenn man mit den jeweils am meisten Betroffenen spricht, bevor man eine Entscheidung fällt.

Im Lauf der Jahre hatte ich das Privileg, in vierzehn Aufsichtsräten von Unternehmen aus den verschiedensten Bereichen der Wirtschaft Mitglied gewesen zu sein. Dabei musste ich mich gelegentlich sehr wundern, wie gefühllos sich manche Führungspersönlichkeiten ihren eigenen Angestellten, Zulieferern, Kunden und Nachbarn gegenüber verhielten. Wie oft habe ich mit ansehen müssen, wie CEOs und ihre Stellvertreter sich unnötig Feinde gemacht oder eine Gelegenheit versäumt haben, wichtige Verbündete zu gewinnen, ohne dass es ihr Unternehmen viel gekostet hätte. Kurzfristig gesehen mag es so scheinen, als sei diese Gefühllosigkeit im Interesse der Aktionäre, aber auf lange Sicht hat ein solches Verhalten oftmals fatale Folgen.

Wenn es um eine schwer wiegende Entscheidung geht, ist es fast immer von Vorteil, wenn die Führungspersönlichkeit mit ihren wichtigsten Beratern und ranghöchsten Stellvertretern Rücksprache hält. Handelt es sich um eine besonders schwierige Entscheidung, werden die Meinungen der Ratgeber mit großer Wahrscheinlichkeit weit auseinandergehen. In solchen Fällen kann die Führungspersönlichkeit den Prozess der Entscheidungsfindung dazu nutzen, um einen Konsens innerhalb ihres inneren Beraterkreises herzustellen. Zumindest aber sollte sie das Ergebnis so zu formulieren verstehen, dass keiner ihrer Stellvertreter völlig das Gesicht verliert, falls die endgültige Entscheidung seinem Rat zuwiderläuft.

Dieser letzte Punkt ist wichtig, denn wenn ein einzelnes Mitglied des inneren Beraterkreises einer Führungspersönlichkeit zu oft als Verlierer dasteht, könnte es sein, dass es früher oder später von seinen Kollegen ausgeschlossen wird – selbst wenn die Führungspersönlichkeit diese bestimmte Person eigentlich als erfolgreiches Mitglied ihres Teams behalten möchte. Jack London beschreibt in *Ruf der Wildnis*, wie die ewigen Reibereien zwischen zwei Schlittenhunden in der Wildnis von Alaska beigelegt werden. Irgendwann setzen sich alle anderen Hunde in einem Kreis auf ihre Hinterbeine und beginnen zu heulen, während die zwei Antagonisten in der Mitte des Kreises aufeinander losgehen. Wenn klar ist, dass einer der Hunde die Oberhand gewonnen hat, stürzen sich alle anderen plötzlich auf den Verlierer (das heißt also auf den „Underdog") und reißen ihn in Stücke. Man muss leider sagen, dass der Kader der engsten Berater einer Führungspersönlichkeit manchmal ein ähnliches Verhalten an den Tag legt.

Im Gegensatz dazu ist es vollkommen in Ordnung und manchmal auch heilsam, wenn eine Führungspersönlichkeit gegen den einstimmigen Rat ihrer ranghöchsten Stellvertreter handelt. Abraham Lincoln ließ sein Kabinett einmal über eine Sache abstimmen, die er selbst befürwortete. Nachdem er die Stimmen gezählt hatte, verkündete er: „Einmal Ja und siebenmal Nein – die Ja-Stimmen haben gesiegt!" In solchen Fällen werden die Mitglieder des inneren Kreises einer Führungspersönlichkeit vielleicht ein bisschen murren, aber sie werden in den seltensten Fällen so weit gehen, eine Revolution gegen sie anzuzetteln, nur weil sie gelegentlich nicht auf ihren einstimmigen Rat hört. (Wenn eine Führungspersönlichkeit natürlich ständig mit allen ihren Stellvertretern uneins ist, könnte es an der Zeit sein, dass sie entweder selbst zurücktritt oder aber neue Stellvertreter ernennt.)

Ein weiterer wichtiger Faktor beim Treffen von Entscheidungen ist der Zufall, oder genauer gesagt die Wahrscheinlichkeit. Machiavelli in *Der Fürst* und der große Kriegstheoretiker Karl von Clausewitz in seiner Abhandlung *Vom Kriege* wiesen beide beständig darauf hin, dass eine Führungspersönlichkeit stets Glück und Wahrscheinlichkeit berücksichtigen sollte, wenn sie eine schwer wiegende Entscheidung zu treffen hat. Diese Maxime gilt für finanzielle und personelle Entscheidungen ebenso wie für alles, was mit Kriegsführung zu tun hat.

Daher ist das Treffen von Entscheidungen in einem sehr realen Sinn ein Glücksspiel, in dem die Führungspersönlichkeit gegen ihre Widersacher oder gegen ein System von Erscheinungen (zum Beispiel das Wetter oder den Aktienmarkt) setzt, auf die sie keinen direkten Einfluss hat und deren Verhalten sie nicht vorhersagen kann.

Die meisten angehenden Führungspersönlichkeiten erfüllt es mit Entsetzen, wenn sie das Treffen von Entscheidungen als eine Art Glücksspiel betrachten sollen. Sie ziehen es vor zu glauben, dass eine Führungspersönlichkeit angesichts einer schwierigen Entscheidung die eindeutig beste Antwort suchen sollte, die dann mit Sicherheit zum Erfolg führt (wenn sie denn nur gefunden werden kann). Aber solche Möchtegern-Führungspersönlichkeiten machen sich selbst etwas vor. Wie schon Machiavelli feststellte: Das Ergebnis jeder kühnen Unternehmung wird zu mehr als der Hälfte vom Glück bestimmt.

Mit dem Glück eng verwandt ist im Zusammenhang mit Entscheidungen das Urteilsvermögen. Immer wenn ich meinen Elektrotechnikstudenten etwas über Elektromagnetismus erzähle, ärgere ich sie mit der folgenden Frage: An welchem Punkt sollte ein Ingenieur aufhören, ein Problem noch weiter zu analysieren, und stattdessen eine Lösung in die Tat umsetzen, von der er weiß, dass sie unvollkommen ist und dass sie ein gewisses Maß an Gefahr für die Allgemeinheit birgt? Die meisten jungen Ingenieure (und alle Anwälte) antworten sofort: „Niemals! Er muss weitersuchen, bis er die *richtige* Antwort gefunden hat, bei der *für niemanden irgendeine Gefahr* besteht!"

Aber außerhalb der Scheinwelt eines Gerichtssaals ist eine solche Antwort impraktikabel, wenn nicht gar lächerlich. Wie ich auch meinen Studenten erkläre, unterliegt ein Ingenieur *im wirklichen Leben* bei seinen Entscheidungen einem komplexen Geflecht von äußeren Zwängen, wie etwa Zeit, Kosten, Maße, Gewicht, Zuverlässigkeit, Sicherheit, Kundenwünsche und Bedrohungen durch die Konkurrenz. Kurz gesagt, Ingenieure müssen *Urteile* fällen, die manchmal zu einem ebenso großen Teil von einem bestimmten Gefühl im Bauch wie von präzisen Analysen und Testverfahren bestimmt werden.

Man muss kein Ingenieur sein, um Routine-Probleme zu analysieren, für die es eine eindeutige Lösung gibt; das kann von Computern oder Technikern erledigt werden. Was einen Ingenieur ausmacht, ist vielmehr, dass er unter anderem entscheiden muss, wann eine Lösung, die auf einer hinreichenden fachlichen Beurteilung und Analyse beruht, zum Einsatz kommen soll – selbst wenn klar ist, dass man eine noch bessere Lösung fände, wenn man sich weiter mit diesem Problem beschäftigen würde.

Tatsächlich ist Urteilsvermögen oft das Schlüsselelement erfolgreicher Führung in den verschiedensten Bereichen menschlichen Strebens. Natürlich sollte dieses Urteilsvermögen immer von Tatsachen und Analysen gespeist werden. Aber ein Querdenker weiß, dass bei den meisten Entscheidungen die vorliegenden Fakten und Analysen bestenfalls unvollständig und schlimmstenfalls vollkommen falsch sind. Daher muss er sich letzten Endes oft auf sein eigenes Urteilsvermögen und auf das seiner Berater verlassen.

In den meisten Fällen sind es Mitarbeiter am unteren Ende der Fahnenstange, die dafür zuständig sind, die sachlichen Informationen zusammenzutragen und die Analysen zu erstellen, auf die eine Führungspersönlichkeit bei ihren Entscheidungen zurückgreift. Genauso, wie eine Führungspersönlichkeit manchmal weiter unten eingreifen und eine Entscheidung treffen muss, die sie normalerweise an einen Stellvertreter delegieren würde, sollte sie sich auch hin und wieder einmal in die Schützengräben begeben und selbst einige Informationen sammeln oder eine bestimmte Analyse persönlich überwachen. Ich nenne das „selbst einmal Inventur machen". Es ist erstaunlich, wie oft sich herausstellt, dass die angeblich sachlichen Informationen, die man in einer bestimmten Angelegenheit seit Jahren erhält, in Wirklichkeit vollkommen falsch sind – nicht, weil die zuständige Person boshaft oder inkompetent ist, sondern weil sie einfach nur missverstanden hat, was sie zählen soll, oder falsch interpretiert hat, wie sie es zählen soll.

Der englische Ökonom Sir Josiah Stamp zitierte einmal einen Richter, der gesagt hatte, dass der Regierung sehr viel daran liege, Statistiken anzuhäufen. Sie sammle sie, addiere sie, setze sie in die n-te Potenz, ziehe die Quadratwurzel und fertige wunderschöne Diagramme damit an. Aber man dürfe niemals vergessen, dass jede einzelne dieser Zahlen von einem Dorfbeamten stamme, der alles so aufschreibe, wie es ihm gerade passt.

Dieses Konzept, gelegentlich selbst einmal Inventur zu machen, lässt sich auch auf die Auslegung von Gesetzen und Vorschriften anwenden. Wie ich in Kapitel 3 schon ausgeführt habe, kann es für eine Führungspersönlichkeit und ihre Stellvertreter sehr hilfreich sein, selbst einmal in den Gesetzen und Gerichtsurteilen nachzulesen, die in einer bestimmten Situation zur Anwendung kommen. Das amerikanische Rechtssystem zeichnet sich zunehmend durch Unberechenbarkeit und mangelnde Klarheit aus; daher kann die Kenntnis der Gesetzestexte aus erster Hand einer Führungspersönlichkeit und ihren engsten Beratern beim Abwägen von Wahrscheinlichkeiten und beim Formulieren von Strategien sehr von Nutzen sein.

Eine weitere Disziplin für Querdenker in Bezug auf Entscheidungen besteht darin, sämtliche Fehlausgaben völlig zu ignorieren. Hierbei handelt es sich um in der Vergangenheit entstandene Kosten (oder begangene Fehler). Entscheidungen, die eine Führungspersönlichkeit trifft, können sich nur auf die Zukunft auswirken, nicht auf die Vergangenheit. Was geschehen ist, kann nicht ungeschehen gemacht werden, also muss eine Führungspersönlichkeit sich dahingehend stählen, stets nur nach vorne zu blicken, selbst wenn es ihr ein starkes emotionales Bedürfnis wäre, vergangene Verluste oder frühere Fehlurteile zu rechtfertigen.

Haben wir nicht schon unzählige Male die traurige Geschichte von dem unverbesserlichen Spieler gehört, der denkt, dass er immer weiter spielen muss, um irgendwann „seine Verluste wieder wettzumachen"? Rein rational gesehen sollten am Spieltisch erlittene Verluste eine Person niemals dazu ermutigen, weiterzuspielen; ganz im Gegenteil. Aber menschliches Verhalten ist nun einmal oft hochgradig irrational.

Diejenigen von uns, die keine zwanghaften Spieler sind, lächeln bei diesem Beispiel jetzt vielleicht milde. Aber stellen Sie sich doch einmal einen CEO vor, der mit 100 Millionen US-Dollar Unternehmenskapital einen Vermögenswert erworben hat, welcher sich dann als äußerst unprofitabel erwies, und der nun die Gelegenheit hätte, diesen Vermögenswert jemand anderem für 25 Millionen US-Dollar zu verkaufen. Rational gesehen sollte dieser CEO verkaufen, es sei denn, er ist fest davon überzeugt, dass dieser Vermögenswert tatsächlich mehr als 25 Millionen wert ist oder aber in naher Zukunft an Wert gewinnen wird. Aber immer wieder behalten CEOs in einer solcher Situation den betreffenden Vermögenswert, nur damit sie sich selbst (und dem Aufsichtsrat und den Aktionären) nicht eingestehen müssen, dass diese Investition von Anfang an ein Fehler war. Und in den meisten Fällen verliert dieser Vermögenswert immer weiter an Wert.

Dieselbe törichte Tendenz einer Führungspersönlichkeit, sich in ihren Entscheidungen von Fehlausgaben beeinflussen zu lassen, kann sich auf vielerlei Weise manifestieren – von der Widerwilligkeit eines Unternehmensleiters, einen offensichtlich ungeeigneten Mitarbeiter zu entlassen, den er selbst eingestellt hat, bis hin zur Hartnäckigkeit, mit der ein Militärführer weiterhin die uneinnehmbare Position seines Gegners attackiert, nachdem er dabei schon mehrere tausend Soldaten verloren hat.

Vorurteilsfrei zu denken ist schwierig und frei zu denken ist noch schwieriger, aber Fehlausgaben zu ignorieren ist am schwierigsten. Und doch muss ein Querdenker genau das tun, wenn er in einer gegebenen Situation die bestmögliche Entscheidung treffen will.

Schließlich hört ein Querdenker bei wirklich wichtigen Entscheidungen auf sein Gewissen oder, wenn er religiös ist, auf seinen Gott. Die Betonung liegt hier wohlgemerkt auf „hören". Bei den meisten Menschen endet ein solches inneres Zwiegespräch (sei es mit dem eigenen Gewissen oder mit einem Gott) nämlich in der Regel damit, dass sie selbst die ganze Zeit über reden. Das kommt daher, dass wir unsere innere Stimme fürchten – wir haben Angst, dass sie uns etwas sagen könnte, was wir lieber nicht hören wollen. Nichtsdestotrotz kommt man langfristig gesehen oft dadurch zu den besten Entscheidungen, dass man einmal zwanzig Minuten lang aufmerksam auf seine innere Stimme hört, sei es in einem besinnlichen Gebet oder in stiller Meditation.

Beim Treffen von Entscheidungen sind viele der vortrefflichsten Merkmale von Querdenkern im Spiel – vorurteilsfreies Denken, fassettenreiches Denken, richtiges Zuhören, das Delegieren von Befugnissen bei gleichzeitiger voller Verantwortlichkeit, richtiges Zögern, das Ignorieren von Fehlausgaben, die Berücksichtigung des Faktors Glück und das Hören auf die innere Stimme. Alle diese Dinge miteinander zu verweben ist eine Kunst für sich. Wer sie beherrscht, wird ein kunstvolles und nützliches Werkzeug für erfolgreiche Führung in Händen halten.

Kapitel 6

Gib dem Teufel die Schuld

Strengen Sie Ihre Fantasie einen Moment lang an. Stellen Sie sich vor, eine quer denkende Führungspersönlichkeit ist auf einer Cocktailparty, bei der auch berühmte Persönlichkeiten aus den verschiedensten Zeitaltern anwesend sind. Im Lauf des Abends stecken sowohl Platon als auch Mutter Theresa und Niccolò Machiavelli besagter Führungspersönlichkeit unauffällig ihren Lebenslauf zu; alle drei möchten gerne von ihr als Chefberater eingestellt werden. Inzwischen können Sie sich gewiss schon denken, was ein Querdenker in einem solchen Fall tun würde: Er würde in dieser Sache so lange wie nur irgend möglich vorurteilsfrei denken, zur Inspiration vielleicht bestimmte Textstellen aus den bedeutenden Werken lesen und dann den Telefonhörer in die Hand nehmen und sagen: „Herr Machiavelli, ich hätte gerne Sie in meinem Team."

Es kann natürlich sein, dass Sie jetzt einwenden wollen, quer denken sei ja schön und gut, aber warum sollte ausgerechnet der gute alte Niccolò einen besseren Berater abgeben als der größte Philosoph aller Zeiten oder die meistverehrte Vertreterin der Menschlichkeit unserer Zeit? Aber genau davon möchte ich Sie in diesem Kapitel überzeugen.

Platon, der in diesem Szenario nur ein höfliches Dankschreiben für sein Interesse an besagter Stelle erhält, machte einmal folgende Feststellung über Führung: „Solange nicht entweder die Philosophen Könige werden oder die Könige und Prinzen dieser Welt von der Kraft und dem Geist der Philosophie erleuchtet werden, auf dass sich politische Macht und Weisheit vereinen möge und diejenigen, die nur eines von beiden auf Kosten des anderen verfolgen, in den Hintergrund gedrängt werden, so lange werden die Städte nicht von ihren Übeln erlöst."

Ganz schön abgehoben. Und doch, als ob er Platon direkt antworten würde, bemerkte Machiavelli 2.000 Jahre später ganz nüchtern:

> „Viele haben sich Republiken und Fürstentümer ausgedacht, die niemals gesehen worden, noch wirklich bekannt gewesen sind. Denn die Art, wie man lebt, ist so verschieden von der Art, wie man leben sollte, dass wer sich nach dieser richtet statt nach jener, sich eher ins Verderben stürzt als für seine Erhaltung sorgt; denn ein Mensch, der in allen Dingen nur das Gute tun will, muss unter so vielen, die das Schlechte tun, notwendig zugrunde gehen. Daher muss ein Fürst, der sich behaupten will, imstande sein, schlecht zu handeln, wenn die Notwendigkeit es erfordert."

Der Historiker Bernard Crick bezeichnet Machiavelli als das Schwert, das dem Gemeinwesen der westlichen Welt in die Seite gestoßen wurde, sodass sie aufschrie und fortan mit sich selber rang. Der Schmerz sei noch immer da, und sollten wir jemals aufhören, ihn zu fühlen, dann liege das nicht daran, dass die Ursachen dafür plötzlich wie durch ein Wunder verschwunden seien, sondern vielmehr an der Abstumpfung unserer Nerven.

Wie auch immer, Niccolò Machiavelli ist jedenfalls der Vater der modernen Politikwissenschaft und immer noch eine Größe, mit der wir rechnen müssen. Führen wir uns den Gesamtkontext noch einmal vor Augen. Wie wir in Kapitel 4 bereits festgestellt haben, gibt es nur einige wenige Texte, die 400 Jahre oder älter sind und heute noch von vielen Menschen gelesen werden. Zu diesen bedeutenden Werken zählen die jüdisch-christliche Bibel, der Koran, die Bhagavad-Gita, die Dramen Shakespeares, Platons *Der Staat*,

Machiavellis *Der Fürst* sowie eine Hand voll andere. Von diesen ließe sich lediglich *Der Fürst* in erster Linie als ein Handbuch für Führungspersönlichkeiten bezeichnen.

Darüber hinaus ist *Der Fürst* höchstwahrscheinlich auch das missverständlichste all dieser Werke. Und weil ein solch einflussreiches Buch über die Jahrhunderte hinweg so oft falsch verstanden wurde, ist es von äußerster Wichtigkeit, sich mit den Gründen für diese Missverständnisse und mit den Konsequenzen, die sich daraus für das Führen von Menschen und Organisationen ergeben, auseinander zu setzen.

Beginnen wir mit ein paar geschichtlichen Hintergründen. Niccolò Machiavelli (1469–1527) lebte zur Blütezeit der italienischen Renaissance, also in einem Zeitalter großer Umwälzungen in Politik und Religion, in Technik und Forschung und in der Kriegsführung. Er stammte aus einem angesehenen florentinischen Geschlecht; sein Vater war jedoch nicht sonderlich wohlhabend, sodass Niccolò der Besuch einer Universität verwehrt blieb – was einige Historiker als Grund dafür ansehen, dass er so verständlich und fesselnd schreiben konnte.

Machiavelli bekleidete eine Reihe von politischen Ämtern in der florentinischen Republik, bis die päpstliche Armee 1512 die Medici wieder als Herrscher von Florenz einsetzte. Der Beteiligung an einer Verschwörung zum Umsturz der neuen Regierung bezichtigt, wurde Machiavelli gefoltert und nach Ansicht einiger Historiker sogar fast zu Tode geprügelt. Er beharrte jedoch auf seiner Unschuld und letztendlich ließ man ihn auf sein Familiengut zurückkehren, wo er dann *Der Fürst* und andere Schriften verfasste.

Machiavelli machte *Der Fürst* sogar dem Mann – Lorenzo di Medici – zum Geschenk, dessen Schergen ihn gefoltert hatten, um auf diese Weise vielleicht einen Posten in der florentinischen Regierung zu erlangen, was ihm jedoch nicht gelang. Nach dem Tode Lorenzos bekleidete er dann schließlich einige weniger wichtige bürokratische und akademische Ämter, die ihm seinen Lebensunterhalt sicherten.

Nicht lange nach seinem Tod wurde Machiavellis Name zum Synonym für arglistige Täuschung, Zynismus und üble Machenschaften und diese negative Konnotation hat sich bis heute erhalten. In Wirklichkeit war Machiavelli jedoch ein rechtschaffener Mann und loyaler Bürger, dem seine Familie sehr am Herzen lag. Woher rührt also dieser Widerspruch? Warum wird ein prinzipientreuer Mann gleichzeitig von aller Welt verunglimpft und doch von so vielen Menschen gelesen und zitiert?

Wenn man *Der Fürst* liest, muss man stets bedenken, dass Machiavelli nicht für Führungspersönlichkeiten im Allgemeinen schrieb, sondern für eine sehr spezielle Art eines Führers, den er mit dem italienischen Wort *principe* bezeichnet. Wir übersetzen Machiavellis Begriff gern mit dem Wort *Fürst*, aber eigentlich ist das nicht ganz dasselbe.

In Machiavellis Wortschatz bezeichnet *principe* den Anführer eines unabhängigen Staates, der sich mit anderen *principi* in einer Welt messen muss, in der keine für alle gültigen Gesetze oder Regeln existieren. Je nach Art des Amtes, das er innehat (absoluter Monarch, gewähltes Oberhaupt einer Republik etc.), muss sich ein *principe*, wenn es um die inneren Angelegenheiten seines Staates geht, an bestimmte Gesetze und Bräuche halten oder auch nicht. Aber in der Außenpolitik unterliegt er keinerlei Zwängen; jeder *principe* und der unabhängige Staat, über den er herrscht, stehen in gnadenloser Konkurrenz zu allen anderen unabhängigen Staaten.

Diesen Umstand vergessen die meisten Menschen zu bedenken, wenn sie *Der Fürst* lesen. Machiavellis Analysen und sein Rat lassen sich nicht immer auf eine Führungspersönlichkeit übertragen, die sich in einer Arena bewegt, in der jeder, die Führungspersönlichkeit selbst und ihre Konkurrenten eingeschlossen, gewissen Gesetzen folgen muss, welche ihnen von einer höheren Macht auferlegt worden sind.

So rät Machiavelli beispielsweise einem *principe*, der gerade ein anderes Fürstentum in seine Gewalt gebracht hat, möglichst schnell die Linie des alten Herrschergeschlechts zu unterbrechen, was nichts anderes heißt, als den abgesetzten Fürsten mitsamt seinen

Kindern und Kindeskindern umzubringen. Das wäre beileibe kein geeigneter Rat für einen modernen CEO, der nach einem erbitterten Kampf gerade ein Konkurrenzunternehmen aufgekauft hat.

Andererseits könnte sich ein moderner Unternehmensleiter durchaus Machiavellis Rat zu Herzen nehmen, dass ein *principe*, wenn er vor die Wahl gestellt würde, es vorziehen sollte, von seinen Untertanen gefürchtet und nicht geliebt zu werden, und dass er unter allen Umständen vermeiden sollte, von ihnen gehasst zu werden.

Führen wir uns doch einmal ein wahrlich barbarisches Szenario vor Augen. Ein Land liefert sich einen erbitterten und unbarmherzigen Krieg mit einer anderen Nation. Dieser Krieg war dadurch ausgelöst worden, dass das zweite Land das erste grundlos angegriffen hatte. Der Herrscher des angegriffenen Staates übt schreckliche Rache, indem er tausende Frauen und Kinder der gegnerischen Nation verbrennen lässt. Diese Tat bringt die Entschlossenheit des Aggressors ins Wanken und führt schließlich zu seiner bedingungslosen Kapitulation. Der Herrscher, der den Tod der feindlichen Zivilisten angeordnet hatte, wird von seinen Untertanen als Held gefeiert. Objektiv gesehen ist er jedoch nichts anderes als ein elender Schurke, der keinerlei Skrupel hatte, unschuldige Frauen und Kinder seiner Kriegstaktik zu opfern. Aber genau auf diese Art und Weise ist auch Präsident Harry Truman – für mich und viele andere ein Held – vorgegangen, als er die Brandbombenangriffe auf Tokio anordnete. Wie verlautete, kamen dabei etwa eine Million Menschen ums Leben, die meisten davon Frauen und Kinder, die bei lebendigem Leibe verbrannten. Und das war noch vor den entsetzlichen Geschehnissen von Hiroshima und Nagasaki.

Machiavelli hätte alle diese Ereignisse in einem etwas anderen Licht gesehen, getreu seiner Einsicht, dass ein *principe* manchmal bereit sein muss, etwas Schlechtes zu tun, um letztendlich sehr viel Gutes zu bewirken. In anderen Worten, *principi* müssen sich darauf einstellen, sich auch einmal die Hände schmutzig zu machen, wenn es einem höheren Zweck dient. Im oben genannten Beispiel war Truman fest (und vielleicht sogar zu Recht) davon überzeugt, dass es notwendig war, einige grauenvolle Vergeltungsschläge auszuführen, um so das Ausmaß an Leid und die Zahl der Toten bis zum endgültigen Sieg über Japan insgesamt zu minimieren.

Haben die furchtbaren Entscheidungen, die das Oberhaupt eines souveränen Staates in Kriegszeiten damals oder heute treffen muss, denn überhaupt irgendetwas mit dem zu tun, was ein typischer Unternehmensleiter im 21. Jahrhundert zu entscheiden hat? Manchmal schon.

Wenn es um einen unabhängigen Staat geht, dann sind zur Lösung bestimmter Probleme möglicherweise Krieg und Blutvergießen notwendig. Wenn es um ein Wirtschaftsunternehmen geht, werden vielleicht Downsizing oder Übernahmen erforderlich. Und wenn es um eine einzelne Führungspersönlichkeit geht, dann könnte diese vielleicht gezwungen sein, einen guten Freund zu feuern oder einen Mitarbeiter zu entlassen, dessen Familie auf die unternehmenseigene Krankenversicherung angewiesen ist. Einige Führungs-Gurus predigen, dass eine gütige kurzfristige Lösung solcher Probleme langfristig das Schlimmste verhindert, aber im Verlauf der Geschichte hat sich das nur sehr selten bewahrheitet. Wenn wir diese Tatsache im Hinterkopf behalten, können wir eine Menge von Machiavelli lernen, besonders dann, wenn wir vorher noch einige Mythen und Irrtümer bezüglich seiner Ratschläge aus der Welt räumen.

Lassen Sie mich zuallererst das grundlegendste Missverständnis klären. Machiavelli war kein unmoralischer oder gar amoralischer Mann; wie ich bereits angemerkt habe, hatte er feste moralische Grundsätze. Aber er war überzeugt, dass es ein höheres Gut gab: ein geordneter Staat, dessen Bürger sich frei bewegen, Geschäfte abwickeln und ihre Familien und Besitztümer schützen können und in dem sie vor Interventionen von außen und Fremdherrschaft sicher sind. Alles, was dieses höhere Gut gefährden könnte, muss laut Machiavelli energisch und mit aller Härte bekämpft werden. Dies zu unterlassen, sei es aus Schwäche oder aus Gutherzigkeit, lief für Machiavelli den Interessen des Staates zuwider, genauso, wie es den Interessen eines Patienten zuwiderliefe, wenn sein Arzt sich weigern würde, eine bestimmte Operation durchzuführen, aus Angst davor, dass er dem Patienten damit Schmerzen zufügen könnte.

Klingt das alles jetzt wie eine notdürftig kaschierte Apologie für die alte (und die meisten würden sagen abstoßende) Idee, der Zweck heilige die Mittel? Nun, genau das ist es auch. Ach herrje! Wie kann denn ein Universitätspräsident im 21. Jahrhundert auch nur andeuten, dass er eine so verderbliche Vorstellung vielleicht gutheißen würde? Die Antwort ist: Ich heiße sie nicht gut. Aber Machiavelli würde behaupten, dass alle Menschen – die einen mehr, die anderen weniger – daran glauben, dass der Zweck *unter gewissen Umständen* die Mittel heiligt. Und wie bei allem, was Machiavelli sagt, ist der springende Punkt auch hier wieder nicht, dass etwas so sein *sollte*, sondern dass es tatsächlich so ist.

Machiavellis wichtigste Leistung bestand nicht in einem ewig gültigen Katalog von Führungsgrundsätzen, sondern vielmehr in seiner schonungslosen Beschreibung der menschlichen Natur. Er bemerkte (zu Recht, wenn ich das sagen darf), dass eine Methode, die zu einer bestimmten Zeit an einem bestimmten Ort funktioniert, zu einer anderen Zeit an einem anderen Ort vielleicht versagt. Eine fähige Führungspersönlichkeit weiß das und passt ihr Verhalten den momentanen Erfordernissen an, wobei sie sich von den Erfahrungen der Geschichte leiten lässt.

Ich stimme Machiavelli auf keinen Fall in allem oder auch nur in einem Großteil von dem, was er sagt, zu, aber ich finde vieles davon sehr aufschlussreich und provokativ. Im Folgenden sind einige seiner stichhaltigeren und eher kontroversen Aussagen aufgelistet:

- Jede Politik birgt ihre Gefahren. Eine wirklich begabte Führungspersönlichkeit sieht zuerst die Fallstricke, die jede Option bereithält, und wählt dann die beste davon in dem Bewusstsein aus, dass es keine perfekte oder für alle Seiten zufrieden stellende Lösung gibt.

- Die Erhaltung seiner Untertanen in Einigkeit und die Vermeidung von Fremdintervention oder Fremdherrschaft rechtfertigen fast jedes Vorgehen eines *principe*.

- Menschen müssen entweder zufrieden gestellt oder unterdrückt werden, denn wenn man jemandem eine leichte Kränkung zufügt, wird er sich dafür rächen, wenn man ihn jedoch unterdrückt, wird er das nicht können.

- Kein *principe* sollte sich dem Bösen beugen, um einen Krieg zu vermeiden (denken Sie an Neville Chamberlain, der es unterließ, Hitler vor dem Zweiten Weltkrieg gegenüberzutreten).

- Schicksal (das heißt Glück) spielt eine sehr große Rolle für den Erfolg einer Führungspersönlichkeit und das Glück ist meistens den Wagemutigen hold. Fortuna lässt sich von den Ungestümen und Gewalttätigen eher bezwingen als von denjenigen, die bedächtiger und kaltblütiger vorgehen.

- Es ist vielleicht akzeptabel, die männlichen Anführer einer besiegten Nation zu töten, aber der siegreiche *principe* sollte sicherstellen, dass seine Armee das Eigentum und die Frauen der besiegten Bürger unangetastet lässt.

- In einem neu eroberten Gebiet sollte eine Führungspersönlichkeit die härtesten Maßnahmen auf einen Schlag durchführen, dann jedoch nach und nach Wohltaten erweisen und Gnade walten lassen, damit die Menschen ihn im Laufe der Zeit vielleicht schätzen lernen.

- Zu den wichtigsten Pflichten eines guten *principe* gehören: die Tugenden zu lieben (oder zumindest so zu tun), die Berufe und Begabungen seiner Bürger zu fördern, den Männern ihren Besitz und ihre Frauen zu lassen, unbestechliche und moralisch handelnde Minister und Richter zu unterhalten und vor allen Dingen das Fürstentum vor Fremdherrschaft zu bewahren.

Wie gesagt, Machiavelli glaubte, dass es durchaus in Ordnung sei, wenn eine Führungspersönlichkeit entweder geliebt oder gefürchtet, nicht jedoch gehasst wird. Und wenn sie sich zwischen den beiden Ersteren entscheiden muss, dann sei es besser, gefürchtet statt geliebt zu werden.

Der Diktator Josef Stalin personifizierte dieses Prinzip. Obgleich er für den Tod von Millionen von sowjetischen Staatsbürgern verantwortlich war, wurde er von der Bevölkerung nie gehasst. Sie fürchteten ihn mit Sicherheit und gerade diese Furcht veranlasste manch einen Sowjetbürger, eine Art pervertierte Zuneigung zu dem alten Metzger zu entwickeln. Sogar Amerikaner wie Eisenhower und Truman zollten ihm ein gewisses Maß an Respekt und Bewunderung.

Ein Hauptgrund dafür, dass es Stalin gelang, sich dem Hass seiner Gefolgsleute zu entziehen, war natürlich, dass er die Presse kontrollieren konnte. Am Beginn des 21. Jahrhunderts machen es Internet, Mobiltelefone und andere Technologien Diktatoren und Despoten sehr viel schwerer, sich der Verachtung ihrer Gefolgsleute zu entziehen – ein weiterer Grund für den weltweiten Erfolg der Demokratie.

Machiavellis Rat besteht also nicht einfach darin, dass eine Führungspersönlichkeit von ihren Gefolgsleuten gefürchtet werden sollte. Er sagt vielmehr, dass es für eine Führungspersönlichkeit am besten sei, gleichzeitig gefürchtet *und* geliebt zu werden. Wenn das jedoch nicht möglich ist – wenn sich die Führungspersönlichkeit, aus welchem Grund auch immer, für eins von beiden entscheiden muss –, dann, so würde Machiavelli fortfahren, ist es immer besser, gefürchtet zu werden. Der Grund, den er dafür angibt, ist ganz einfach: Eine allseits geliebte Führungspersönlichkeit läuft eher Gefahr, von anderen ausgenutzt zu werden als eine, die von allen gefürchtet wird:

> Die Menschen scheuen sich weniger, den zu beleidigen, der sich beliebt macht, als den, der sich gefürchtet macht; denn die Liebe hängt an deinem Bande der Dankbarkeit, das, wie die Menschen leider sind, bei jeder Gelegenheit zerreißt, wo der Eigennutz im Spiel ist; die Furcht vor Strafe aber lässt niemals nach.

Er führt sowohl ein positives als auch ein negatives Beispiel für dieses Prinzip an, Ersteres ist der karthagische General Hannibal (247–183 v. Chr.):

Unter die erstaunlichsten Taten des Hannibal zählt man die, dass er ein gewaltiges Heer, das aus zahlreichen Völkern bestand, zum Krieg in fremde Länder geführt hat, ohne dass je eine Uneinigkeit unter ihnen, noch ein Aufstand gegen den Führer erfolgte, so wenig im Glück wie im Unglück. Dies kam aber nur von seiner erbarmungslosen Härte, die ihm in Verbindung mit seinen vielen großen Eigenschaften stets die Verehrung und die Furcht seiner Soldaten sicherte; ohne diese hätten seine übrigen Tugenden zu solcher Wirkung nicht hingereicht.

Als negatives Beispiel dient der römische General Scipio (237–183 v. Chr.):

Den Beweis aber dafür, dass jene anderen Tugenden nicht hingereicht hätten, gibt das Beispiel des Scipio, der nicht nur zu seiner Zeit, sondern in der ganzen bekannten Geschichte einzig dasteht und dessen Heer in Spanien dennoch rebellierte. Der Grund dafür war kein anderer als seine zu große Milde, da er den Soldaten mehr Freiheit gewährte, als mit der Kriegszucht vereinbar war. Fabius Maximus warf ihm das im Senate vor und schalt ihn einen Verderber des römischen Heerwesens.

Auch hier darf man wieder nicht vergessen, dass *Der Fürst* ein Handbuch für *principi* ist, nicht für Gruppenführer bei den Pfadfindern. Nichtsdestotrotz erfordert erfolgreiche Führung – von der Kindererziehung bis zur Leitung eines großen Unternehmens – immer, dass die Führungspersönlichkeit Regeln aufstellt und alle gleichermaßen bestraft, die sich nicht an diese Regeln halten. Das mag denjenigen von uns widerstreben, die in einer von warmen und diffusen Gefühlen geprägten Zeit groß geworden sind, aber gerechte, wenn auch brutale Bestrafung vonseiten einer Führungspersönlichkeit kann bei deren Gefolgsleuten durchaus ein Gefühl der Sicherheit und Geborgenheit erzeugen. Ich will damit auf keinen Fall sagen, dass eine Führungspersönlichkeit immer brutal sein muss oder dass sie niemals Gnade walten lassen darf. Aber wenn eine Führungspersönlichkeit es unterlässt, die geltenden Regeln durchzusetzen, um so die Zuneigung ihrer Gefolgsleute zu gewinnen, kann sie das schnell ihren Kopf kosten.

Ein eng damit zusammenhängender Grundsatz Machiavellis lautet: Demütige nie einen Gegenspieler, es sei denn, du bist dir sicher, dass du ihn völlig auslöschen kannst und auch willst. Andernfalls schaffst du dir damit nur einen lebenslangen Feind.

Machiavelli wies darauf hin, dass es keinen besseren Weg für einen Eroberer gibt, sich den unüberwindbaren Hass eines besiegten Volkes zuzuziehen, als ihm sein Eigentum wegzunehmen oder seine Frauen zu schänden. Wenn ein *principe* einen anderen Staat erobert, macht es wahrscheinlich nichts weiter, wenn er einen Teil oder auch alle Mitglieder der herrschenden Klasse tötet, denn wahrscheinlich war die Bevölkerung ihren vormaligen Herrschern ohnehin nicht sonderlich zugetan. Der neue *principe* könnte wahrscheinlich sogar neue Steuern erheben, ohne sich das Volk zum Feind zu machen. Aber wenn er der Bevölkerung einfach ihren Besitz nimmt oder die Frauen vergewaltigt, dann werden sie ihn *auf ewig* hassen.

Trotz all der schlechten Kritiken, die Machiavelli bekommen hat, sollten wir ihm zugestehen, dass er ein praktisch denkender Mann war. Viele Führungspersönlichkeiten der letzten 500 Jahren hielten sich für sehr viel tugendhafter als der alte Italiener, aber einige von ihnen verstießen gegen einen von Machiavellis wichtigsten Lehrsätzen, indem sie ihre besiegten Gegner auf eine Weise demütigten, die Hass erzeugt, und brachten sich so letztendlich selbst zu Fall.

Eine Geschichte über Douglas MacArthur, der ein Anhänger von Machiavelli gewesen zu sein scheint, passt sehr gut in diesen Zusammenhang, auch wenn sie ihm vielleicht nachträglich angedichtet wurde. Nach der bedingungslosen Kapitulation Japans am Ende des Zweiten Weltkriegs wurde MacArthur von den Alliierten als unumschränkter Herrscher über dieses Land eingesetzt. Er

138 Führen Sie, wie Sie wollen

ordnete umgehend an, dass die Vergewaltigung japanischer Frauen durch amerikanische Soldaten mit dem Tod bestraft werden sollte. Als man eine kleine Gruppe von Soldaten dabei erwischte, wie sie gegen dieses Verbot verstießen, wurden sie festgenommen, vor ein Kriegsgericht gestellt und die für schuldig Befundenen wurden zum Tode verurteilt. MacArthur lud sodann eine Delegation hochrangiger japanischer Funktionäre ein, der Exekution beizuwohnen. Das hatte eine erstaunliche Wirkung auf die japanische Führung. Für sie war es unvorstellbar, wie ein General der Siegermacht seine eigenen Männer hinrichten konnte, nur weil sie Frauen des besiegten Volkes vergewaltigt hatten; immerhin war Vergewaltigung seit Jahrtausenden ein Vorrecht des Siegers. Aber MacArthur hielt sich an Machiavellis Rat statt an historische Vorbilder und als Folge davon konnte er sich bei der Ausübung seiner Pflichten als Diktator der vollen Kooperation des japanischen Volkes gewiss sein.

Im Gegensatz dazu zeigen uralte Konflikte, die zum Beispiel Serben, Kroaten, Bosnier, Türken, Armenier, Chinesen, Japaner und Koreaner betreffen, dass, wo immer Frauen geschändet wurden, oftmals ein unstillbares Verlangen nach Vergeltung besteht, das Jahrzehnte oder gar Jahrhunderte überdauern kann. Der Hass, den die Vergewaltigung der Frauen einer besiegten Nation hervorruft, kennt keine Grenzen, weder in seiner Dauer noch in seiner Intensität.

Die große Mehrheit von Führungspersönlichkeiten wird niemals auf der Stufe eines MacArthur oder eines Milosevic agieren, aber Machiavellis Rat gilt auch unter sehr viel profaneren Umständen. Im Lauf ihrer Karriere wird eine erfolgreiche Führungspersönlichkeit andere Personen „besiegen", vielleicht indem sie ein anderes Unternehmen aufkauft, einen streitsüchtigen Mitarbeiter entlässt oder eine ganze Reihe ihrer Rivalen überspringt. Wenn die Führungspersönlichkeit dann noch darauf besteht, dass die besiegten Personen gedemütigt werden, sei es aus Boshaftigkeit oder aus Leichtsinn, werden diese nicht eher ruhen, bis sie einen Weg gefunden haben, sich zu rächen.

Während meiner Zeit als Präsident der SUNY-Buffalo habe ich erfahren, dass die Umgestaltung der Universität von einer privaten zu einer öffentlichen Hochschule im Jahr 1962 mit einer sinnlosen Demütigung einhergegangen war, die der Universität noch auf Jahre hinaus Schaden zufügte. Zu jener Zeit versuchte Gouverneur Nelson Rockefeller gerade, ein öffentliches Hochschulsystem in New York einzuführen – denn New York war der einzige Bundesstaat in Amerika, der noch keines hatte. Es gab jedoch bereits einige kleine Colleges für die Lehrerausbildung, zwei selbstständige Medizinerschulen und eine Reihe von spezialisierten Berufsschulen. Rockefeller flickte diese ungleichen Teile zur State University of New York zusammen.

Er brauchte jedoch immer noch ein Flaggschiff für seine Universität. Er und seine Anhänger kamen schon bald auf die Idee, die private University at Buffalo (die zu dieser Zeit ums Überleben kämpfte) zu erwerben und sie zum Flaggschiff der SUNY zu machen. Ungeachtet ihrer finanziellen Schwierigkeiten wurde die UB (wie sie genannt wurde) von einem aus stolzen Männern und Frauen zusammengesetzten Kuratorium geleitet, die alle sehr viel in diese Institution investiert hatten. Diese Kuratoren standen einer Übernahme durch die SUNY im Großen und Ganzen wohlwollend gegenüber, sie hatten lediglich einige untergeordnete Bedenken, über die sie noch verhandeln wollten.

Gouverneur Rockefeller machte jedoch auf seine unnachahmlich arrogante Art klar, dass es keine Verhandlungen geben würde. Entweder akzeptierte das Kuratorium der UB die vom Staat gestellten Bedingungen oder ein nahe gelegenes Lehrer-College würde zum Hauptcampus der SUNY gemacht, was den sicheren Untergang der UB bedeutet hätte. Die Kuratoren der UB überdachten die Sache noch einmal gründlich und kapitulierten. Aber der Gouverneur hatte sie in Grund und Boden gedemütigt. Als ich zwei Jahrzehnte später als Präsident zur UB kam, hatten noch immer viele Leute im Umfeld der Universität nur Verachtung und Beschimpfungen für den Staat übrig. Rockefeller hatte das UB-Kuratorium wegen einer Belanglosigkeit gedemütigt und die Kuratoren und ihre Freunde hassten ihn und seine Bürokratie dafür noch Jahre über seinen Tod hinaus.

Genau das hat Machiavelli gemeint. Eine Führungspersönlichkeit kann fast jede Art von harscher Kritik an seinen Gefolgsleuten üben, ohne dass sie ihn hassen, selbst dann, wenn sie noch nicht einmal aus eigener Entscheidung seiner Führung unterstehen. Aber wenn die Führungspersönlichkeit sie nicht nur hart anfasst, sondern sie zudem auch noch demütigt, dann werden sie und ihre Nachfolger ihm das niemals vergeben.

Niccolò Machiavelli hat vor allen Dingen die menschliche Natur studiert. Sein wiederholter Rat an alle Führungspersönlichkeiten war, an die *tatsächliche* menschliche Natur zu glauben und nicht an ihre *Wunschvorstellungen* davon.

Das erinnert mich an ein Buch über Kindererziehung von Dr. Hiam Ginott, das meine Frau und ich vor vielen Jahren gelesen haben. Dr. Ginott riet den Eltern, ihre Kinder dahin zu führen, dass sie die Realität erfassen und akzeptieren, damit sie sich dann entweder damit abfinden oder aber versuchen können, sie zu verändern. Mit anderen Worten, man sollte nicht zulassen, dass Kinder sich Illusionen darüber machen, wie die Welt und die Menschen in ihr wirklich beschaffen sind. Genau das wollte Machiavelli bei den Erwachsenen erreichen. Wir müssen uns damit abfinden, dass menschliche Wesen und ihre Institutionen so gut wie nie unseren edelsten Idealen gerecht werden und dass es unseren Untergang bedeuten kann, wenn wir vom Gegenteil ausgehen.

Zugegeben, Machiavelli sah die menschliche Natur in einem besonders negativen und zynischen Licht. Dieser Standpunkt mag im Florenz des 16. Jahrhunderts vielleicht sogar gerechtfertigt gewesen sein, insbesondere für einen Mann, der von der Regierung der Stadt, der er mit Loyalität und Auszeichnung gedient hatte, grausam gefoltert und verunglimpft worden war.

Eine etwas ausgewogenere Darstellung der menschlichen Natur ist in Tabelle 1 zu sehen. Hier habe ich in alphabetischer Reihenfolge 80 Eigenschaften oder Aspekte aufgeführt, von denen sich die

Tabelle 1:   Einige mehr oder weniger universelle Aspekte der menschlichen Natur

Altruismus	Groll	Sklaverei
Besitz	Güte	Sprache
Betrug	Hass	Staunen
Diebstahl	Hierarchie	Sternenbeobachtung
Ehe	Kausalität	Stolz
Ehrgeiz	Konkurrenz	Strafe
Eifersucht	Kooperation	Tabus
Enthusiasmus	Krieg	Technik
Entschuldigung	Kunst	Töten
Erfindung	Lachen	Tradition
Erforschung	Lehren	Traurigkeit
Erklärung	Liebe	Treue
Falschheit	Lügen	Tribalismus
Familie	Misstrauen	Unzufriedenheit
Fantasie	Mitgefühl	Verdacht
Feinde	Namen	Vereinbarungen
Folter	Opfer	Vergebung
Freundschaft	Planung	Vergewaltigung
Führung	Plünderung	Verlegenheit
Geheimnisse	Polygamie	Verschwörung
Geschichte	Rache	Vertrauen
Geschichten erzählen	Religion	Verzierung
Geschlecht	Ritual	Waffen
Gesetze	Scham	Werkzeuge
Gewissen	Schikane	Zählen
Glück	Schuld	Ziele
Gnade	Schuldbekenntnis	

meisten meiner Vermutung nach immer wieder in verschiedenen Individuen aus jeder Art von Gesellschaft, die in den letzten hunderttausend Jahre existiert hat, manifestiert haben. Darüber hinaus vermute ich, dass bei jedem Mensch, der jemals gelebt hat oder jemals leben wird, unter den dafür notwendigen Umständen so gut wie jede dieser Eigenschaften oder Aspekte zum Vorschein kommen kann.

Während meiner Zeit als Präsident der SUNY-Buffalo war ich beispielsweise mehrere Male in China, bevor es 1989 zu den Demonstrationen und dem Massaker auf dem Platz des Himmlischen Friedens kam. Bei jeder dieser Reisen erwies sich das chinesische Volk als außergewöhnlich ehrlich. Wenn man seine Brieftasche auf der Straße verlor, wurde sie einem mit Sicherheit wiedergebracht; wenn man die Tür seines Hotelzimmers unverschlossen ließ, wurde nie etwas gestohlen. Aber die Lehrkräfte der SUNY-Buffalo, die sich zu der Zeit in Peking aufhielten, berichteten, dass die Stadt fast augenblicklich zu ihren alten Bestechungs- und Erpressungsgewohnheiten zurückkehrte, als das Morden auf dem Platz des Himmlischen Friedens begann.

Ebenso sah man, als im April 1992 im Zusammenhang mit dem Fall Rodney King in Los Angeles Unruhen ausbrachen, plötzlich ganz normale Bürger Geschäfte plündern, Gebäude in Brand stecken und Passanten verprügeln.

Aber am eindrucksvollsten zeigte sich das dunkle Potenzial, das jedem Menschen innewohnt, als Psychologen der Stanford University vor etwa dreißig Jahren 21 gesunde und normale ortsansässige Bürger auswählten, die sich bereit erklärt hatten, ein imaginäres Gefängnis zu „bevölkern". Etwa die Hälfte dieser Freiwilligen wurde per Zufallsverfahren als Gefängniswärter ausgewählt, die anderen wurden zu Gefängnisinsassen ernannt. Innerhalb weniger Stunden legten die Wärter – von denen die meisten normalerweise eher zurückhaltend waren – brutale autoritäre Verhaltensweisen an den Tag und viele der Insassen zeigten zunehmend Anzeichen von Depressionen und Angstzuständen, einige rebellierten sogar. Das Experiment sollte ursprünglich zwei Wochen dauern, wurde jedoch nach nicht einmal einer Woche vorzeitig abgebrochen. Auch hier hatte wieder eine relativ geringfügige Veränderung der äußeren Umstände (in diesem Fall war die Veränderung sogar rein fiktiv, was die Teilnehmer auch wussten) zu dramatischen Veränderungen der Persönlichkeit geführt.

Natürlich könnte man auch unzählige Beispiele aus dem wirklichen Leben anführen, wie Menschen in schwierigen oder erniedrigenden Situationen altruistische oder erhebende Verhaltensweisen gezeigt haben. Worauf es hier ankommt ist, dass die meisten Menschen fähig sind, fast jede der in Tabelle 1 genannten Merkmale zu verkörpern. In diesem Sinne deuten diese 80 Aspekte oder Eigenschaften an, wie breit das Spektrum menschlicher Möglichkeiten ist.

Machiavelli hat nicht völlig Recht und auch nicht völlig Unrecht gehabt. Er hat uns eine Seite der menschlichen Natur gezeigt, mit denen jede Führungspersönlichkeit, so schmerzhaft es auch sein mag, zurande kommen muss. Das einzig Tröstliche daran ist, dass es noch andere Facetten des menschlichen Wesens gibt, die sich mit ebenso großer Wahrscheinlichkeit durchsetzen können wie jene, die Machiavelli beschrieben hat.

Sicherlich ist es natürlich, dass Menschen lügen, plündern, hassen, Rache üben, Krieg führen und Gefangene foltern. Aber ebenso natürlich ist es, dass Menschen lieben, kooperieren, Freunde haben, Mitgefühl zeigen, das Gesetz befolgen und wunderbare Kunstwerke schaffen. Die Herausforderung für eine Führungspersönlichkeit besteht darin, nicht dem Gedanken zu verfallen, dass Menschen grundsätzlich entweder besser oder schlechter sind, sondern vielmehr Wege zu finden, um die besten Seiten ihrer Gefolgsleute (oder ihre eigenen) zum Vorschein zu bringen und gleichzeitig die schlechten möglichst in Schach zu halten.

Kapitel 7

Entscheiden Sie, welche Stellung Sie um keinen Preis aufgeben wollen

Die meisten Menschen verwechseln *gute* Führung mit *erfolgreicher* Führung, ein Querdenker hingegen weiß, dass zwischen beiden ein himmelweiter Unterschied besteht. Hitler beispielsweise war ein außerordentlich „erfolgreicher" Führer (zumindest während seines Aufstiegs zur Macht und während der ersten zehn Jahre seiner Herrschaft), aber die wenigsten würden ihn als eine gute Führungspersönlichkeit bezeichnen; für die meisten von uns ist er sogar ein unfassbar böser Führer.

Es fällt den meisten Leuten nicht weiter schwer, sich darauf zu einigen, was eine erfolgreiche Führungspersönlichkeit auszeichnet: Sie verfügt über eine klare und überzeugende Vision, weckt bei ihren Gefolgsleuten Vertrauen, Engagement und die Bereitschaft zur Selbstaufopferung, wählt sich fähige Stellvertreter aus, behält ihr Ziel im Auge und treibt sich und andere erbarmungslos an. Aber es lässt sich unmöglich bewerten, ob eine Führungspersönlichkeit gut oder schlecht ist, ohne auf moralische Wertmaßstäbe zurückzugreifen, und das heißt insbesondere auf die Wertmaßstäbe der bewertenden Person. Daher ist die Einstufung einer Führungspersönlichkeit als gut im Gegensatz zu ihrer Einstufung als erfolgreich eine äußerst subjektive Angelegenheit.

An meinem 16. Geburtstag war es endlich soweit, dass ich mich ans Steuer eines Autos setzen durfte, jedoch nicht ohne ein ernstes Wort, das mir mein Vater mit auf den Weg gab. „Wenn dir eine

Katze oder ein Hund oder ein Eichhörnchen vors Auto läuft", sagte er, „dann reiß dich zusammen und überfahre das Tier wie ein Mann. Es ist deine Pflicht, jede Gefährdung von Menschen in deinem oder in einem anderen Auto zu vermeiden, indem du auf keinen Fall ausscherst, nur um ein Tier zu retten." Ein harte Regel, insbesondere für jemanden wie mich, der Tiere über alles liebte (und auch heute noch liebt).

Haben Sie jemals versuchen müssen, diesen Rat meines Vaters zu befolgen? Es ist sehr schwer. Aber ganz gleich, ob ich meinem Vater zustimmte oder nicht, ich wusste, dass er mir einen seiner wichtigsten moralischen Grundsätze vermitteln wollte – nämlich dass Menschen immer wichtiger sind als Tiere.

Erhöhen wir jetzt den Einsatz noch ein bisschen mit einer Frage aus einem alten Ethiktest der Armee. Sie sind ein Soldat, der einen Bus auf einer schmalen Bergstraße entlang steuert; auf der einen Seite erhebt sich eine Granitwand, auf der anderen Seite geht es sechzig Meter in die Tiefe. Als Sie um eine Kurve biegen, springt plötzlich ein fünfjähriges Mädchen mitten auf die Straße, um seinen Ball zurückzuholen. Die Zeit reicht nur, um eines von drei Dingen zu tun: weiterfahren und das Mädchen töten, absichtlich ausscheren, in den Abgrund rasen und dabei selbst sterben oder auf die Bremse treten, ins Schleudern kommen und damit sowohl sich selbst als auch das Mädchen töten. Die meisten Rekruten, die an diesem Test teilnahmen, gaben an, dass sie in den Abgrund fahren würden, um das kleine Mädchen nicht zu überfahren, auch wenn es die Situation in gewissem Sinne selbst verschuldet hat.

Als Nächstes mussten die Rekruten sich dasselbe Szenario vorstellen, nur dass diesmal außer dem Fahrer noch 19 andere Soldaten im Bus saßen. Hier wäre die ethisch logische Entscheidung, weiterzufahren und das Mädchen bewusst zu töten. Aber wer von uns brächte es übers Herz, so etwas tatsächlich zu tun? Es ist schwer genug, dem Rat meines Vaters zu folgen und absichtlich einen Hund zu überfahren; nun stellen Sie sich vor, wie viel schwieriger es wäre, sich zusammenzureißen und absichtlich ein kleines Kind zu töten, selbst wenn das in diesem Fall hieße, dass dadurch 20 Menschenleben gerettet würden.

Die Frage lässt sich noch kniffliger gestalten, indem man sie leicht variiert – was wäre zum Beispiel, wenn Sie zwar alleine im Bus säßen, jedoch Informationen bei sich hätten, die für den Sieg Ihres Bataillons bei einer kurz bevorstehenden Schlacht entscheidend wären? Oder wenn Sie zwar alleine im Bus säßen, das Mädchen jedoch „nur" ein Kind des Feindes und daher auch nicht annähernd so wertvoll wäre wie auch nur ein einziger tauglicher Soldat Ihrer eigenen Armee?

Diese Fragen sind so hart, so schmerzhaft, dass die meisten Menschen es schlicht ablehnen, sich überhaupt damit zu befassen. Sie können sich nicht dazu durchringen, solchen wirklich schwierigen moralischen Entscheidungen ins Auge zu sehen. Aber genau das macht gute und manchmal ebenso auch erfolgreiche Führung aus.

Ich nenne diese Art von moralischen Entscheidungen „sich entscheiden, welche Stellung man um keinen Preis aufgeben will". Und ebenso wie Thoreau richtig bemerkte, dass die Lektüre eines einzigen Buches das Lesen hundert anderer Bücher automatisch ausschließt, so gilt auch, dass ein bestimmter Satz mit moralischen Wertmaßstäben notwendigerweise viele andere ausschließt. Wenn ich wirklich fest entschlossen bin, eine bestimmte Stellung um jeden Preis zu halten, dann werde ich wahrscheinlich alle anderen Stellungen bereitwillig aufgeben.

Das Prinzip der Triage in einem Kriegsgebiet kann hier zur Veranschaulichung beitragen. Ein Arzt in einem Militärlazarett sortiert die Verwundeten, indem er entscheidet, wer auch ohne sofortige Behandlung wieder genesen wird, wer sofort operiert werden muss, um zu überleben, und wer zum Sterben beiseite gelegt werden soll, weil ihm sowieso nicht mehr zu helfen ist. Eins steht fest, dieser Arzt trifft harte und komplexe moralische Entscheidungen und er würde seine Pflicht vernachlässigen, wenn er nicht bereit oder nicht fähig dazu wäre, diese Entscheidungen zu treffen und auch dafür einzustehen. Das Gleiche gilt für Führungspersönlichkeiten.

Moralische Beurteilungen historischer Führungspersönlichkeiten laufen in der Regel auf eine Einteilung in Schwarz-Weiß-Kategorien hinaus, mit Washington und Gandhi am einen Ende und Hitler und Attila dem Hunnen am anderen Ende der Skala. In Wirklichkeit haben jedoch die meisten großen Führer der Menschheit sowohl ihre guten als auch ihre schlechten Seiten, genau wie wir alle.

Abraham Lincoln war zu seiner Zeit eine äußerst kontroverse Figur, weil er versuchte, moralische und praktische Überlegungen im Gleichgewicht zu halten – und es damit selten überhaupt jemandem Recht machte. Ausgerechnet John F. Kennedy bemerkte nachgewiesenermaßen einmal, dass Lincoln sicherlich nicht so positiv in Erinnerung geblieben wäre, wenn es den verhängnisvollen Besuch in Ford's Theater nicht gegeben hätte, bei dem er einem Attentat zum Opfer fiel.

Obwohl sie Zeitgenossen und noch dazu beide bedeutende politische Persönlichkeiten waren, hat niemand jemals Niccolò Machiavelli mit Thomas Morus (1474–1535) verwechselt, dem großen Märtyrer der katholischen Kirche, der sich gegenüber Heinrich VIII. behauptete. Die meisten Geschichtsschreiber verteufeln Machiavelli und versehen Morus mit einem Heiligenschein, aber ich glaube, das ist etwas zu einfach gedacht. Ich würde sogar behaupten, dass eben diese Tendenz, beide Männer zu karikieren, den Blick darauf versperrt, worin sich wahrlich überragende Führungspersönlichkeiten von gewöhnlichen Führungspersönlichkeiten unterscheiden.

Sir Thomas More (seit einiger Zeit vielmehr der heilige Thomas Morus) erfreut sich einer idealisierten Darstellung seiner Persönlichkeit, die sich schwerlich noch verbessern ließe. Samuel Johnson nannte Sir Thomas „die tugendhafteste Person, die diese Inseln jemals hervorgebracht haben". Das passt auf jeden Fall zu der allgemein geläufigen Einschätzung dieses Mannes. Ich persönlich bevorzuge jedoch das nuanciertere und komplexere Bild, das Robert Bolt in seinem hervorragenden Theaterstück *A Man for All Seasons* von ihm entwirft:

Thomas More wurde, während ich über ihn schrieb, für mich zu einem Mann mit einem unfehlbaren Gespür für sein eigenes Wesen. Er wusste genau, wo er anfangen und wo er aufhören musste, welchen Bereich seines Selbst er dem Vordringen seiner Feinde überlassen konnte und welchen dem Vordringen derer, die er liebte. Dies war in beiden Fällen ein nicht unbeträchtlicher Bereich, denn er verfügte über ein gesundes Angstempfinden und war ein fleißiger Liebender. Da er ein kluger Mann und großartiger Anwalt war, gelang ihm aus diesen Bereichen stets ein geordneter Rückzug, aber schließlich verlangte man von ihm, denjenigen Bereich aufzugeben, der sein innerstes Selbst darstellte. Und hier wurde diese bewegliche, humorvolle, bescheidene und kultivierte Person plötzlich eisenhart, legte eine absolut primitive Unnachgiebigkeit an den Tag und ließ sich ebensowenig von der Stelle bewegen wie ein Felsen.

More, Verfasser der *Utopia* und Lordkanzler Heinrichs VIII., verfügte zu seiner Zeit über eine Macht, die nur der des Königs selbst nachstand. Er verdammte Dutzende Häretiker bereitwillig zum Tod auf dem Scheiterhaufen und unterhielt ein Netz von Geheimpolizisten, um das ihn der KGB beneidet hätte. All das gab er jedoch auf, als Heinrich, der sich von seiner Frau Katharina scheiden lassen und Anne Boleyn heiraten wollte, sich von der Kirche in Rom lossagte.

Und hier nimmt die Karikatur von More langsam Gestalt an. Während Machiavelli in der Regel (zu Unrecht) als völlig skrupellos dargestellt wird, unterstellt man More, dass er seine Überzeugungen kompromisslos gelebt habe. Aber dies ist, wie Robert Bolt gezeigt hat, nur eine Karikatur der realen Person.

More war eine schwierige Führungspersönlichkeit mit dem aufrichtigen Verlangen, seinem Freund dem König zu dienen, sich um seine Familie zu kümmern und sich darüber hinaus mit allem zu arrangieren, worauf er keinen Einfluss hatte. More war nicht bereit, Heinrichs geplante Scheidung von Katharina öffentlich zu unterstützen, aber er trat wegen dieser Angelegenheit auch nicht gleich zurück. Als Heinrich die Anglikanische Kirche gründete, beschloss More, dass dies keine Stellung war, die er um jeden Preis halten musste, und entschied sich, seine offiziellen Pflichten weiterhin auszuüben. Als jedoch die englischen Bischöfe ihre Macht an Heinrich abtraten und die Anglikanische Kirche sich von Rom lossagte, legte More sein Amt als Lordkanzler nieder. Aber selbst darum machte er kein großes Aufhebens – er ging nicht im Zorn, mit Donnerstimme das Regime anprangernd, sondern als ein Mann, der sich aus dem öffentlichen Leben zurückzieht, ohne Bitterkeit oder Fanfaren. Er hatte die Stellung, die er um jeden Preis verteidigen würde, noch immer nicht gefunden.

More hoffte, dass sein Verhalten als Zeichen von Loyalität gegenüber dem König gedeutet würde und nicht als Weigerung, die Anglikanische Kirche anzuerkennen. Aber er hoffte vergebens. Da er nicht bereit war, einen Eid zu schwören, dass er die Rechtmäßigkeit von Heinrichs Scheidung und dessen Autorität in religiösen Fragen anerkannte, wurde More schließlich (aufgrund einer meineidigen Aussage) des Hochverrats für schuldig befunden und enthauptet. Bolt beschreibt die Ereignisse, die More schließlich zum Märtyrer machten, folgendermaßen:

> Wenn er an einem beliebigen Tag bis zu dem seiner Hinrichtung gewillt gewesen wäre, Heinrichs Heirat mit Anne Boleyn öffentlich gutzuheißen, hätte er weiterleben können. Natürlich war diese Heirat noch mit anderen Dingen verbunden – dem Angriff auf die Abteien, der gesamten Reformationspolitik –, die More rigoros ablehnte, aber ich glaube, er hätte sich damit arrangieren können; es sprach alles dafür, dass er es bereits tat. Unglücklicherweise wurde seine Zustimmung zu dieser Heirat von ihm in einer Form gefordert, die verlangte, dass er erklären musste an etwas zu glauben, woran er nicht glaubte, und dass er dies unter Eid erklären musste.

Das war also die Stellung, die More letztlich um keinen Preis aufgeben wollte.

Das Leben und Sterben einer Person wie Thomas More wirft einige der wichtigsten Fragen auf, die sich jede Führungspersönlichkeit stellen muss: Wie weit kann ich zurückweichen und dabei dennoch meinen moralischen Überzeugungen im Kern treu bleiben? Wie weit kann man mich zwingen zu gehen, bevor ich mein Amt niederlegen muss? Sollte ich bereit sein, einige Schlachten zu verlieren, um so anderswo Siege erringen zu können, die für meine Organisation, meine Sache oder die Gruppe, die ich führe, von größerer Wichtigkeit sind? Welche Stellung (wenn überhaupt) würde ich um keinen Preis aufgeben und, wenn nötig, auch alles opfern, um sie zu verteidigen?

Jetzt kommt einer der am widersinnigsten erscheinenden Ratschläge, die die Philosophie der Querdenker zu bieten hat: Sobald Sie wissen, welche Stellung Sie um keinen Preis aufgeben würden, *behalten Sie diese für sich.* Wenn Sie als Führungspersönlichkeit jedermann wissen lassen, in welchen moralischen Fragen Sie unter keinen Umständen zu Kompromissen bereit sind, werden Ihre Gegenspieler dieses Wissen mit Sicherheit nutzen, um Ihnen daraus einen Strick zu drehen oder Ihre Stellung zu unterminieren.

Die meisten Menschen würden den oben genannten Rat wohl als verwerflich oder etwas noch Schlimmeres ablehnen. Aber in der Realpolitik einer ernsthaften Führungspersönlichkeit stellt ein bisschen Diskretion bezüglich des eigenen Selbst immer nur die bessere Seite von Heldenmut dar (denken Sie nur an den armen Coriolanus in Shakespeares gleichnamigen Stück). Es ist völlig in Ordnung, die eigenen Wertvorstellungen anderen mitzuteilen oder sie gar laut hinauszuposaunen, aber hüten Sie sich davor, aller Welt diejenige Stellung zu benennen, die Sie um jeden Preis verteidigen würden.

Wenn man sich mit den moralischen Grundlagen von Führung befasst, muss man sich zunächst einmal bewusst machen, dass es einen bedeutenden Unterschied zwischen *legalem* Verhalten auf der einen und *ethischem* Verhalten auf der anderen Seite gibt. Zugegeben, eine Führungskraft, die ungestraft die Gesetze eines Landes

missachtet, wird im Allgemeinen nicht als ein besonders moralischer Mensch angesehen werden; aber dazu gehört auch noch
mehr, als sich einfach nur an das Gesetz zu halten.

Beispielsweise ist es völlig legal, junge Erwachsene zum Rauchen zu animieren, während eines Wahlkampfes Versprechungen
zu machen, die man niemals einzulösen gedenkt, seinen Ehepartner
zu betrügen und jede Art von außerehelicher Affäre zu haben oder
die Schwäche und Verletzlichkeit eines Geschäftspartners auszu-
nutzen, aber für mich handelt es sich in keinem dieser Fälle um
ethisches Verhalten. Andererseits ist es meiner Meinung nach aus
ethischer Sicht vollkommen in Ordnung, wenn jemand während
eines Schneesturms eine verlassene Waldhütte aufbricht, um sein
eigenes Leben oder das anderer Menschen zu retten, wenn eine
schwarze Schneiderin sich weigert, ihren Sitzplatz in dem Teil eines
Busses zu räumen, der laut Gesetz nur für Weiße vorgesehen ist,
oder wenn man von Rowdys tätlich angegriffen wird und übermäßi-
ge Gewalt anwendet, um sich zu verteidigen, auch wenn keine dieser Handlungen gesetzlich erlaubt ist. Worauf ich hinaus will, ist,
dass das Gesetz nur sehr beschränkt als Leitfaden dafür dienen
kann, was ethisches Verhalten ist und was nicht, besonders für Führungspersönlichkeiten.

Eine allgemein geläufige Definition moralischen oder ethischen
Verhaltens lautet, dass man bereit ist, etwas für andere zu tun, auch
wenn niemand diese Handlungen kontrolliert oder gar erzwingt. Es
ist interessant, mit dieser Definition im Hinterkopf andere Menschen nach dem Ursprung ihrer moralischen Werte zu befragen.
Die meisten verweisen auf ihre Religion und es scheint tatsächlich
so zu sein, dass viel von dem, was wir moralisches oder altruistisches
Verhalten nennen, aus religiösen Überzeugungen entspringt.
Schon Francis Bacon sagte im 17. Jahrhundert, dass jede gute Moralphilosophie nur eine Magd der Religion sei.

Natürlich gibt es starke (und gelegentlich auch überzeugende)
Argumente, die bestimmte altruistische Verhaltensweisen mit na-
türlicher Auslese zu erklären versuchen. Fast jeder würde beispielsweise zustimmen, dass es aus evolutionärer Sicht sinnvoll ist, wenn

eine Mutter sich opfert, um ihren Nachwuchs zu verteidigen, oder vielleicht sogar auch, wenn ein Mann sein Leben gibt, um seiner Jagdgruppe zu nützen.

Aber es ist ein bisschen weit hergeholt, wirklich dramatische Beispiele von Altruismus und moralischer Selbstbeschränkung mit rein biologischen Kategorien erklären zu wollen. In den meisten Fällen sind solche Taten der Selbstaufopferung von spirituellen Überzeugungen motiviert, welche die kalte Unpersönlichkeit einer rein mechanistischen Welt transzendieren.

Ich bin sogar zu der Überzeugung gekommen, dass im Grunde niemand *wirklich* an einen mechanistischen Determinismus glaubt, obwohl viele Menschen im Lauf der Geschichte das von sich behauptet haben. In Wirklichkeit glaubt jeder an seinen eigenen freien Willen – das heißt an seine Fähigkeit, selbst wählen zu können, was er tut und was er nicht tut, unabhängig von den vorangegangenen Ereignissen. Und die meisten von uns schreiben diese Wahlfreiheit (und die damit einhergehende Verantwortlichkeit) auch anderen zu.

Wer von uns könnte beispielsweise zusehen, wie ein geliebtes Familienmitglied nur so aus Spaß zu Tode geprügelt wird, ohne die Schläger für ihre Tat verantwortlich zu machen? Ein wahrer Anhänger des mechanistischen Determinismus würde mit den Schultern zucken und sagen, dass jedes Phänomen im Universum vorherbestimmt ist, sich als unausweichliche Konsequenz aus vorangegangenen Ereignissen ergibt und dass daher die Schläger nicht mehr Verantwortung für ihr Tun tragen als der Apfel, der vom Baum fällt. Aber wenn es um wirkliche Menschen im wirklichen Leben geht, dann ist dieser mechanistische Determinismus schlichtweg philosophischer Unsinn.

Eine Führungspersönlichkeit kann nur dann wissen, welche Stellung sie um keinen Preis aufgeben will – also wissen, wo ihr diamantener Kern liegt –, wenn sie sich ihrer eigenen moralischen Überzeugungen wie auch der Grundlage dieser Überzeugungen bewusst ist. Wenn sie nicht religiösen (oder wenigsten transzendenten) Ursprungs sind, könnten sich die eigenen moralischen

Wertmaßstäbe in einer echten Notlage als wenig verlässlich erweisen, insbesondere dann, wenn sie in irgendeinem Sinne altruistischer Natur sind.

Viele Leute vertreten heutzutage nach außen hin den aus dem späten 18. Jahrhundert stammenden utilitaristischen Standpunkt, dass jeder Einzelne dem Glück der größtmöglichen Zahl von Menschen den größten Wert beimessen sollte. Dennoch ist diese Vorstellung nicht annähernd so rational wie die Idee, dass jeder Einzelne einzig und allein in seinem eigenen Interesse handeln sollte (was die Interessen seiner Familie oder seiner Jagdgruppe durchaus einschließen könnte) und Mutter Natur den Rest besorgen lässt; es erscheint sogar zunehmend so, dass letztere Aussage von der Evolutionsbiologie und von Mutter Natur eindeutig gestützt wird. Mao, Mussolini, Stalin und verschiedene andere Despoten haben gezeigt, dass es durchaus möglich ist, durch ein nicht altruistisches Vorgehen den Staat auf eine gewisse Art und Weise zu stärken und dafür zu sorgen, dass die Züge pünktlich fahren.

Aus praktischer Sicht muss eine Führungspersönlichkeit also wissen, wo sich die Wege ihrer ethischen Überzeugungen und die des reinen, kalten Selbstinteresses trennen. Lassen Sie uns zu diesem Zweck als Hilfestellung eine Frage betrachten, die ich immer wieder einmal frisch gebackenen Hochschulabsolventen stelle, wenn ich bei einer Abschlussfeier eine Rede halte. Es handelt sich um eine äußerst schwierige und oftmals sehr persönliche und peinliche Frage. Nein, es hat nichts mit Sex zu tun. Die Frage lautet vielmehr: Wie stehen Sie zu Gott?

Ich kann förmlich hören, wie einige meiner Zuhörer sich dann fragen: „Was hat er gesagt? Hat er etwa Gott gesagt? Warum um alles in der Welt würde jemand bei einer Abschlussfeier mit Gott anfangen? Die meisten von uns sind doch als moderne Intellektuelle über den Punkt hinaus, an dem man ernsthaft nach Gott oder der eigenen Beziehung zu ihm fragt. Und überhaupt, ich bin doch Jude oder Baptist oder Hindu oder Katholik, daher müsste er nur in diesem Gebetbuch oder jener heiligen Schrift oder jenem Katechismus nachschauen, um zu erfahren, wie ich zu Gott stehe."

Ich versichere den Absolventen dann sofort, dass ich sie keineswegs in irgendwelchen Glaubensfragen missionieren will. Es geht ja auch gar nicht darum, wie man zu Gott stehen *sollte*, sondern wie man *tatsächlich* zu Gott steht. Eine völlig akzeptable Antwort wäre beispielsweise, dass man tief in seinem Herzen nicht daran glaubt, dass es überhaupt einen Gott gibt, oder dass es zwar einen Gott gibt, man jedoch nichts von ihm wissen will.

Ich habe jedoch festgestellt, dass die große Mehrheit der Leute – Führungspersönlichkeiten wie auch ihre Untergebenen – dieser Frage von vornherein ausweichen (genauso wie sie es vermeiden, sich mit den Busfahrer-Szenarien zu befassen, die zu Anfang dieses Kapitels dargestellt wurden). Sich bewusst zu machen, wie man selbst zu Gott steht, ist für die meisten Menschen einfach zu schwierig oder zu beängstigend, als dass sie diese Frage ernsthaft angehen würden.

Es gibt Millionen von Menschen, die regelmäßig am Gottesdienst teilnehmen und dabei nicht die leiseste Ahnung haben, wie sie zu Gott stehen, welche Beziehung sie zu ihrem Gott haben, was sie von ihm erwarten oder was er ihrer Meinung nach von ihnen erwartet. Ebenso gibt es Millionen von Agnostikern, die zu dem Schluss gekommen sind, dass alle Fragen, die sich auf Gott beziehen, einfach nicht zu beantworten oder unwichtig sind, und denen es dennoch nicht gelingt, ihre Besorgnis bezüglich der spirituellen und transzendenten Aspekte ihrer eigenen Existenz vollständig zu unterdrücken.

Wie ich bereits erwähnt habe, sind wir genauso menschlich und nicht weniger menschlich als unsere Brüder und Schwestern im alten Ägypten oder in der heutigen Mongolei. Und eine der größten und beständigsten Sorgen der Menschheit ist für alle Zeiten und an allen Orten und für alle Völker die Frage nach Gott und der eigenen Beziehung zu ihm.

Eine Führungspersönlichkeit kann vielleicht vor ihren wahren Gefühlen gegenüber Gott oder auch Nicht-Gott davonlaufen, aber auf die Dauer wird es sehr schwierig sein, sich ihnen zu entziehen. Daher ist es wahrscheinlich nur zu ihrem Vorteil, wenn sie diese

Gefühle so früh wie möglich entdeckt und sich ihnen stellt. Das wird ihr mit Sicherheit helfen, ihr moralisches Zentrum zu lokalisieren, und dies wiederum ermöglicht es ihr, eine bessere Führungspersönlichkeit zu werden.

Sind die persönlichen moralischen Grundsätze einer Führungspersönlichkeit – etwa der Vorsatz, stets offen und ehrlich zu sein – immer auch die richtige Grundlage für die Führung ihrer Gefolgsleute in jeder denkbaren Situation? Ich würde sagen nein. Bevor Sie diese Einstellung jetzt jedoch als moralischen Relativismus abtun, würde ich hinzufügen, dass ein Querdenker trotzdem sein moralisches Verhalten in jedem Augenblick bewusst auswählen und die volle Verantwortung für alle damit verbundenen Auswirkungen übernehmen muss.

„[...] denn an sich ist nichts weder gut noch böse", schrieb Shakespeare in *Hamlet*, „das Denken macht es zuerst dazu." Tatsächlich braucht eine Führungspersönlichkeit in einer pluralistischen Gesellschaft, in der die Vorstellungen der Menschen bezüglich Gut und Böse stark voneinander abweichen, viel Mut und Scharfblick, um zu entscheiden, welches Verhalten in einer bestimmten Situation am moralischsten ist.

Sehr viele Leute, von politischen Führungspersönlichkeiten bis hin zu CEOs, entscheiden sich für einen amoralischen Führungsstil, der sich auf das Technische konzentriert und moralische Überlegungen völlig außen vor lässt. Für solche Leute zählt nur, was unter dem Strich herauskommt, oder wie Vince Lombardi es so treffend ausgedrückt hat: „Gewinnen ist nicht das Wichtigste, was zählt, es ist überhaupt das *Einzige*, was zählt!"

Demgegenüber gibt es nur eine Hand voll Beobachter, die sich mit den ethischen Dimensionen von Führung auseinandersetzen. Ein bemerkenswerter Vertreter dieser Gruppe ist James O'Toole, dessen Ansichten sich gut als Ausgangspunkt für eine Diskussion über „gute" (das heißt moralisch einwandfreie) Führung eignen.

O'Tooles hervorragendes Buch *Leading Change* liefert gute Argumente für eine auf moralischen Werten basierende Führung. Im

Vorwort einer neueren Ausgabe schreibt er, führen zu lernen bedeute mehr, als nur einen bestimmten Stil oder eine bestimmte Technik zu beherrschen oder nach irgendeinem Rezept vorzugehen, es sei auch mehr, als nur „die Sache mit der Vision" im Griff zu haben. Bei Führung gehe es vielmehr um Denkweisen und Werte. Da kann ich ihm nur zustimmen.

O'Toole fährt in seiner Argumentation jedoch fort, dass moralisch und ethisch verantwortungsvolle Führung nicht mit „Führung von Fall zu Fall" (contingency leadership) vereinbar sei – also mit einem Führungsstil, der davon ausgeht, dass das bestmögliche Vorgehen ganz oder teilweise von den jeweiligen Umständen abhängt. O'Toole argumentiert, dass es sich bei einer solchen „Es kommt darauf an"-Philosophie um moralischen Relativismus in seiner schlimmsten Form handelt. Da bin ich anderer Meinung.

Es spricht natürlich nichts dagegen, dass eine Führungspersönlichkeit an ihren eigenen moralischen Überzeugungen festhält und konsequent danach handelt. Aber sie muss gleichzeitig auch damit zurecht kommen, dass die Personen, mit denen sie effektiv zusammenarbeiten muss, und manchmal sogar ihre wichtigsten Stellvertreter moralische Grundsätze haben, die stark von ihren eigenen abweichen. Ist es nun Aufgabe der Führungspersönlichkeit, ihren Stellvertretern und Gefolgsleuten die eigenen moralischen Wertmaßstäbe aufzuzwingen, oder sollte sie stattdessen eine Vielfalt moralischer Anschauungsweisen innerhalb ihrer Organisation tolerieren? Und wenn ja, wie groß darf diese Vielfalt sein?

O'Toole liefert überzeugende Argumente dafür, dass es einen moralischen Mindestcode gibt, an den sich jede gute Führungspersönlichkeit halten muss. Er sagt beispielsweise, dass Folter immer falsch ist und von einer guten Führungspersönlichkeit nie geduldet werden darf, selbst wenn sie dadurch Informationen erhielte, die Tausenden ihrer Gefolgsleute das Leben retten oder deren Leiden erleichtern würde.

Ich persönlich findet O'Tooles Ansatz sehr einleuchtend. Aber letzten Endes bin ich wahrscheinlich den voneinander abweichenden moralischen Wertmaßstäben meiner Kollegen gegenüber sehr viel toleranter als er. Wie sagt man so schön: Es gibt nichts Provinzielleres als einen Mann, der Gesetze für das Universum erlassen muss.

Ich persönlich halte Vielweiberei beispielsweise aus moralischer Sicht für falsch, aber ich bin mir darüber im Klaren, dass ein nicht unerheblicher Teil der derzeitigen Weltbevölkerung (und die meisten Gesellschaftsordnungen, die in der Vergangenheit existiert haben) mir widersprechen würden. Ich halte zwar unverrückbar an meiner eigenen Anschauung fest, würde jedoch nicht versuchen wollen, meine Aversion gegen die Vielweiberei Völkern aufzuzwingen, bei denen die Polygynie seit ewigen Zeiten allseits geachtete Praxis ist.

Die Grenze zwischen moralischer Toleranz und moralischem Relativismus ist zugegebenermaßen keine leuchtend rote Linie. Mein Rat an Querdenker beinhaltet daher einen schwierigen Balanceakt: Entwickeln Sie Ihre eigenen moralischen Überzeugungen und halten Sie daran fest, aber seien Sie dabei gleichzeitig den moralischen Grundsätzen anderer gegenüber so offen wie möglich.

Hin und wieder wird es für eine Führungspersönlichkeit notwendig, die Überzeugungen eines Kollegen oder eines Anhängers unumwunden als moralisch nicht vertretbar oder einfach nur völlig falsch zu verurteilen. Aber fast genauso oft wird ein Querdenker bemerken, dass seine eigenen Überzeugungen zum Teil von den verschiedenen moralischen Ansichten der ihn umgebenden Personen neu geformt werden. Ich sehe in diesem Prozess nichts grundsätzlich Verwerfliches, vorausgesetzt, die Führungspersönlichkeit bewahrt sich stets ihre geistige und moralische Unabhängigkeit und übernimmt persönlich die Verantwortung für ihr Handeln.

Stellen Sie sich einmal vor, ein amerikanischer Politiker würde bei einer Wahlveranstaltung Folgendes sagen:

> Ich bin nicht, und war es niemals, dafür, auf welche Weise auch immer die gesellschaftliche und politische Gleichstellung der weißen und der schwarzen Rasse herbeizuführen [...]. Ich bin weder, und war es niemals, dafür, aus Negern Wähler oder Ge-

schworene zu machen, noch sie zu befähigen, Ämter zu bekleiden, noch sie sich mit Weißen verheiraten zu lassen; und ich
sage außerdem auch, dass es einen physischen Unterschied
zwischen der weißen und der schwarzen Rasse gibt, von dem
ich glaube, dass er ein politisch und gesellschaftlich gleichberechtigtes Zusammenleben der beiden Rassen auf ewig
verhindern wird. Und insofern sie nicht so zusammen leben
können, muss es, während sie doch zusammen sind, einen
Überlegenen und einen Unterlegenen geben; und ich bin, so
viel wie jeder andere Mann, dafür, die überlegene Position der
weißen Rasse zuzusprechen.

Unglaublich? Ja! Rassistisch? Absolut! Moralisch abstoßend? Ohne
Zweifel! Aber was, wenn sich herausstellt, dass eben diese Worte
von dem Großen Sklavenbefreier persönlich stammen, nämlich
von Abraham Lincoln? Würden wir Lincoln deshalb sofort als ein
„rassistisches Schwein" brandmarken? Oder betrachten wir ihn
weiterhin als einen unserer größten und humansten Präsidenten,
indem wir für unser Urteil Wertmaßstäbe anlegen, die dem moralischen Klima seiner Zeit Rechnung tragen?

Ich bin ohne Frage für letzteres Vorgehen, bei dem wir Lincoln
vor dem Hintergrund der amerikanischen Verhältnisse Mitte des
19. Jahrhunderts beurteilen müssen. Wenn wir das tun, erweist er
sich ganz klar als eine der moralisch erhabensten Führungspersönlichkeiten der Geschichte.

Ich kann es bald nicht mehr hören, wie verschiedene moderne
Heuchler geschichtliche Persönlichkeiten wie Washington, Jefferson und Lincoln angreifen, weil sie Dinge taten oder glaubten, welche die meisten Amerikaner heutzutage nicht akzeptabel finden. Ja,
Washington und Jefferson haben Sklaven besessen und es wäre
auch allen drei oben genannten Männern undenkbar erschienen,
dass man Frauen wählen oder politische Ämter bekleiden lassen
sollte. Aber wird ihr moralisches Format im großen Zusammenhang
der Weltgeschichte durch diese Tatsache geschmälert? Natürlich
nicht.

Eine der historischen Führungspersönlichkeiten, die ich am meisten bewundere, ist George Washington. Trotz all seiner Fehler und Schwächen hat er mehr für die liberale Demokratie in der modernen Welt bewirkt als jeder andere. Er war der amerikanische Cincinnatus – der Mann, der auf die Krone verzichtete, um einer konstitutionellen Regierung ohne jegliche monarchistische Ausschmückungen die Chance zu geben, Wurzeln zu schlagen und zu gedeihen.

Washington oder irgendeine andere historische Führungspersönlichkeit auf eine Pygmäe zu reduzieren, nur weil sie der Prüfung anhand heutiger moralischer Maßstäbe nicht standhält, ist in meinen Augen reiner Wahnsinn. Wenn wir das tun, bleiben fast keine herausragenden Vorbilder mehr übrig, auf die diejenigen von uns noch blicken können, die danach streben, gute Führungspersönlichkeiten zu werden.

Ethische Führung erfordert, dass die Führungspersönlichkeit sich einen bestimmten Katalog von moralischen Werten auswählt und sodann die volle Verantwortung für alle Handlungen übernimmt, die auf diesen Werten basieren. Derartige Führungspersönlichkeiten sind leicht von denen zu unterscheiden, deren Führung reines Zweckdenken zugrunde liegt, die also im tolstojschen Sinne nur von den weltgeschichtlichen Wogen von einem Ufer zum andern getragen werden und deren langfristiger Einfluss in der Regel minimal ist.

Aber der Querdenker weiß auch, dass eine ethisch handelnde Führungspersönlichkeit nicht unbedingt auch eine gute Führungspersönlichkeit ist. Um gute Führungspersönlichkeiten von schlechten zu unterscheiden ist es vielmehr notwendig, dass die urteilende Person sich einen Satz moralischer Standards auswählt, auf deren Grundlage sie dann ihr Urteil fällt. In diesem Punkt können sich die Menschen, auch wenn sie alle guten Willens sind, sehr unterscheiden.

Für mich war Heinrich VIII. beispielsweise ein moralisch „verdorbenes" Schwein, das seine Frauen umgebracht hat, Thomas

More exekutieren ließ und sich seinen ausufernden Gelüsten hingab, aber die meisten Engländer, die ich getroffen habe, betrachten Heinrich als einen der größten Könige Englands. Ebenso war Mao Zedong in meinen Augen immer der unbestrittene Champion aller Massenmörder, die Schätzungen seiner Leistungen in dieser Hinsicht belaufen sich auf annähernd dreißig Millionen Tote, aber viele Chinesen betrachten Mao heute als eine der großartigsten Führungspersönlichkeiten der chinesischen Geschichte.

Auch wenn es die meisten von uns nicht wahrhaben wollen, hat beinahe jeder Aspekt von Führung seine moralischen und ethischen Seiten. Und wie schon so viele Male bemerkt wurde, muss jede Führungspersönlichkeit mit ihren eigenen moralischen Überzeugungen zurecht kommen und letztendlich die Verantwortung für alle Entscheidungen übernehmen, die sie auf der Grundlage dieser Überzeugungen getroffen hat. Ich muss an dieser Stelle an die Worte einer weisen Philosophin denken, nämlich meiner Tochter Elizabeth, die einmal in etwa gesagt hat, dass es bei moralischer Führung weniger darum geht, womit man leben kann, als vielmehr darum, womit man sterben kann.

Kapitel 8

Arbeiten Sie für die, die für Sie arbeiten

Mit echten Führungsaufgaben machte ich unter anderem zum ersten Mal Bekanntschaft, als ich 1971 (im Alter von 30 Jahren) zum stellvertretenden Direktor für akademische Angelegenheiten im Board of Higher Education von Illinois ernannt wurde. Dort lernte ich eine Menge von dem Vorsitzenden des Board, George Clements, der sich mit dem Ausbau der in Chicago ansässigen Jewel Tea Company zu einer der wichtigsten Lebensmittelketten des Landes einen Namen gemacht hatte.

Als ich meinen Posten antrat, sagte Mr. Clements zu mir: „Steve, lassen Sie mich Ihnen einen grundsätzlichen Rat in Bezug auf Führung geben. Sie sollten nicht so viel Zeit damit verbringen, die Ihnen direkt unterstellten Leute einzustellen, zu bewerten, zu ermahnen, ihre Gehälter festzusetzen, sie zu loben oder sie in den Hintern zu treten oder sie, wenn nötig, zu entlassen. All das sollte ungefähr zehn Prozent Ihrer Zeit in Anspruch nehmen. Die restlichen neunzig Prozent sollten Sie dazu nutzen, *alles zu tun, was in Ihrer Macht steht*, damit Ihre Mitarbeiter erfolgreich sind. Sie sind der erste Assistent der Leute, die für Sie arbeiten."

Ein guter Rat eines Querdenkers – der selten befolgt wird. Selbst eine Führungspersönlichkeit, die sich zu modernen demokratischen Management-Theorien bekennt, hat Schwierigkeiten damit, ihre Stellvertreter als Gleichgestellte zu betrachten, und erst recht nicht als ihre Chefs. Aber genau das war es, was Mr. Clements

gemeint hatte: „Arbeiten Sie für die, die für Sie arbeiten!" Wenn
Sie nicht gerade dabei sind, einen Ihrer Stellvertreter loszuwerden,
dann legen Sie sich ins Zeug, dass er seine Arbeit machen kann.
Das bedeutet, seine Anrufe umgehend zu beantworten, sich seine
Pläne und Probleme aufmerksam anzuhören, auf seine Bitte hin andere zum Handeln zu veranlassen und ihm zu helfen, seine Ziele zu
formulieren und Strategien zu entwickeln, mit denen sich diese
Ziele erreichen lassen. Sie sollten Ihren Stellvertretern nicht nur
zuarbeiten, sie sollten ihnen vielmehr *am besten* von allen zuarbeiten.

So gut wie alle Führungsexperten, ob sie nun Anhänger traditi-
oneller oder derzeit angesagter Theorien sind, beschreiben Führung
als eine glamouröse und erhabene Berufung. Aber ein Querdenker
lässt sich dadurch nicht täuschen. Er weiß, dass es bei tagtäglicher
erfolgreicher Führung weniger um ihn selbst geht als vielmehr um
die Männer und Frauen, die er als seine wichtigsten Stellvertreter
auswählt. Er weiß, dass auf seinem Schreibtisch viel Kleinkram und
Blödsinn landen wird, während seine Stellvertreter sich mit den
Angelegenheiten befassen dürfen, die wichtig sind und Spaß machen.

Wenn eine angehende Führungspersönlichkeit sich nach Gla-
mour sehnt, sollte sie lieber zum Film gehen. Wenn sie jedoch tatsächlich nachhaltigen Einfluss auf eine Sache oder eine Organisation ausüben will, dann muss sie die Ärmel hochkrempeln und
darauf vorbereitet sein, eine Reihe von unangenehmen Arbeiten
auf sich zu nehmen, die vermutlich unter ihrer Würde sind und für
die sie keine Anerkennung bekommen wird und die ihr auch nicht
als Verdienst angerechnet werden, durch die sie jedoch ihre Stellvertreter dazu inspirieren und befähigen kann, Großes zu erreichen.

Teddy Roosevelt bemerkte einmal, dass die beste Führungskraft
derjenige sei, der sich die kompetentesten Männer hole, die verfügbar sind, ihnen sage, was sie tun sollen und sie dann in Ruhe lasse,
damit sie ihre Arbeit machen können. Dem kann ich nur zustimmen (wenn wir dabei auch Frauen mit einschließen), allerdings mit
der Modifikation, dass eine Führungspersönlichkeit ihre Stellver-

treter nicht nur in Ruhe lassen, sondern sie aktiv in ihrer Arbeit unterstützen und zu einem erfolgreichen Team zusammenschmieden sollte.

Genghis Khan wird weithin als einer der größten Politiker und militärischen Genies der Geschichte angesehen, da es ihm gelang, verschiedene Nomadenstämme zu einem einheitlichen mongolischen Staat zu vereinigen und dann sein Reich durch Eroberungszüge zu erweitern. Seine größte Stärke war jedoch seine Fähigkeit, hervorragende Generäle zu finden; und es könnte durchaus sein, dass diese Eigenschaft wichtiger war als alles andere, was er als Führungspersönlichkeit vollbracht hat. Die größten Führungspersönlichkeiten waren zu allen Zeiten nicht etwa diejenigen, die weit über ihren Untergebenen agierten, sondern vielmehr diejenigen, welche die größten Talente identifizieren und sich zu Diensten machen konnten und sie dann unter einer richtungsweisenden und einigenden Vision erfolgreich anführten.

Da erfolgreiche Führung zu einem großen Teil davon abhängt, dass man nur die besten Leute um sich schart, sollten wir uns folgende Tatsache vor Augen führen: Die meisten Menschen neigen dazu, Leute einzustellen, die schwächer sind als sie selbst. Hinzu kommt noch, dass diese Faustregel in der Praxis keineswegs linear gilt – das heißt, dass hervorragende Leute eher Personen einstellen, die nur etwas schwächer sind als sie selbst, schwache Leute jedoch andere einstellen, die sehr viel schwächer sind als sie selbst. Oder um einen alten Spruch abzuwandeln: A-Leute stellen A-Minus-Leute ein und B-Leute stellen C-Leute ein.

An dieser Stelle ist vielleicht eine einfache Regel ganz hilfreich, die auf einer Formel meines ehemaligen Kollegen Harry Williams basiert. Harry behauptete, dass Leute, deren Gesamtkompetenz bei 99 Prozent liegt, Personen einstellen, die nur 99 Prozent so gut sind wie sie selbst – das heißt die auf einer absoluten Skala bei 98 Prozent liegen. Diese wiederum stellen Leute ein, die nur 98 Prozent so gut sind wie sie selbst – deren Kompetenz also auf einer absoluten Skala nur bei 96 Prozent liegt. Nach Harrys Regel läge daher in einer Organisation, an deren Spitze jemand mit einer

Kompetenz von 99 Prozent steht, die Kompetenz der Mitarbeiter der vierten Ebene auf einer absoluten Skala bei immer noch über 92 Prozent.

Aber angenommen, die Kompetenz der ranghöchsten Person läge nur bei 90 Prozent. Nach Harrys Regel wird diese Person Leute einstellen, die nur 90 Prozent so gut sind wie sie selbst – das heißt also Leute, die auf einer absoluten Skala nur bei 81 Prozent liegen. Diese wiederum stellen andere ein, die sich bei 66 Prozent befinden, und so werden die Leute auf der vierthöchsten Hierarchiestufe nur noch über eine Kompetenz verfügen, die auf einer absoluten Skala 43 Prozent entspricht.

Diese Formel ist ein gutes Beispiel dafür, wie aus Pseudowissenschaft ein Mythos entstehen kann, der uns dann wiederum hilft, ein komplexes menschliches Phänomen besser zu verstehen. Streng genommen ist die Gesamtkompetenz natürlich nie eindimensional und lässt sich nur sehr schwer quantifizieren. Aber Harrys Regel veranschaulicht uns, warum es so wichtig ist, dass in den Spitzenpositionen jeglicher Organisation nur die besten Leute sitzen, und warum die Kompetenz der Mitarbeiter in einem Unternehmen, an dessen Spitze nur eine mittelmäßige Führungspersönlichkeit steht, in der Regel nach unten hin so drastisch abnimmt.

In einer idealen Welt würde man erwarten, dass eine starke Führungspersönlichkeit Leute einstellt, die noch besser sind als sie selbst. Und tatsächlich gibt es viele Führungspersönlichkeiten, die sich mit Leuten umgeben, welche ihnen auf bestimmten Fachgebieten überlegen sind. Aber allen gegenteiligen Lippenbekenntnissen zum Trotz gibt es nur sehr wenige Führungspersönlichkeiten, die bereit sind, Stellvertreter zu ernennen, die insgesamt kompetenter sind als sie selbst. Paradoxerweise war jedoch in den seltenen Fällen, in denen eine Führungspersönlichkeit tatsächlich Leute eingestellt hat, die ihr überlegen waren, die Führungspersönlichkeit selbst zu ihrer Zeit nicht unbedingt ein Superstar (hier denkt man sofort an Richard Daley den Älteren, Bürgermeister von Chicago, und an Präsident Harry Truman).

Also kann man beruhigt davon ausgehen, dass Harrys Regel in den meisten Organisationen voll zur Anwendung kommt. Daher ist es fast immer sinnvoll, alles nur Erdenkliche daran zu setzen, eine herausragende *Führungspersönlichkeit* (und nicht nur eine Berühmtheit) für die allerhöchste Position zu gewinnen und sie auch zu halten.

Einen dem in gewisser Weise widersprechenden Ansatz in Bezug auf die Auswahl seiner Stellvertreter nenne ich gern Dr. Hovdes Regel. Im Frühjahr 1971 beendete Dr. Hovde gerade sein 25. und letztes Jahr als Präsident der Purdue University. Als frisch übernommener außerordentlicher Professor für Elektrotechnik an der Purdue University hatte ich gerade ein Stipendium erhalten, um ein einjähriges Praktikum in der Administration bei Dr. Hovde zu absolvieren.

Als wir eines Tages gemeinsam über den Campus gingen, erzählte mir Präsident Hovde, wie ihm die Entscheidung zu schaffen machte, ob er eine bestimmte Person einstellen sollte, um eine Schlüsselposition innerhalb seiner Verwaltung zu besetzen. Ich fragte ihn ganz naiv, ob der Kandidat seiner Meinung nach „der richtige Mann" für die Stelle sei. Hovde blieb stehen und erwiderte: „Steve, das ist die falsche Frage. So etwas wie ‚den richtigen Mann für die Stelle' gibt es nicht. Die richtige Frage lautet: ‚Ist er der beste Mann für diese Position, der innerhalb des Zeitraums, in dem die Stelle besetzt werden muss, zur Verfügung steht?'"

Hovde fuhr fort, dass ein Beinahe-Superstar die falsche Person für eine bestimmte Position sei, wenn jemand Besseres verfügbar ist. Und andersherum könne ein eher mittelmäßiger Kandidat die richtige Person für die Stelle sein, wenn man die Position wirklich sofort besetzen müsse, und er besser ist als die anderen, die verfügbar sind.

Damit nähern wir uns einem der kniffligsten Bereiche von Führung im Spitzenbereich – dem unvermeidlichen Kompromiss zwischen der Person, die wir als einen unserer Stellvertreter *gerne hätten*, und der Person, die wir innerhalb des Zeitraums, der uns für die Besetzung der Stelle zur Verfügung steht, tatsächlich einstellen können. In diesem Sinn stellt die Auswahl der Stellvertreter nur einen weiteren Fall dar, in dem die Führungspersönlichkeit im Angesicht widersprüchlicher Sachzwänge Entscheidungen treffen muss (wie bereits in Kapitel 5 behandelt).

Vor allem wenn die Auswahl nicht besonders groß ist, muss die Führungspersönlichkeit sich fragen, ob sie die Besetzung der Stelle nicht über den ursprünglich vorgesehenen Termin hinaus verschieben kann, in der Hoffnung, dass dann noch ein besserer Kandidat verfügbar ist. Oder sie könnte beschließen, die Stellenbeschreibung abzuändern, um die Stärken eines vorhandenen Kandidaten vorteilhafter einsetzen zu können und einige der ursprünglich für die zu besetzende Position vorgesehenen Aufgaben auf ihre anderen Stellvertreter zu verteilen.

Das Dümmste, was eine Führungspersönlichkeit machen kann, ist, zunächst die Aufgabenbereiche einer bestimmten Position bis ins Kleinste festzulegen, und dann einen Menschen zu finden versuchen, auf den die vorgefertigte Stellenbeschreibung passt. Das ist, als ob eine Führungspersönlichkeit daran glaubte, dass talentierte Leute von einer Maschine ausgestanzt würden, um bestimmte mechanische Spezifikationen zu erfüllen. Soweit das Gesetz und die Gelegenheit es erlauben, ist einer Führungspersönlichkeit oft besser damit gedient, wenn sie zunächst einen wirklich kompetenten Stellvertreter einstellt und dann die Aufgabengebiete auf die besonderen Stärken dieser Person zuschneidet. Querdenker wissen, dass eine Organisation ihren Erfolg nicht großartigen Stellenbeschreibungen, sondern großartigen Leuten verdankt.

Eine der größten Herausforderungen für jede Führungspersönlichkeit besteht darin, sich mit Leuten zu umgeben, deren Fähigkeiten die eigenen Schwächen ausgleichen. Das ist leichter gesagt als getan, denn die meisten Führungspersönlichkeiten fühlen sich wohler mit Leuten, die ihnen selbst ähnlich sind. Eine etablierte Führungspersönlichkeit lässt sich nur allzu leicht dazu verleiten, lediglich solche Stellvertreter auszuwählen und zu behalten, die stets ihrer Meinung sind und sich ihren Initiativen nicht großartig widersetzen. Auf lange Sicht hängt jedoch der Erfolg einer jeden Organisation davon ab, dass die Führungspersönlichkeit sich eben nicht mit Jasagern und Speichelleckern umgibt.

Ähnlich verhält es sich bei der Auswahl der Stellvertreter mit dem Faktor Alter. Ich bin selbst gerade sechzig geworden, also bin ich der letzte, der sich für Altersdiskriminierung aussprechen oder sie gar aktiv praktizieren würde. Trotzdem höre ich von erfahrenen Führungspersönlichkeiten immer wieder, dass man sich bei zwei in etwa gleich geeigneten Kandidaten immer für den jüngeren entscheiden sollte.

Wenn die Führungspersönlichkeit einer Organisation altert, dann altern ihre Stellvertreter und die Organisation in der Regel mit ihr. Die Führungspersönlichkeit geht immer mehr dazu über, frei werdende Stellen mit Leuten zu besetzen, deren Lebenserfahrung (und deren Lebensalter) in etwa ihrer eigenen entspricht. So kann es ganz schnell passieren, dass sich eine umgekehrte Altersdiskriminierung einschleicht und es sehr schwierig wird, jüngere Leute in den inneren Zirkel zu bekommen. Die frischen Ideen, die fast immer mit Jugend einhergehen, verschwinden dann bald, es sei denn, die Führungspersönlichkeit unternimmt einen bewussten Versuch, Jungspunde zu gewinnen und zu fördern.

Ich wurde im Alter von 33 Jahren zum geschäftsführenden Vizepräsidenten der University of Nebraska ernannt. Als ich auf die Vierzig zuging, drängten mich meine Mentoren und Kollegen, mich an dem Rennen um verschiedene Universitätspräsidentschaften zu beteiligen. Im Zuge meiner Bemühungen um einige dieser Posten merkte ich nach und nach, dass sich mein junges Alter nachteilig auswirkte. Ich schaffte es vielleicht, unter die letzten drei oder vier Kandidaten zu kommen, aber spätestens dann konnte ich förmlich hören, wie die Kuratoren (von denen die meisten über sechzig waren) im Stillen dachten: „Er ist erst 39; er ist ja fast noch ein Junge; er ist einfach *nicht alt genug* für einen Universitätspräsidenten!"

Als ich dann tatsächlich vierzig wurde, war es, als ob ich plötzlich ein erwachsener Mann geworden wäre und endlich die nötige Reife erlangt hätte, um einen Speer zu tragen oder Präsident einer

Hochschule zu werden. Ich war zwar immer noch dieselbe Person, die ich einige Monate zuvor gewesen war, aber in den Augen der entscheidenden Leute war ich jemand völlig anderes. Innerhalb eines Jahres wurde ich, nachdem ich zuvor einige andere, vergleichbare Angebote abgelehnt hatte, zum Präsidenten der Flaggschiff-Universität des SUNY-Systems ernannt.

Wie das Leben so spielt, musste ich fast fünfzehn Jahre später mit einigen meiner Kollegen die Stärken und Schwächen eines noch nicht ganz vierzigjährigen Kandidaten, der sich als Dekan beworben hatte, gegeneinander abwägen. Ich wollte gerade einwerfen, dass dieser Mann eigentlich noch viel zu jung für einen Dekan sei, als mir plötzlich mit Beschämung wieder einfiel, dass er ja genauso alt war wie ich damals, als ich zum ersten Mal Präsident einer Hochschule wurde.

Wenn man die Position eines Stellvertreters besetzen will, sollte man nie einen externen Kandidaten einstellen, nur weil er geringfügig besser qualifiziert erscheint als der interne Favorit. Derek Bok, der angesehene ehemalige Präsident von Harvard, wies mich einmal darauf hin, dass ein externer Kandidat mindestens zwei Klassen besser sein müsse als ein interner, sonst würde sich das Risiko nicht lohnen, denn die Schwächen und Fehler eines internen Bewerbers kenne man wenigstens schon.

Auch wenn man noch so viele Referenzen über einen von außen kommenden Bewerber einholt, ein externer Kandidat existiert doch fast nur auf dem Papier, während ein interner Bewerber ein Mensch aus Fleisch und Blut ist, den man bereits in der Hitze des Gefechts erlebt hat. Man weiß, in welchen Situationen man sich auf seine Fähigkeiten verlassen kann und in welchen nicht. Wir finden einen externen Bewerber oft deshalb so anziehend, weil er mehr oder weniger perfekt erscheint, doch in Wirklichkeit hat er wie jeder andere Mensch auch viele Fehler – nur haben wir sie noch nicht entdeckt.

Der hier ausgesprochene Rat muss jedoch dahingehend abgemildert werden, dass es natürlich auch seine Vorteile hat, wenn man frisches Blut in eine Organisation einbringt. Wenn der Kader

der ranghöchsten Stellvertreter einer Führungspersönlichkeit träge geworden ist und diese Stellvertreter wiederum mehrere Ebenen ihrer eigenen Mitarbeiter narkotisiert haben, dann sollte die Führungspersönlichkeit jemanden von außen hereinholen, selbst wenn diese Außenstehenden vielleicht nicht ganz so geeignet erscheinen wie die führenden internen Kandidaten. In einem solchen Fall muss die Zufuhr frischen Blutes Vorrang haben vor der formalen Qualifikation der Bewerber.

Wahre Vielfalt unter den eigenen Stellvertretern zu erreichen ist ein *äußerst* schwieriges Unterfangen. Unterschiede, die über lange Zeiträume hinweg kulturell bedeutsam waren, lassen sich nur selten problemlos ausgleichen. Die in der eigenen Organisation vorhandenen Unterschiede bezüglich Hautfarbe, Geschlecht, ethnischer Zugehörigkeit oder politischer Überzeugung erfolgreich zu integrieren erfordert sehr viel Arbeit und Geduld sowie die Bereitschaft, es trotz wiederholter Fehlschläge immer und immer wieder zu versuchen.

Trotzdem sind die Vorteile, die eine solche Vielfalt mit sich bringt, in der Regel die Mühen und Kosten wert. Eine hochgradig homogene Organisation ist genauso anfällig für Krankheit und Verseuchung wie eine große biologische Monokultur. Jeder Bauer weiß, dass, wenn er und seine Nachbarn Jahr für Jahr auf zehntausenden Hektar aneinander grenzenden Landes eine bestimmten Weizensorte anpflanzen, diese Weizensorte schon bald besonders anfällig sein wird für neue Krankheiten oder neue Insektenarten. Ökosysteme, in denen eine biologische Vielfalt besteht, sind langfristig sehr viel zäher und widerstandsfähiger als Monokulturen, und ebenso verhält es sich mit Organisationen, die über eine Vielfalt von Menschen verfügen, die alle auf ein gemeinsames Ziel hinarbeiten.

Darüber hinaus ist es den Eigeninteressen einer Führungspersönlichkeit oft durchaus dienlich, jemanden einzustellen, der nach herkömmlicher Meinung eigentlich nicht in Betracht kommt. Als ich noch ein Junge war, galt es als unumstößliche Tatsache, dass ein Schwarzer niemals Quarterback einer erfolgreichen Football-Mannschaft sein könnte („die sind nicht schlau genug") und dass keine Frau jemals in der Lage wäre, eine Universität oder ein Unternehmen zu leiten („die sind nicht zäh genug"). Die meisten von uns lachen heute über solche Stereotype, vor fünfzig Jahren aber stellte dies eine quasi unüberwindbare Hürde für überaus fähige und hoch motivierte Minderheiten und Frauen dar. Solche Leute erbrachten dann oftmals überragende Leistungen für die Führungspersönlichkeiten, die bereit waren, ihnen eine faire Chance zu geben. Walter O'Malley, Eigentümer der Baseball-Mannschaft Brooklyn Dodgers, musste sich einiges anhören, als er 1947 Jackie Robinson in die oberste Liga holte, aber am Ende wurde er für seine Mühen reichlich belohnt.

Ein Querdenker kennt den Unterschied zwischen Statistiken und Stereotypen. Er weiß, dass es erhebliche statistische Unterschiede geben kann, wie zwei verschiedene Gruppen bei einem bestimmten Test abschneiden, und dass trotzdem bedeutende Überschneidungen zwischen diesen beiden Gruppen existieren. Das Wichtigste, was eine Führungspersönlichkeit stets im Hinterkopf behalten muss, ist, dass sie eine individuelle Person einstellt und nicht eine Gruppe oder ein Stereotyp.

Die meisten heute lebenden Amerikaner glauben, dass Hautfarbe und Geschlecht die tiefsten Gräben sind, die uns voneinander trennen, und das zu einem großen Teil aus dem Grund, dass unsere Politiker und die Medien diese Unterschiede unablässig hochspielen (und gegeneinander ausspielen). Und tatsächlich ist es nicht einfach, Männer und Frauen unterschiedlicher Hautfarbe und ethnischer Zugehörigkeit zu einem geschlossenen Team zusammenzuschmieden.

Ein Querdenker weiß jedoch, dass es noch weitaus schwieriger ist, eine Gruppe von Stellvertretern zusammenzuschweißen, die sich in ihrem *Denken* unterscheiden. Auf lange Sicht besteht der schwierigste Teil beim Aufbau eines heterogenen Teams von Stellvertretern darin, Menschen miteinander in Einklang zu bringen, deren verschiedene intellektuelle und moralische Blickwinkel nicht einfach nur mit denen der Führungspersönlichkeit identisch sind, sondern vielmehr ein breites Spektrum abdecken.

Einer der größten Gefallen, den eine Führungspersönlichkeit ihren Führungskräften aus der Linie – also denjenigen Personen, die das Unternehmen tatsächlich leiten – tun kann, ist es, sie vor ihrem Führungsstab zu beschützen. Zahllose unnötige Schwierigkeiten und jede Menge böses Blut gehen Tag für Tag auf das Konto wohlmeinender Sekretärinnen und Assistenten. Es ist sogar gar nicht so ungewöhnlich, dass eine Führungspersönlichkeit letzten Endes von solchen Leuten zu Fall gebracht wird.

Verstehen Sie mich bitte nicht falsch. Ich selbst war bei meiner Tätigkeit in einer hohen Führungsposition immer mit wahrlich bemerkenswertem und äußerst engagiertem Stabspersonal gesegnet, ohne dessen Hilfe mir die Ausübung meines Amtes unmöglich gewesen wäre. Nichtsdestotrotz kann Stabspersonal – und zwar in jeder Art von Organisation – mehr Probleme verursachen als auf den ersten Blick möglich erscheint.

Wann immer ein Stabsmitarbeiter dazu ermächtigt ist, als Puffer zwischen der Führungspersönlichkeit und ihren Führungskräften aus der Linie zu wirken, kann das katastrophale Folgen haben. Der Hauptgrund dafür besteht darin, dass der Stabsmitarbeiter unter diesen Umständen die der Führungspersönlichkeit zustehende Macht ausüben kann, sich dabei jedoch der Hitze des Gefechts und der Verantwortlichkeit entziehen kann, die eigentlich stets mit der Ausübung von Macht verbunden sein sollten. Diese besondere Art okkulter Autorität hat etwas sehr Verführerisches; selbst der ehrlichste und selbstloseste Stabsmitarbeiter kann leicht süchtig danach werden. Ohne es selbst zu merken, beginnt er, die Führungskräfte der Linie zu manipulieren, ihren Zugang zur Führungspersönlichkeit zu blockieren und auf ganz subtile Weise die Kommunikation zwischen Führungspersönlichkeit und Linie zu verzerren.

Im Jahr 1970 schrieb Robert Townsend, der Mann, der die Mietwagenfirma Avis zu einem profitablen Konkurrenzunternehmen für Hertz gemacht hat („*When you're Number Two, you try harder*"), ein Buch mit dem Titel *Up the Organization*. Dieses Buch hat sich nachhaltig auf meine Entwicklung zum Querdenker ausgewirkt. Townsend beschrieb äußerst eindrucksvoll, welche Gefahren die Beschäftigung von Stabspersonal in jeder Art von Organisation mit sich bringt. Er war außerordentlich stolz darauf, dass er in der Lage war, ein großes und komplexes Unternehmen ohne eine einzige Sekretärin oder einen einzigen Assistenten zu leiten.

Ich bin nicht so mutig wie Townsend (das heißt, ich beschäftige nach wie vor einen Führungsstab), aber ich habe versucht, seine Philosophie mit der von George Clements (den ich zu Beginn dieses Kapitels zitiert habe) zu verbinden, nämlich dass es Aufgabe einer Führungspersönlichkeit *und* ihres Führungsstabs ist, die Führungskräfte der Linie zu unterstützen, und nicht andersherum.

Ich selbst habe sehr früh in meiner beruflichen Karriere Bekanntschaft mit den Problemen gemacht, die ein Führungsstab mit sich bringen kann, und zwar als ich merkte, wie sehr ich auf diese Leute angewiesen war, um Zugang zu meinem eigenen Chef zu erhalten. Dadurch behinderten sie mich oft in meiner Arbeit. Darüber hinaus ärgerte und demütigte es mich, vor den Angestellten meines Chefs einen Kotau machen zu müssen.

Daher stelle ich sicher, dass die Führungskräfte der Linie, die mir direkt unterstellt sind, ungehinderten Zugang zu mir haben – 24 Stunden am Tag, sieben Tage die Woche, ohne sich dumme Fragen anhören zu müssen. Wenn ein hochrangiger Vizepräsident in meinem Büro anruft, sagt ihm die Assistentin, die das Telefongespräch entgegennimmt, wo ich bin und was ich gerade mache und fügt dann sofort hinzu: „Wenn Sie jetzt sofort mit Steve sprechen müssen, kann ich Sie gerne mit ihm verbinden."

Ganz egal, ob ich in Tokio bin, zu Hause krank im Bett liege, mich gerade um einen Geldgeber bemühe oder mich in einer Besprechung mit einigen Kuratoren befinde, die Assistentin sagt stets das Gleiche: „Wenn Sie jetzt sofort mit Steve sprechen müssen, kann ich Sie verbinden." Sie fragt nie: „In welcher Angelegenheit wollen Sie ihn denn sprechen?" Und sie sagt auch nicht: „Es tut mir Leid, er ist beschäftigt und kann im Moment nicht mit Ihnen sprechen." Mit anderen Worten, die Entscheidung, ob ich gestört werden sollte, liegt bei der betreffenden Führungskraft, und nicht bei meiner Assistentin.

Wenn ich anderen Führungspersönlichkeiten von diesem Konzept erzähle, erschaudern sie immer und sagen: „Meine Güte, Steve, dann werden Sie ja ständig gestört." Aber in meinen fast zwanzig Jahren als Universitätspräsident ist es, glaube ich, nicht öfter als zwanzig Mal vorgekommen, dass eine mir direkt unterstellte Führungskraft darauf bestanden hat, sofort mit mir zu sprechen. Wie ist das möglich? Wie kommt es, dass Führungskräfte, die über die uneingeschränkte Erlaubnis verfügen, ihren Chef zu jeder Zeit zu stören, in der Praxis so sparsam mit diesem Privileg umgehen?

Die Antwort besteht aus drei Teilen. Erstens setze ich mich einmal wöchentlich mit allen meinen hochrangigen Führungskräften zusammen und außerdem spreche ich alle ein bis zwei Wochen noch einmal persönlich mit jedem Einzelnen. Die meisten Angelegenheiten können bis zu einem dieser regelmäßigen Treffen warten.

Zweitens ist es fast immer so, dass die Führungskraft auf einen Hinweis der Assistentin wie „Steve ist gerade in einem Meeting mit dem und dem", „Er schläft jetzt gerade in Tokio" oder was auch immer reagiert, indem sie antwortet: „Oh, dann stören Sie ihn nicht. Vielleicht kann er ja zurückrufen, wenn er Zeit hat." Das Ergebnis ist dann zwar das Gleiche, wie wenn die Stabsmitarbeiterin gesagt hätte: „Es tut mir Leid, Steve ist im Moment beschäftigt, er wird Sie später zurückrufen müssen", aber der Unterschied (und es handelt sich dabei um einen *großen* Unterschied) besteht darin, dass die Führungskraft und nicht die Assistentin, entschieden hat, dass die betreffende Angelegenheit warten kann.

Drittens habe ich, im Gegensatz zu vielen anderen Führungspersönlichkeiten, keine Angst vor meinen Leuten. Ich brauche keine Assistentin, die mir die weniger angenehmen Seiten meiner Arbeit abnimmt. Wenn ich zu dem Schluss komme, dass eine Führungskraft, die mich bei etwas unterbrochen hat, nur meine Zeit vergeudet, dann sage ich ihr das ganz klar und deutlich. Und die betreffende Person weiß auch, dass ich mich von ihr trennen werde, wenn so etwas zu oft vorkommt. Aber solange diese Person einer meiner hochrangigen Stellvertreter ist, wird sie immer unbeschränkten Zugang zu mir haben.

Ich bin mit der Fernsehserie *I Remember Mama* groß geworden, die in den fünfziger Jahren des 20. Jahrhunderts lief und auf einem Buch von Kathryn Forbes mit dem Titel *Mama's Bank Account* basierte. Darin spielte Peggy Woods das Oberhaupt einer norwegischen Familie, die Anfang des 20. Jahrhunderts in San Francisco lebte. Die Familie hatte nur ein geringes Einkommen, das oftmals nicht ausreichte, aber Mama beruhigte ihre Kinder immer, indem sie ihnen erzählte, dass sie 500 US-Dollar (viel Geld in jenen Tagen) auf einem Bankkonto in der Stadt deponiert hätte, falls sie jemals wirklich in Schwierigkeiten geraten sollten. Wenn es wieder einmal knapp wurde, überlegte die ganze Familie hin und her, ob man Mamas Bankkonto plündern sollte, aber am Ende wurde immer beschlossen, dass es auch so gehen muss und die „eiserne Reserve" unangetastet bleiben soll. Als die Kinder alle erwachsen waren, erzählte ihnen Mama, dass dieses Bankkonto mit den 500 US-Dollar nie existiert hatte; die „eiserne Reserve" gab es nicht. Aber allein mit dem Glauben, dass es eine gegeben hatte, haben sie es immer wieder geschafft.

In gewissem Sinne verfügen hochrangige Führungskräfte, die wissen, dass sie den Präsidenten immer und überall erreichen können, über eine *echte* „eiserne Reserve". Sie sind froh, dass sie diese Möglichkeit haben, aber sie entscheiden sich fast immer dafür, sie nicht zu nutzen. Trotzdem wird ihre Position bei der Zusammenarbeit mit anderen Universitätsangehörigen, mit möglichen Geldgebern oder mit Regierungsbehörden durch die bloße Tatsache gestärkt, dass sie jederzeit ungehinderten Zugang zum Präsidenten haben.

Zu dem eben beschriebenen Grundsatz gehört auch, dass eine Führungspersönlichkeit ihre direkten Anweisungen den Führungskräften niemals durch das Stabspersonal übermitteln lässt. Es kann einfach zu leicht passieren, dass der zwischengeschaltete Stabsmitarbeiter die Anweisung geringfügig modifiziert, sei es mit Absicht oder unbeabsichtigt. Wenn Anweisungen *durch* das Stabspersonal erteilt werden, kann bei den betroffenen Führungskräften außerdem der Eindruck entstehen, dass sie ihre Anweisungen *vom* Stabspersonal bekommen.

Natürlich bitte ich meine Stabsmitarbeiter, Informationen von den Führungskräften einzuholen oder an sie weiterzugeben, und die Führungskräfte wiederum nutzen meinen Führungsstab auch zu diesem Zweck. Aber wenn eine hochrangige Führungskraft eine wichtige Weisung erhalten soll, dann kommt sie direkt von mir – entweder persönlich oder per Telefon, Memo, handschriftlicher Notiz, Fax oder E-Mail.

Hin und wieder behauptet ein Historiker, dass ein bestimmter König zwar für sich genommen eine großartige Führungspersönlichkeit gewesen, seine Regentschaft jedoch von unfähigen Ministern getrübt worden sei. Dasselbe Argument habe ich auch schon oft von Leuten in verschiedenen Organisationen gehört, die entschuldigend sagen, dass der Leiter ihrer Organisation zwar hervorragend sei, jedoch von fürchterlichen Sekretärinnen, Ministern, Stellvertretern oder Assistenten behindert würde. Unsinn! Bei einer guten Führungspersönlichkeit gibt es keine Entschuldigung dafür, dass sie einen inkompetenten Stellvertreter oder unfähiges Stabspersonal hat. Wie schon Machiavelli festgestellt hat, ein *principe* mit schwachen Beratern ist ein schwacher *principe*.

Einige Wochen nachdem ich 1974 zum geschäftsführenden Vizepräsidenten der University of Nebraska ernannt worden war, rief ich den Vorsitzenden eines bestimmten Instituts unserer Universität an. Robert Townsends Rat folgend, tätigte ich diesen Anruf persönlich (wie ich es seit dreißig Jahren gewissenhaft tue). Ohne meinen Titel zu nennen, sagte ich: „Hier spricht Steven Sample. Könnte ich bitte Dr. Smith sprechen?" Seine Sekretärin erwiderte: „Es tut mir Leid, Dr. Smith ist im Moment sehr beschäftigt und kann Ihren Anruf nicht entgegennehmen." Ich antwortete ihr: „Wenn das so ist, würden Sie ihm bitte sagen, dass er Steven Sample anrufen soll, wenn er Zeit hat?" „Nein", gab sie zurück, „das geht leider nicht." Erstaunt fragte ich, warum das nicht gehe. Sie sagte: „Dr. Smith ruft nicht zurück. Sie müssen eben noch einmal anrufen." Inzwischen war es für mich offensichtlich, dass sie mich „nur" für einen Studenten hielt. Ich fragte: „Aber was, wenn er dann immer noch beschäftigt ist?" „Nun", erwiderte sie ungerührt,

„dann werden Sie wohl so lange anrufen müssen, bis Sie ihn erreichen." Verärgert sagte ich: „Hören Sie, das werde ich nicht tun.
Sagen Sie Dr. Smith einfach, dass Steven Sample angerufen hat
und dass ich ..." Sie schnitt mir das Wort ab und sagte: „Nein, ich
kann ihm auch nichts ausrichten. So sind nun mal die Regeln."
Und damit legte sie auf.

Nachdem ich mich wieder etwas beruhigt hatte, erledigte ich
noch einige Büroarbeiten, ging nach Hause, aß gemütlich mit
meiner Frau zu Abend und wartete dann bis ein Uhr nachts, um
den Mann zu Hause anzurufen. Zu dem müden und verdatterten
Institutsvorsitzenden sagte ich: „Dr. Smith, hier spricht der ge-
schäftsführende Vizepräsident Steven Sample. Ihre Sekretärin hat
mich heute nicht durchgestellt, obwohl ich eine sehr dringende
Angelegenheit mit Ihnen zu besprechen hatte. Da Sie ja so unglaublich beschäftigt und wichtig sind, dachte ich, dass Sie vielleicht um ein Uhr nachts Zeit hätten, um mit mir zu sprechen."
Dann fügte ich noch hinzu: „Sagen Sie, Smith, was sollen diese
Regeln, dass Sie nicht zurückrufen und auch keine Nachrichten
entgegennehmen? Wie können Sie es zulassen, dass eine Ihrer Angestellten jemanden so behandelt?"

Es überraschte mich nicht weiter, als Smith kurz darauf beschloss, von seinem Posten als Institutsvorsitzender zurückzutreten.
Aber der wesentliche Punkt an dieser Geschichte ist, dass ich für
das unglaublich unhöfliche und abweisende Verhalten seiner Sekretärin nicht etwa die Sekretärin verantwortlich machte, sondern
ganz allein Smith. Letztendlich hielt sich die Sekretärin ja nur an
die von Smith aufgestellten Regeln.

Wie jeder, der über Führung schreibt, bin ich versucht zu behaupten, dass eine Führungspersönlichkeit dann Erfolg haben wird,
wenn sie eine Führungsmethode wählt, die ich persönlich für
moralisch vertretbar halte, und dass sie kläglich scheitern wird,
wenn sie es nicht tut. Aber ich bin ehrlich: Es gibt viele Füh-
rungsmethoden, die erfolgreich sind, auch wenn ich persönlich sie
nicht gutheiße.

Zum Beispiel ist es zwar sehr wichtig für mich, dass die Leute, die mir direkt unterstellt sind, mir auch vertrauen, aber ich muss zugeben, dass es schon viele erfolgreiche Führungspersönlichkeiten gegeben hat, deren ranghöchste Stellvertreter ihnen nicht vertrauten. Wahrscheinlich ist es wichtig, dass die Basis ihrer Gefolgschaft ihr vertraut, aber das gilt nicht immer auch für ihre Stellvertreter.

Franklin Roosevelt und Josef Stalin können als anschauliche Beispiele hierfür dienen. FDR liebte die amerikanische Öffentlichkeit und genoss ihr Vertrauen, seine engsten Mitarbeiter führte er jedoch tagtäglich in die Irre. Seine Berater waren nach jedem Gespräch mit ihm überzeugt, dass er eine bestimmte Meinung vertrat oder eine bestimmte Absicht hatte, bis sich dann herausstellte, dass er etwas völlig anderes im Sinn gehabt hatte. Mit ihm zu arbeiten war nicht einfach.

Ebenso vertraute der Großteil der sowjetischen Bürger Stalin, während seine eigenen Mitarbeiter dies mit Sicherheit nicht taten. Es könnte gut sein, dass es sich bei Stalin um die am wenigsten vertrauenswürdige Führungspersönlichkeit aller Zeiten gehandelt hat, aber man könnte nicht behaupten, dass er nicht erfolgreich war.

Ich selbst habe sehr erfolgreich unter Führungspersönlichkeiten gearbeitet, denen ich nicht vertraut habe, die ich nicht mochte und vor denen ich keinerlei Respekt hatte. Es macht keinen Spaß, aber es kann unter gewissen Umständen erstaunlich gut funktionieren. Ich erinnere mich, dass ein Kollege einmal zu mir gesagt hat, es sei ein Zeichen der Reife, wenn man unter einem nicht vertrauenswürdigen Vorgesetzten erfolgreich arbeiten kann.

Nichtsdestotrotz sollte sich meiner Meinung nach eine Führungspersönlichkeit immer bemühen, das Vertrauen ihrer Stellvertreter zu gewinnen, und diese wiederum sollten auch bereit sein, der Führungspersönlichkeit zu vertrauen; ebenso sollten die Stellvertreter sich das Vertrauen der Führungspersönlichkeit erwerben und die Führungspersönlichkeit sollte ihnen ihrerseits auch vertrauen. Das Leben ist zu kurz, um es anders zu machen.

W ir haben ausführlich besprochen, wie man seine Stellvertreter am besten auswählt und wie man sie in ihrer Arbeit unterstützt. Nun kommen wir zu einem der schmerzhaftesten Aspekte, die eine hohe Führungsposition mit sich bringt: der Entlassung seiner Stellvertreter. Einer der besten Einblicke, die ich in dieser Hinsicht je gewonnen habe, stammt nicht etwa aus dem Klassenzimmer oder aus dem Konferenzraum, sondern vom Bauernhof.

Als ich sechs Jahre alt war, verließ meine Familie St. Louis und zog auf einen Bauernhof außerhalb der Stadt – komplett mit Bauernhaus und Nebengebäuden, sechzehn Hektar Land, ein paar Kühen, Schweinen und Hühnern, zwei Reitpferden und einer Ziege. Da mein Vater in der Stadt geboren und aufgewachsen war und da er immer noch in der Stadt arbeitete, holte er sich oft Rat und Hilfe bei unserem Nachbarn, einem Bauern namens Percy Gillette.

Als die Familie eines Tages von einer Einkaufsfahrt nach Hause kam, mussten wir feststellen, dass die Ziege ins Haus gelangt war und alles verwüstet hatte. Meine Mutter verlangte noch an Ort und Stelle, dass die Ziege weg musste. Vater rief Percy an, um ihn zu fragen, wie man sich am besten einer Ziege entledigte. Percy sagte: „Das ist ganz einfach, Howard. Bring sie her und ich zeig's dir." Vater brachte die Ziege hin, Percy zog ihr mit dem Vorschlaghammer eins über und die Sache war erledigt.

Einige Monate später war es an der Zeit, eines unserer Schweine zu schlachten, und Vater wandte sich wieder um Hilfe an Percy. Der sagte: „Kein Problem, Howard, bring es einfach her, ich mach das schon." Also brachten wir das Schwein zu Percy und er schlitzte ihm persönlich die Kehle auf und schlachtete es.

Einige Zeit später, als mein Bruder und ich auf unseren beiden Pferden ausritten, trat das Pferd meines Bruders in das Erdloch eines Ziesels und verletzte sich schwer. Der Tierarzt kam am nächsten Tag auf unseren Hof, untersuchte das Pferd und erklärte, dass das Bein gebrochen sei und das Tier getötet werden müsse.

Vater ging wieder zu Percy und bat ihn um seine Unterstützung. Aber diesmal reagierte Percy entsetzt. „Howard", sagte er, „ich könnte niemals eins deiner Pferde erschießen. Ein Pferd ist anders. Es ist kein Schwein oder ein Stier oder eine Ziege. Ich würde noch eher die Frau eines anderen Mannes entehren als sein Pferd erschießen. Außerdem könntest du dich in dieser Gegend nirgends mehr blicken lassen, wenn du dein Pferd von jemand anderem erschießen lässt. Ein Mann muss sein Pferd immer selbst erschießen, Howard. Das ist er dem Pferd schuldig."

Soweit ich weiß, hat mein Vater, der Junge aus der Stadt, in seinem ganzen Leben kein lebendiges Wesen erschossen. Aber früh am nächsten Morgen ging er mit einem Gewehr in der Hand nach draußen, während wir anderen uns im Wohnzimmer zusammendrängten. Wir hörten zwei laute Schüsse, dann kam mein Vater leichenblass wieder ins Haus zurück. Er kippte drei doppelte Whisky hinunter und legte sich wieder ins Bett.

Das war eine einprägsame Lektion in Sachen Querdenken: *Ein Mann muss sein Pferd selbst erschießen, weil er es dem Pferd schuldig ist.* Ist eine Führungspersönlichkeit es ihren Stellvertretern nicht ebenso schuldig, sie persönlich zu entlassen?

Wenn es darum geht, Leute zu entlassen, ist die Welt plötzlich voll von zimperlichen Führungspersönlichkeiten. Wie der in Kapitel 2 erwähnte Präsident der Fluggesellschaft, der nicht den Mumm hat, persönlich auf Beschwerdebriefe zu reagieren, gibt es viele Führungspersönlichkeiten, die es einfach nicht über sich bringen, einem ihrer Stellvertreter in die Augen zu blicken und ihm zu sagen, dass er seinen Hut nehmen muss. Präsident Richard Nixon war für ein solches Verhalten berüchtigt. Nachdem er 1972 mit deutlichem Vorsprung wiedergewählt worden war, schickte er Bob Haldeman vor, um seinem Führungsstab mitzuteilen, dass er beschlossen habe, er bräuchte ein neues Team.

Ein Querdenker hingegen weiß, dass sich die persönliche Entlassung seiner Stellvertreter oftmals bezahlt macht. Vor etlichen Jahren gab es einmal einen CEO bei einer Bank in Kalifornien, der dafür berühmt war, dass die Leute, die er entlassen hatte, ihn liebten und respektierten. In einem Fall feuerte er einen seiner besten Freunde, indem er den Mann in sein Büro bestellte, ihm direkt in die Augen sah und zu ihm sagte: „Bill, wir zwei sind gute Freunde. Wir haben zusammen geangelt und zusammen wilde Partys gefeiert, aber in dieser Bank gibt es keinen Platz mehr für dich." Dieser CEO war schonungslos ehrlich, wenn es darum ging, einem seiner Stellvertreter schlechte Nachrichten zu überbringen, aber er war dabei niemals unaufrichtig oder herablassend. Darüber hinaus demütigte er eine andere Person nie damit, dass er schlechte Nachrichten durch einen Mittelsmann überbringen ließ. Daher konnten sich die noch an Bord befindlichen Führungskräfte der Bank stets sicher sein, dass ihr Job nicht gefährdet war, sofern und solange der CEO ihnen nicht höchstpersönlich das Gegenteil sagte.

Ebenso wie man seine Stellvertreter selbst entlassen sollte, sollte man sie auch selbst beurteilen. Jeder hochrangige Stellvertreter hat mindestens einmal pro Jahr eine umfassende und offene Beurteilung verdient. Es sollte ersichtlich sein, dass die Führungspersönlichkeit sich zur Erstellung dieser Beurteilung wirklich Zeit genommen hat und dass sie sich große Mühe gegeben hat, die Leistungen und Misserfolge der betreffenden Person aufzulisten, wobei als Maßstab die Ziele gelten, auf die sich die Führungspersönlichkeit und der betreffende Stellvertreter bei der vorhergehenden Beurteilung geeinigt hatten.

Dieser Rat ist so banal, dass er für eine aktive Führungspersönlichkeit oder einen BWL-Studenten beinahe beleidigend klingen muss. Was ist so neu und außergewöhnlich daran, die Leistungen seiner Mitarbeiter regelmäßig zu beurteilen? Das macht doch jede Führungspersönlichkeit, oder?

Eben nicht! Es stimmt natürlich, dass fast jede Führungspersönlichkeit jedes Jahr irgendein aufwändiges Verfahren zur Beurteilung der ihr direkt unterstellten Personen in Gang setzt, wobei diese Beurteilung oftmals von teuren Unternehmensberatern durchgeführt wird und mit hohen Kosten verbunden ist. Was eine durchschnittliche Führungspersönlichkeit jedoch nicht tut, ist, sich hinzusetzen und tatsächlich jedes Jahr mehrere Stunden zu opfern, um die Leistungen und Fehler einer bestimmten Person wirklich gründlich zu durchdenken und diese Gedanken der betreffenden Person dann von Angesicht zu Angesicht mitzuteilen. Ebensowenig bittet eine durchschnittliche Führungspersönlichkeit jeden Einzelnen ihrer Stellvertreter darum, eine ausführliche Selbsteinschätzung seiner eigenen Leistungen zu erstellen, damit sie sich diese dann aufmerksam anhören und mit ihrer persönlichen Beurteilung vergleichen kann.

Wenn eine Führungspersönlichkeit ihre Stellvertreter einer offenen und ehrlichen Beurteilung unterzieht, hat das den zusätzlichen Vorteil, dass sie dadurch eine ihrer Führungskräfte dazu bringen kann, aus freien Stücken zu gehen und sie ihn somit nicht feuern muss. Ich habe schon des Öfteren zu einer mir direkt unterstellten Person gesagt: „Russ, mir wäre es wirklich lieber, wenn Sie uns verlassen würden. Meiner Ansicht nach würden sowohl Sie selbst als auch die Universität von einem Wechsel profitieren. Verstehen Sie mich nicht falsch, ich entlasse Sie nicht, die Entscheidung liegt vielmehr ganz bei Ihnen." In den allermeisten Fällen verließ uns die betreffende Person kurze Zeit später, aber stets auf eine Art und Weise, die es glaubhaft machte, dass sie aus freien Stücken gegangen war.

Aufwändige, von Unternehmensberatern entworfene Beurteilungsverfahren sind völlig in Ordnung. Ein Querdenker weiß jedoch, dass es etwas ganz anderes ist, wenn sowohl die Führungspersönlichkeit als auch die betroffene Person selbst einmal gründlich über die Leistungen und das Potenzial dieser Person nachdenken und das Ergebnis anschließend ausführlich und mit schonungsloser Offenheit besprechen. Es ist wirklich mindestens genauso wichtig, wie sein eigenes Pferd zu erschießen – und auch nicht schwieriger.

Manche Führungspersönlichkeiten glauben, dass es innerhalb einer Organisation für einen gesunden Kampfgeist sorgt, wenn sich ihre wichtigsten Stellvertreter miteinander messen müssen. Andere fördern Rivalitäten zwischen ihren Stellvertretern nach dem Motto, dass Mitarbeiter, die sich ständig gegenseitig bekämpfen, nicht in der Lage sind, sich gegen ihren Anführer zu verschwören. FDR gestattete es seinen Kabinettsmitgliedern ganz offensichtlich, sich gegenseitig zu bekriegen; auch Lincoln hatte untereinander verfeindete Mitglieder in seinem Kabinett, jedoch nicht etwa, weil er diese Rivalitäten gefördert hätte, sondern vielmehr, weil er nicht in der Lage war, sie zu unterbinden.

„Sollen sie es doch unter sich ausmachen" bringt als Methode zur Teambildung unter den hochrangigen Stellvertretern unter gewissen Umständen vielleicht einige kurzfristige Vorteile. Aber wie schon in Kapitel 5 erwähnt, ist es auf lange Sicht weitaus besser, wenn die Führungspersönlichkeit die Streitigkeiten unter ihren Führungskräften schlichtet, bevor daraus dauerhafte Feindseligkeiten entstehen.

Ich ermutige meine hochrangigen Vizepräsidenten selbstverständlich dazu, ihre Differenzen eigenständig beizulegen. Aber ich mache auch deutlich, dass sie verpflichtet sind, mir eine Angelegenheit zur Lösung vorzulegen, sobald einer der Beteiligten das Gefühl hat, dass nur noch auf der Stelle getreten wird. Darüber hinaus gilt es in unserer Unternehmenskultur als Todsünde, wenn einer der Beteiligten sich an einem anderen rächt, nur weil dieser der Meinung war, dass es an der Zeit sei, sich mit der strittigen Angelegenheit an mich zu wenden.

Diese Methode ermöglicht ein gesundes Maß an Geben und Nehmen unter den hochrangigen Führungskräften mit einem Minimum an langwierigen Stellungskriegen. Genauso wie bei Mamas Bankkonto spornt allein das Wissen, dass ich jederzeit bereit bin, auf die Bitte jeder einzelnen Führungskraft hin Streitigkeiten persönlich zu schlichten, sämtliche Führungskräfte dazu an, ihre Meinungsverschiedenheiten so schnell wie möglich selbst beizulegen.

In der Praxis sind es, soweit ich das überblicke, pro Jahr nicht mehr als fünf oder sechs Angelegenheiten, die mir aufgrund dieses Verfahrens zur Schlichtung vorgelegt werden. Diese geringe Zahl könnte zum Teil auch darauf zurückzuführen sein, dass meine hochrangigen Führungskräfte wissen, dass ich bereitwillig einen oder auch mehrere von ihnen feuern würde, wenn sie auf Dauer nicht in der Lage sind, solche Sachen unter sich auszumachen.

Unter welchen Umständen sollte eine Führungspersönlichkeit sich selbst opfern, um seine wichtigsten Stellvertreter zu schützen? Und unter welchen Umständen sollte er seine wichtigsten Stellvertreter opfern, um sich selbst zu schützen?

Dies sind schmerzhafte und komplexe Fragestellungen. Ich persönlich glaube, dass eine Führungspersönlichkeit bereit sein sollte, sich selbst oder einen bzw. mehrere seiner Stellvertreter zu opfern, wenn es der Sache oder der Organisation als solcher dient. Schwierig wird es jedoch, wenn eine Führungspersönlichkeit einen ihrer Stellvertreter angeblich zum Wohle des Unternehmens opfert, in Wahrheit aber damit nur seine eigene Haut rettet. Unter diesen Umständen verliert er schnell das Vertrauen und den Respekt seiner Stellvertreter. Wenn eine Führungspersönlichkeit andererseits ihre Bereitschaft demonstriert, nicht nur ihre Stellvertreter, sondern auch sich selbst zum Wohle der Organisation oder der Sache zu opfern, gewinnt sie in den Augen ihrer Gefolgsleute an moralischer Glaubwürdigkeit.

Betrachten wir ein praktisches Beispiel. Als der Stanford University 1991 von der US-Regierung Unstimmigkeiten bei der Kostenabrechnung im Zusammenhang mit vom Bund gewährten Forschungsgeldern vorgeworfen wurden, trat der damalige Präsident von Stanford, Donald Kennedy, sofort beherzt vor, übernahm die volle Verantwortung für jegliches Vergehen und wurde so in dieser Angelegenheit zum prinzipiellen Blitzableiter. Dieses Vorgehen kam Dr. Kennedy natürlich teuer zu stehen (er trat noch im selben Jahr zurück), aber entscheidender ist, dass es vielleicht sogar der falsche Weg war, um die Interessen der Universität zu wahren.

Im Nachhinein betrachtet wäre es wahrscheinlich besser gewesen, wenn Kennedy eine andere hochrangige Führungskraft vorgeschoben und sich selbst in Reserve gehalten hätte. Indem er jedoch das schwerste Geschütz der Universität gleich zu Beginn der Schlacht einsetzte, stand Stanford am Ende ohne Waffen da, mit denen sie sich der fortgesetzten Angriffe der Regierung hätte erwehren können. Daher ist es durchaus möglich, dass in diesem Fall die sofortige tapfere und mutige Opferung der Führungspersönlichkeit den Interessen der Universität auf lange Sicht zuwiderliefen.

Ob eine Führungspersönlichkeit steht oder fällt, wird in hohem Maße von den Taten ihrer wichtigsten Stellvertreter bestimmt. Diese Leute auszuwählen, zu motivieren, zu unterstützen, ihnen dabei zu helfen, dass sie wachsen und großartige Leistungen erbringen können, sie zu inspirieren, zu beurteilen und zu entlassen gehört zu den wichtigsten Tätigkeiten einer Führungspersönlichkeit. Wenn sie diesen Pflichten gewissenhaft nachkommt, hat ihre Organisation oder ihre Sache gute Chancen erfolgreich zu sein. Wenn sie jedoch bei diesen grundlegenden (und unscheinbaren) Aufgaben versagt, sind sie und ihre Gefolgsleute langfristig so gut wie sicher zum Scheitern verurteilt.

Aus diesem Grund ist die Empfehlung von Mr. Clements am Anfang dieses Kapitels – dass eine Führungspersönlichkeit stets der erste Assistent ihrer wichtigsten Stellvertreter sein sollte – keineswegs nur sentimentales Geschwätz, sondern ein vernünftiger Rat im eigenen Interesse der Führungspersönlichkeit.

Kapitel 9

Führungspersönlichkeiten und ihre Anhänger

Viele achtbare Leute sind der Ansicht, dass Eleonor Roosevelt eine herausragende Führungspersönlichkeit gewesen sei, womit ich als Querdenker jedoch nicht ganz einverstanden bin. Nicht, dass ich etwas gegen Mrs. Roosevelt hätte; ganz im Gegenteil, ich betrachte sie als eine beispielhafte Persönlichkeit, die zu ihren Lebzeiten großen Einfluss ausgeübt hat. Aber ich bin mir ganz und gar nicht sicher, ob es hilfreich ist, sie als eine *Führungspersönlichkeit* zu klassifizieren.

Wie ich bereits in der Einleitung zu diesem Buch angemerkt habe, ist es für einen Autor, der über Führung und Führungspersönlichkeiten schreibt, von grundlegender Bedeutung, dass er seine Begriffe klar definiert. Nach meiner Definition ist eine Führungspersönlichkeit jemand, der über loyale Anhänger verfügt, über die er durch seine Taten und Entscheidungen Macht ausübt. In Kapitel 5 wurde gesagt, dass sich die Wichtigkeit einer Führungspersönlichkeit daran messen lässt, inwieweit sich die Entscheidungen, die sie trifft, auf andere Personen auswirken oder ob sich überhaupt jemand dafür interessiert. Mrs. Roosevelt war eine großmütige, allseits respektierte und einflussreiche Person und sie stellte die vorherrschenden Ansichten bezüglich Gleichheit und Gerechtigkeit infrage; aber soweit ich das beurteilen kann, verfügte sie nie über loyale Anhänger, über die sie Macht und Autorität ausübte.

Viele große religiöse Führungspersönlichkeiten hatten keinerlei formale oder institutionelle Macht oder Autorität, aber diese Führungspersönlichkeiten schafften es, allein durch ihre mutmaßliche Beziehung zu Gott erfolgreiche Kontrolle über ihre Anhänger auszuüben. Andere Leute üben Macht und Autorität über ihre Anhänger kraft ihres Amtes aus, in das sie gewählt oder in das sie berufen wurden, oder durch ihre großartigen Fähigkeiten im Kampf oder dadurch, dass sie eine überzeugende Vision vorzuweisen haben. Aber was auch immer die Grundlage ihrer Autorität sein mag, wenn eine erfolgreiche Führungspersönlichkeit die Richtung wechselt, dann wechseln ihre Anhänger sie mit ihr; das ist der Lackmustest für jede wahre Führungspersönlichkeit. Oder frei nach Harry Truman: Führung beinhaltet, andere dazu zu bringen, sich bereitwillig in eine neue Richtung zu bewegen, in die sie von sich aus nicht gehen würde.

In diesem Kapitel werden wir untersuchen, welche Beziehungen zwischen Führungspersönlichkeiten und ihren Anhängern bestehen und worauf es zurückzuführen ist, dass Erstere Macht und Autorität über Letztere erlangen. Daneben werden wir uns auch damit beschäftigen, wie es kommt, dass Führungspersönlichkeiten manchmal von ihren Mitarbeitern geführt werden.

Bevor man andere führen kann, muss man zunächst einmal eine gewisse Zahl von Leuten um sich geschart haben, denn diese sind nun einmal das *sine qua non* von Führung. Manchmal wird eine Führungspersönlichkeit in ihr Amt berufen, wie etwa der CEO eines Unternehmens, das dann schon komplett mit Gefolgschaft (das heißt den Angestellten) daherkommt und bei dem die Mitarbeiter bei der Auswahl ihres Anführers wenig oder gar kein Mitspracherecht haben. In anderen Fällen muss eine Person (etwa der Anführer einer Bürgerrechtsbewegung) sich seine Gefolgschaft erst mühsam aufbauen. Und in demokratischen Gesellschaften muss eine angehende Führungspersönlichkeit oftmals eine Gruppe von potenziellen Anhängern (das heißt die Bürger des betreffenden Landes) dazu bringen, sie zu ihrem Anführer zu wählen. Eine quer denkende Führungspersönlichkeit ist sich jedoch stets darüber im Klaren, dass in allen drei Fällen die Persönlichkeit und das Ansehen des Anwärters oft wichtiger sind als seine formalen Führungsqualitäten, wenn es darum geht, ob er die Gelegenheit bekommt, andere zu führen.

Zum Beispiel tauchte im Frühjahr 1984, als die innerparteilichen Vorwahlen in vollem Gange waren, Senator Gary Hart aus Colorado als demokratischer Kandidat plötzlich wie aus dem Nichts auf und hätte um ein Haar den Favoriten und letztendlichen Präsidentschaftskandidaten der Demokraten, Walter Mondale, zu Fall gebracht. Hart unterlag zwar am Ende, doch der jugendliche, intelligente, an Kennedy erinnernde Senator hatte deutlich gemacht, dass in den kommenden Jahren auf der nationalen politischen Bühne mit ihm zu rechnen sein würde. Und tatsächlich, im Frühjahr 1987, im frühen Stadium des Präsidentschaftswahlkampfes von 1988, ließ Hart laut Umfragen alle anderen Kandidaten weit hinter sich. Doch dann kam seine Wahlkampagne abrupt zum Stillstand. Die Boulevardzeitung *National Enquirer* veröffentlichte Fotos zu einer angeblichen Affäre mit einem jungen Fotomodell namens Donna Rice und nur wenige Tage später schied der kampfbereite Senator aus dem Rennen aus. Mit Erbitterung machte er die Medien für seine fehlgeschlagene Kandidatur verantwortlich und nach dem erfolglosen Versuch, seine Kampagne einige Monate später wieder in Gang zu bringen, warf er den Medien abermals vor, dass sie die Aufmerksamkeit von seinen Positionen in wichtigen nationalen Angelegenheiten ablenkten und sich stattdessen eingehend mit den nicht ganz lupenreinen Seiten seines Privatlebens befassten.

Im Nachhinein erscheint Harts damalige Empörung naiv und auch ein wenig töricht. Ein Querdenker weiß, dass ein erfolgreicher Verkäufer immer zuerst sich selbst und dann sein Produkt verkauft und ebenso muss auch eine erfolgreiche Führungspersönlichkeit zuerst sich selbst und dann ihre Politik und ihre Visionen verkaufen. Harts Kandidatur konnte torpediert werden, weil er sich dieser einfachen Tatsache nicht bewusst war.

Man könnte argumentieren, dass Bill Clinton, anders als Gary Hart, einen ähnlichen Skandal während des Präsidentschaftswahlkampfs 1992 nur deshalb überlebte, weil er diesen Zeitpunkt geschickt genutzt hat, um sich der amerikanischen Wählerschaft als ein wohlmeinender Mann zu verkaufen, der sich bemüht, seine persönlichen Schwächen zu überwinden. Als er dann an der Macht war, konnte Clinton das Prestige und die Überzeugungskraft, die mit dem Präsidentenamt verbunden sind, dazu nutzen, sich in einer ganzen Serie von Skandalen zu behaupten, welche die Aufregung über seine Affäre mit Gennifer Flowers vor seinem Amtsantritt weit in den Schatten stellten.

Viele angehende Führungspersönlichkeiten suchen sich bewusst Führungsposten aus, die von Haus aus über eine allgemein anerkannte Plattform oder eine gewisse Überzeugungskraft verfügen. Die sofortige Glaubwürdigkeit, die eine solche Plattform oder eine solche Überzeugungskraft verschafft, können den angenommenen Intelligenzquotienten des jeweiligen Amtsinhabers gleich um zwanzig Punkte erhöhen und ihm sogar ein gewisses Maß an Charme und gutem Aussehen verleihen. Ich weiß, dass meine Worte mehr Gewicht haben, wenn ich von der Plattform der USC-Präsidentschaft aus spreche, als wenn ich mich lediglich in meiner Eigenschaft als Elektroingenieur von einem kleinen Bauernhof in Missouri äußern würde, denn zu meiner Position an der Universität gehört eine große Zahl von loyalen und mächtigen Leuten, die mir folgen und mich unterstützen. Die Weisheit der Querdenker lehrt, dass es in solchen Fällen die Anhänger und Befürworter sind, welche die Führungspersönlichkeit glaubwürdig erscheinen lassen, insbesondere wenn sie ihre Führungsqualitäten noch nicht unter Beweis gestellt hat.

General George C. Marshall, FDRs brillanter Generalstabschef während des Zweiten Weltkriegs (und später Mitglied in Trumans Kabinett), hat einmal gesagt, dass eine Führungspersönlichkeit in einer Demokratie gleichzeitig auch ein guter Unterhalter sein müsse. Marshall selbst schien nicht übermäßig unterhaltsam zu sein, aber er hat den Nagel auf den Kopf getroffen. Selbst in klar strukturierten Hierarchien wie dem Militär ist es wichtig, dass eine Führungspersönlichkeit ihre Anhänger gut unterhalten kann. Wie Warren Bennis festgestellt hat, brauchen erfolgreiche Führungspersönlichkeiten die Aufmerksamkeit anderer Leute, und das erfordert ein gewisses Maß an unterhalterischen Fähigkeiten.

Franklin Roosevelt verkörperte diese Art von Führung; wie ich in Kapitel 1 bereits geschildert habe, versicherte sogar Orson Welles dem Präsidenten einmal, dass dieser ein ebenso begnadeter darstellender Künstler sei wie er, Welles, selbst. Unternehmensikonen wie Lee Iaccoca sind oftmals hervorragende Unterhalter, genauso wie die meisten Berufspolitiker. Und wir können unter dieser Rubrik sicherlich auch die Generäle George Patton und Douglas MacArthur aufführen, die beide nicht nur im militärischen Bereich Einfluss ausübten, eben weil sie in der Lage waren, die Öffentlichkeit durch schwungvolles Auftreten und den Einsatz und die Manipulation von Symbolen zu unterhalten.

Eine meiner Kolleginnen, die vor einigen Jahren zur Präsidentin einer großen Universität ernannt wurde, bat mich einmal um Rat, wie sie einen guten Kontakt zu den Angehörigen der Universität herstellen könnte. Wir unterhielten uns ausführlich über vorurteilsfreies Denken, richtiges Zuhören und wie man seine Stellvertreter auswählt. Dann sagte ich zu ihr: „Versuchen Sie, Ihre Reden immer mit einem guten Witz oder einer Anekdote zu beginnen." Mit anderen Worten, ich riet ihr, eine glänzende Unterhalterin zu werden.

Es ist wichtig, dass eine Führungspersönlichkeit in der Lage ist, ganz ungezwungen Witze und humorvolle Anekdoten zu erzählen, denn dadurch erscheint sie meist herzlicher und zugänglicher (selbst wenn sie es gar nicht ist). Von den Präsidenten der Vereinigten Staaten verfügten Lincoln, Kennedy und Reagan ganz eindeutig über diese Gabe, während Nixon und Carter sie ganz offensichtlich nicht besaßen.

Aber General Marshalls Bemerkung über die unterhalterischen Aspekte von Führung geht noch viel weiter als das. Eine quer denkende Führungspersönlichkeit weiß, dass fesselnde Geschichten eines der wirkungsvollsten Instrumente sind, um eine enge Verbindung zu seinen Anhängern aufzubauen und ihnen die eigenen Visionen einzuimpfen.

In dieser Hinsicht war Jesus Christus die erfolgreichste Führungspersönlichkeit aller Zeiten. Die Geschichten und Parabeln, mit deren Hilfe er seinen Anhängern seine Botschaft vermittelte, sind heute noch ebenso frisch und ansprechend wie vor 2.000 Jahren. Man muss kein Christ sein, um die gewaltige Kraft zu spüren, die von Geschichten wie der des barmherzigen Samariters oder des verlorenen Sohnes ausgeht.

Eines der wertvollsten Hilfsmittel, über das eine Führungspersönlichkeit zur Inspiration und Motivation ihrer Anhänger verfügen kann, ist eine glaubwürdige Entstehungsgeschichte oder auch ein Entstehungsmythos für die Organisation oder die Bewegung, die sie anführt. Ich für meinen Teil habe mir im Verlauf mehrerer Jahre eine solche Geschichte für die USC zurechtgelegt und sie immer weiter verfeinert. In ihrer aktuellen Version hört sie sich etwa folgendermaßen an:

Die USC nahm ihren Anfang in einem kleinen, weißen, holzgerahmten Gebäude, das auch heute noch am Eingang zum University Park Campus zu sehen ist. Das war die University of Southern California, als sie im Jahr 1880 gegründet wurde – ein einziges kleines Gebäude, fünfzig Studenten und zwölf Lehrkräfte. Und vergessen Sie nicht, Los Angeles war zu jener Zeit ein staubiges kleines Nest mit etwa 10.000 Einwohnern.

Aber bald darauf begann L.A. zu explodieren. Es entwickelte sich innerhalb eines guten Jahrhunderts von einem Dorf mit 10.000 Einwohnern zu einer Metropole mit zehn Millionen Einwohnern, was eine Vertausendfachung der Bevölkerungszahl darstellt. Keine andere Stadt in der gesamten Menschheitsgeschichte hat es jemals geschafft, in hundert Jahren von 10.000 auf zehn Millionen anzuwachsen.

Die USC explodierte zu jener Zeit sowohl im Hinblick auf ihre Größe als auch im Hinblick auf ihre Komplexität.

Eine Studentenzahl von fünfzig wurde zur heutigen Studentenzahl von 28.000. Im Jahr 1880 betrug das Eigenkapital der USC 15.000 US-Dollar, heute sind es mehr als drei Milliarden.

Und nun kommt ein besonders interessanter Punkt. In dieser Region wurden 1880 auch mehrere andere Colleges gegründet, von denen einige finanziell weit besser ausgestattet waren als die USC. Aber diese haben sich nicht, wie die USC, zu Forschungsuniversitäten von nationalem Rang entwickelt, sie blieben kleine Colleges.

Worin unterschied sich unsere Universität von den anderen? War es unser Name? Bedenken Sie die Dreistigkeit, die es erfordert haben muss, einen solchen Namen – „The University of Southern California" – 1880 über die Tür eines kleinen, weißen, holzgerahmten Gebäudes zu hängen. Wer hat sich hier über wen lustig gemacht? Aber wenn es nicht nur der Name war, was war es dann? Träume? Führungsqualitäten? Einfach nur Glück?

Nicht nur die USC ist in den letzten 120 Jahren dramatisch gewachsen, auch unsere Rolle und unsere Mission haben sich weiterentwickelt. Von 1880 bis in die fünfziger Jahre des 20. Jahrhunderts hinein bedienten wir vornehmlich eine lokale Klientel und spielten quasi die Rolle einer so genannten *land-grant university*, obwohl unsere Universität gar nicht aus einer Landschenkung entstanden war. Aber wir dienten den Bedürfnissen der Allgemeinheit auf eine Art und Weise, wie dies die traditionellen *land-grant universities* tun. Warum? Weil es im südlichen Kalifornien sonst niemanden gab, der diese Aufgaben hätte übernehmen können, denn die öffentlichen Einrichtungen für höhere Bildung dieses Bundesstaats waren alle im Norden von Kalifornien konzentriert.

Gegen Ende der fünfziger Jahre des 20. Jahrhunderts aber hatte sich das grundlegend geändert. Der damalige neue Präsident der Universität, Norman Topping, stellte fest, dass unsere faktische Rolle als *land-grant university* allmählich von starken öffentlichen Universitäten übernommen wurde, wie es eigentlich auch sein sollte. Topping erkannte, dass die USC ihre Rolle neu definieren musste, wobei diese neue Rolle beinhalten sollte, dass die USC eine Universität von nationaler Bedeutung mit Stiftungsvermögen und Forschungseinrichtungen wird.

Die Entwicklung dieser neuen Rolle ist in den letzten vierzig Jahren unter den Präsidenten Topping, Jack Hubbard, Jim Zumberge und mir selbst mit aller Kraft vorangetrieben worden – mit spektakulärem Erfolg. Die USC ist heute ganz eindeutig eine wichtige nationale Forschungsuniversität und verfügt über ein dauerhaftes Stiftungsvermögen.

Diese Entstehungsgeschichte hat den Vorteil, dass sie absolut wahr ist, aber viele wirkungsvolle Entstehungsgeschichten von Unternehmen, Bewegungen und Nationen sind schlicht und einfach Mythen, die sich nicht so leicht widerlegen lassen. Washington in Valley Forge, Adam und Eva im Paradies, Newton, der beobachtet, wie der Apfel vom Baum fällt, Rosa Parks im Bus in Alabama, Romulus und Remus, die von einer Wölfin gesäugt werden, Bill Hewlett und Dave Packard in ihrer Garage – all dies sind kraftvolle und erfolgreiche Entstehungsgeschichten und einige davon sind wahrscheinlich auch wahr. Aber man muss solche Geschichten immer daran messen, ob sie die Gefolgsleute einer Führungspersönlichkeit und die Personen, die sie für sich gewinnen möchte, auch wirklich ansprechen.

Die Entstehungsgeschichte der USC ist von mir auch nicht aus einem Stück gegossen worden, ich habe vielmehr auf den Entstehungsgeschichten aufgebaut, die meine Vorgänger verwendet haben. Meine Geschichte verfügt über die klassische Komponente des amerikanischen Heldentums (das „Blockhütten"-Leitmotiv – aus bescheidenen Anfängen hochgearbeitet), verbunden mit ein paar überraschenden Fakten und Superlativen. Sie kann ohne weiteres verlängert oder gekürzt werden, wie es die Situation verlangt;

ich füge beispielsweise manchmal hinzu, dass die USC ursprünglich von drei Geschäftsmännern, nämlich einem Juden, einem Katholiken und einem Mitglied der Episkopalkirche, als methodistische Universität gegründet wurde oder dass die USC im Gegensatz zu den meisten anderen privaten Universitäten schon seit 1880 ohne Einschränkungen und mit Stolz Minderheiten und Frauen zu allen ihren Studiengängen zugelassen hat.

Am wichtigsten ist jedoch, dass die Entstehungsgeschichte der USC von einem großen Kreis von Universitätsangehörigen gelesen, gehört und verinnerlicht wurde. Ähnlich wie man beim Essen oder am Kaminfeuer erzählte alte Familiengeschichten immer wieder gerne hört, bereitet es auch den Angehörigen unserer „Trojanischen Familie" (das heißt den Studenten der USC und ihren Eltern, den Lehrkräften, Angestellten, Absolventen, Geldgebern und Freunden der Universität) immer wieder großes Vergnügen, unsere Entstehungsgeschichte zu hören. Ich selbst habe diese Geschichte im Verlauf der letzten zehn Jahre bei verschiedenen Anlässen wahrscheinlich in der ein oder anderen Form an die tausend Mal erzählt und die Leute scheinen sie immer noch gerne zu hören.

Ein weiteres wichtiges Merkmal der USC-Entstehungsgeschichte ist, dass sie das Konzept des Wandels verkörpert und veredelt und damit den Boden bereitet für weitere Veränderungen in der Zukunft. Vergessen Sie nicht, dass es bei Führung immer darum geht, seine Anhänger dazu zu bringen, sich in neue Richtungen zu bewegen; daher ist eine Entstehungsgeschichte, die den Status quo verherrlicht, einer Führungspersönlichkeit keine große Hilfe.

Und schließlich erzeugt die Geschichte bei den Mitgliedern der „Trojanischen Familie" einen gewissen Stolz; es inspiriert die Menschen, sich kühneren Träumen hinzugeben, als sie es sonst vielleicht gewagt hätten. Wenn es ein winzig kleines College ohne nennenswerte Ressourcen, noch dazu in einem rückständigen Nest gelegen, in nur hundert Jahren zu einer Forschungsstätte von internationalem Rang gebracht hat, was ließe sich dann in den nächsten hundert Jahren nicht alles erreichen?

Erfolgreiche Führungspersönlichkeiten können nicht nur Geschichten erfinden, manipulieren und erläutern, sondern ebenso auch Symbole, Slogans und Mantras. Damit lassen sich die wesentlichen Aspekte der Vision und des Charakters einer Führungspersönlichkeit in den Köpfen ihrer Anhänger definieren.

Außerdem wird die Führungspersönlichkeit oftmals zu einem Symbol in sich selbst und für sich selbst. Durch ihre Taten offenbart sie ihren Anhängern eine ganze Menge darüber, wer sie ist und wohin sie die Organisation führen will. Oftmals sprechen, wie Emerson es einmal ausgedrückt hat, die Taten eine so laute Sprache, dass man nicht hören kann, was die Person eigentlich sagt.

In meinem Fall hat die Tatsache, dass ich jedes Jahr einen Kurs über Elektromagnetismus oder Literatur oder Führung halte, für viele Universitätsangehörige, insbesondere für die Lehrkräfte, die Studenten und ihre Eltern, einen hohen Symbolwert. Dass ich 1992 während der Unruhen in Los Angeles (siehe Kapitel 5) auf dem Campus blieb und Tag und Nacht präsent war, stellte ebenfalls einen symbolischen Akt dar, der meine Präsidentschaft nachhaltig prägte. Ich kann mir inzwischen in etwa vorstellen, wie sich die Königin von England als Symbol einer ganzen Nation fühlen muss.

Ein besonders wichtiges Mantra an der USC bezieht sich auf die Dimensionen und die Macht unserer legendären „Trojanischen Familie", das heißt die lebenslange und weltweite Gemeinschaft von Studenten, Eltern, Absolventen, Lehrkräften, Angestellten und Förderern. Die für die Öffentlichkeitsarbeit zuständige Vizepräsidentin Martha Harris hat mir diese Tatsache bewusst gemacht, als sie mir für die Pressekonferenz im Dezember 1990 anlässlich der öffentlichen Bekanntmachung meiner Ernennung zum zehnten Präsidenten der USC Instruktionen gab. „Was sage ich am besten?", fragte ich sie. „Trojanische Familie", erwiderte sie. „Nein, Martha, ich meine, was soll ich den Medien sagen?" „Betonen Sie einfach immer und immer wieder die Trojanische Familie", beschwor sie mich. „Sie müssen es den Medienleuten unmöglich machen, auch nur eine einzige Meldung zusammenzuschneiden, in denen nicht die Wörter *Trojanische Familie* vorkommen." Ich hielt mich an ihren Rat und wurde reichlich dafür belohnt.

George Washington war zwar kein besonders redegewandter Mann, aber er verstand es recht gut, Symbole zu schaffen und zu manipulieren. Ich habe einmal einen Augenzeugenbericht von einer kurzen Ansprache Washingtons kurz nach dem Unabhängigkeitskrieg gelesen, die er vor einer Gruppe von Armeeoffizieren gehalten hat, welche sich darüber ärgerten, dass der Kontinentalkongress sie nicht bezahlt hatte, und die daher mit dem Gedanken spielten, die Regierung mit Gewalt an sich zu reißen. Washington verhaspelte sich etwas, als er die relativ trockene und wenig mitreißende Rede ablas, in der er die rebellischen Offiziere beschwor, ihre erhitzten Gemüter abzukühlen und ihr Vorhaben noch einmal zu überdenken. Da hielt er plötzlich inne, suchte in seiner Westentasche nach seiner Brille, setzte sie auf und sagte: „Sie müssen entschuldigen, meine Herren. Ich bin im Dienst für mein Land grau geworden und nun werde ich auch noch blind." Jeder einzelne Mann im Raum hatte Tränen in den Augen und die drohende Rebellion schmolz dahin. Und das war einzig und allein der Brille zu verdanken.

Von Washington einmal abgesehen, zeichnet sich die große Mehrheit erfolgreicher Führungspersönlichkeiten durch eine exzellente Sprachbeherrschung aus, sei es im mündlichen oder im schriftlichen Bereich oder auch in beiden. Wörter sind das wichtigste Handwerkszeug für eine Führungspersönlichkeit und jede Führungspersönlichkeit setzt sie ein, um Anhänger zu gewinnen, zu halten, zu inspirieren und zum Handeln zu bewegen.

Natürlich kann das geschriebene Wort manchmal sehr große Wirkung zeigen, wenn es darum geht, Leute zu motivieren. Aber die mit Abstand wirkungsvollste Form der Kommunikation zwischen einer Führungspersönlichkeit und ihren Anhängern ist das gesprochene Wort. Es gibt nichts, was einer Führungspersönlichkeit auch nur annähernd so viele Möglichkeiten bietet, ihre Anhänger zu inspirieren oder zu erfahren, was sie denken, wie die direkte mündliche Kommunikation. Eine Führungspersönlichkeit, die der Meinung ist, dass ein Memo genauso effektiv ist wie eine persönliche Besprechung oder dass eine E-Mail die gleiche Wirkung hat wie ein Telefonat, spielt noch in der untersten Liga.

Und hierfür gibt es einen Grund: Die Menschen verständigen sich seit hunderttausenden von Jahren über das gesprochene Wort, während das geschriebene Wort als weit verbreitete Form der Kommunikation erst wenige hundert Jahre alt ist. Ein Querdenker weiß, dass das menschliche Gehirn in seinen tiefsten Regionen zugunsten des gesprochenen Wortes konditioniert ist; wenn man seine Anhänger wirklich inspirieren und emotional ansprechen will, dann muss man mit ihnen sprechen.

Aber ganz gleich, ob sie mündlich oder schriftlich kommunizieren, so gut wie alle erfolgreichen Führungspersönlichkeiten sind in hohem Maße sprachgewandt. Ich selbst halte jedes Jahr über 150 Reden und Vorträge, verschicke fast 2.000 persönlich verfasste Briefe, tätige an die 3.000 Anrufe und nehme an grob gerechnet 1.000 persönlichen Besprechungen teil.

Worte, Worte, Worte, wie Hamlet sagen würde. Aber die richtigen Worte zu finden, ist von entscheidender Bedeutung. Denn, wie schon Warren Bennis bei so vielen Gelegenheiten bemerkt hat, Führungspersönlichkeiten werden von ihren Sätzen gerichtet. Wenn Sie also zur falschen Zeit das Falsche sagen oder schreiben, wird sich Ihr Fauxpas in Windeseile unter ihrer Gefolgschaft herumsprechen und der Schwung, den Sie so mühsam aufgebaut haben, kann sich quasi über Nacht wieder verflüchtigen.

Auf der anderen Seite haben Wörter jedoch auch ein enormes positives Potenzial. Sagen Sie das Richtige zur rechten Zeit (und dann am besten immer und immer wieder), und Ihre Sache oder Ihre Organisation wird Unglaubliches vollbringen können. Wie Mark Twain einmal gesagt hat: „Der Unterschied zwischen dem richtigen Wort und dem beinahe richtigen ist derselbe wie zwischen dem Blitz und dem Glühwürmchen." Das ist einer der Gründe dafür, warum die Kenntnis der bedeutenden Werke (vergleiche Kapitel 4) einer Führungspersönlichkeit so viele Vorteile bringen kann, denn die Verfasser dieser Werke haben sich allesamt als außerordentlich erfolgreiche Sprachkünstler erwiesen.

Die Vision einer Führungspersönlichkeit ist wichtig, aber ebenso wichtig ist es, die richtigen Worte zu finden, um diese Vision auszudrücken und seinen Anhängern nahe zu bringen. Wie ich in Kapitel 1 gesagt habe, ist ein großer Teil meines Erfolgs als Präsident der SUNY-Buffalo darauf zurückzuführen, dass ich Wege gefunden habe, den sehnlichsten Wunsch meiner Kollegen und der Universitätsangehörigen in Worte zu fassen (und daher seine Verwirklichung überhaupt erst zu ermöglichen), nämlich aus dem Dunkel der Verzweiflung herauszukommen und das wärmende Licht allgemein anerkannter Vortrefflichkeit zu genießen. Ebenso bestand für mich die größte Herausforderung und das erhebendste Erlebnis an der USC darin, die richtigen Worte zu finden, um die Trojanische Familie zu motivieren, in höhere Sphären aufzusteigen als bis dahin möglich erschien.

Hier wird es allmählich immer deutlicher, dass erfolgreiche Führung fast immer eine symbiotische Beziehung zwischen der Führungspersönlichkeit und ihren Anhängern beinhaltet. Wenn die Ziele und Richtungen, welche die Führungspersönlichkeit vorgibt, bei ihren Anhängern nicht ankommen, wird sie nicht lange ihr Anführer bleiben.

In gewissem Maß muss eine Führungspersönlichkeit daher zunächst den Bereich der Möglichkeiten sondieren, die in den Herzen und Psychen ihrer Anhänger verborgen liegen, und dann aus diesem Spektrum die einzelnen Ziele auswählen, die sie in ihre Vision für die Organisation integrieren möchte.

Hitler hat nicht auf einen Schlag aus gutherzigen deutschen Bürgern kriegshetzerische Fanatiker gemacht, die auf Weltbeherrschung und Völkermord aus waren. Er hat vielmehr ganz richtig das Potenzial in den Herzen seiner Landsleute gespürt, sich in diese Richtung zu bewegen, was auf die militaristische Tradition Deutschlands, die Demütigung des deutschen Volkes durch den Vertrag von Versailles, die Verzweiflung, die alle Deutschen fühlten, als sie den Niedergang der Weimarer Republik und der deutschen Wirtschaft mit ansehen mussten, und eine beachtliche Dosis von latentem Antisemitismus in großen Teilen der deutschen Bevölkerung zurückzuführen war. So konnte Hitler als hervorragender Redner, der er war, im deutschen Volk einen Garten des Bösen zum Erblühen zu bringen, dessen Samen bereits in der Erde steckten.

Ebenso erkannte Churchill die Bereitschaft des englischen Volkes, selbst angesichts einer scheinbar völlig hoffnungslosen Lage standzuhalten und weiter zu kämpfen, während Lord Halifax, Chamberlain und der beinahe als Verräter dastehende Duke of Windsor dies nicht sahen. Churchill, der Meisterredner, war in der Lage, diesen Kampfgeist zu artikulieren und so im englischen Volk eine Entschlossenheit zu erzeugen, mit der Hitler und seine Generäle auch im Traum nicht gerechnet hätten.

Natürlich kann der Wunsch einer Führungspersönlichkeit nach einer symbiotischen Beziehung mit ihren Anhängern auch zu weit gehen. Manchmal gibt die Führungspersönlichkeit ihre Führungsverantwortung einfach ab und überlässt sämtliche Entscheidungen bezüglich irgendwelcher Zielsetzungen ihren Anhängern. Wir alle können uns an politische Führungspersönlichkeiten der letzten fünfzig Jahre erinnern, die Führung kontinuierlich durch Meinungsumfragen ersetzten. Natürlich hofft und erwartet man in einer Republik, dass die Meinungen der Wählerschaft auf lange Sicht die Politik der Regierung bestimmen. Aber der betreffende Regierungsführer kann und sollte eine wesentliche Rolle bei der Ausformung der langfristigen Anschauungen der Wählerschaft spielen.

Letzten Endes werden sogar die stärksten Führungspersönlichkeiten bis zu einem gewissen Grad von ihren Anhängern geführt. Um Machiavelli zu paraphrasieren: Es ist völlig in Ordnung, wenn eine Führungspersönlichkeit von ihren Anhängern manipuliert wird, *nur bitte nicht zu sehr*. Der Trick besteht darin, die richtige Balance zu finden.

Zu allen Zeiten bot Krieg die dramatischste und zwingendste Gelegenheit, um Führungsqualitäten zu demonstrieren. Überdies ist

Krieg die vorherrschende Metapher in den meisten Bereichen menschlichen Strebens, in denen Führung den Schlüssel zum Erfolg darstellt, also unter anderem in der Wirtschaft, im Sport und in der Politik; ja, viele Beobachter behaupten, dass Wirtschaft, Sport und Politik im Grunde ein *Ersatz* für Krieg sind. Sogar religiöse Bewegungen führen reale und metaphorische Kriege (Dschihads, die Kreuzzüge, der Krieger Arjuna, der sich in der Bhagavad-Gita auf die Schlacht vorbereitet, die Heilsarmee etc.), ebenso wie viele gemeinnützige Kampagnen sowohl im öffentlichen als auch im privaten Sektor (der Krieg gegen die Armut, der Kampf gegen den Krebs, der Krieg gegen die Drogen, die Schlacht gegen Kinderpornografie).

Wenn Warren Bennis und ich jedes Frühjahr unseren Kurs über Führung für Studenten des dritten und vierten Studienjahres halten, bitten wir die Teilnehmer oft am ersten Kurstag, einige der wichtigsten Führungspersönlichkeiten der Menschheitsgeschichte zu nennen. Die Aufzählung beinhaltet dann unweigerlich eine große Zahl an militärischen Führungspersönlichkeiten ebenso wie an Zivilisten, die ihr Land in Kriegszeiten erfolgreich geführt haben, und Führungspersönlichkeiten mit friedlicheren Beschäftigungen, die aber eine kriegsähnliche Vorgehensweise an den Tag legten. Zu sagen, dass Krieg zu allen Zeiten die wichtigsten Bilder und Vorbilder für Führung geliefert hat, wäre eine glatte Untertreibung.

Wie kommt das? Warum sollte unsere Vorstellung von Führung derartig von Krieg und seinen metaphorischen Surrogaten geprägt sein? Zunächst einmal hat schon Churchill gesagt, dass die Geschichte der Menschheit Krieg sei. Abgesehen von kurzen und unbeständigen Zwischenspielen habe es auf der Welt noch niemals Frieden gegeben. Überdies ist Krieg das letzte und äußerste Spiel, denn die Strafen fürs Verlieren sind fürchterlich und äußerst schmerzhaft. Es ist relativ einfach, Anhänger zu gewinnen und zu begeistern, wenn deren eigenes Leben und das ihrer Familien, ihre Freiheit oder ihr Heim auf dem Spiel stehen.

Aus diesem Grund versuchen so viele Führungspersönlichkeiten nominell friedfertiger Organisationen, ihre Aktivitäten wie eine Schlacht gegen die Konkurrenz zu strukturieren. Kaum jemand würde bestreiten, dass der Grund, warum die Vereinigten Staaten über das weltweit beste System für höhere Bildung verfügen, darin zu suchen ist, dass unsere Universitäten in Bezug auf Studenten, Lehrkräfte, Spenden und Forschungsgelder aufs Schärfste miteinander konkurrieren müssen. Dieselbe Atmosphäre kriegerischen Wettbewerbs scheint auch ein wichtiger Faktor beim Aufbau und der Erhaltung einer erfolgreichen Wirtschaft zu sein.

Auf der anderen Seite glauben viele Beobachter, dass eine Hauptschwäche unserer öffentlichen Grund- und Sekundarschulen darin zu suchen ist, dass es sich hierbei im Grunde um geografische Monopole handelt, die sich nicht um Schüler und finanzielle Mittel bemühen müssen. In den USA werden Milliarden von Dollar in wohlmeinende Reformen des öffentlichen Schulwesens investiert – mit relativ wenig Erfolg. Als jemand, der sich in den letzten zwanzig Jahren selbst bei vielen solcher Reformbemühungen engagiert hat, muss ich mich fragen, ob sich richtige Reformen jemals durchsetzen werden können, solange die geografische Monopolstellung unserer Schulen nicht durch knallharten Wettbewerb gebrochen wird, bei dem die Verlierer, wie in einem echten Krieg, mit ernsthaften Konsequenzen rechnen müssen.

Nur wenige Menschen werden jemals eine wichtige Führungsrolle in einem echten Krieg übernehmen müssen. Aber ein Querdenker weiß, dass die Metapher des Krieges eines der wirkungsvollsten Hilfsmittel ist, um Anhänger zu gewinnen und zu motivieren. Das furchtbare Gefühl, von einem Konkurrenten geschlagen oder im Staub zurückgelassen zu werden, der süße Geschmack des Sieges in einem harten Konkurrenzkampf um einen wichtigen Vertrag oder eine herausragende Lehrkraft, um einen erhöhten Marktanteil oder ein wählbares Amt – das sind Dinge, bei denen das Blut der Anhänger in Wallung gerät, was ihrem Anführer die Arbeit sehr erleichtert. Darüber hinaus ist das Gefühl innerhalb der Anhänger, dass eine äußere Bedrohung existiert und dass man zusammenhalten und mit aller Kraft kämpfen muss, um zu überleben, in jeder Organisation der beste Schutz gegen interne Fraktionskämpfe und Selbstzufriedenheit.

Einer der amerikanischen Verfassungsväter bemerkte einmal, dass das verlässlichste Band der Sympathie zwischen den Menschen beiderseitiges Eigeninteresse sei. Und selbst meine liebste Führungsikone, George Washington, glaubte, dass nur beiderseitige Interessen, im Gegensatz zu Idealismus, Leute in schweren Zeiten auf Dauer zum Zusammenhalt bewegen könne. Aus praktischer Sicht nehmen solche beiderseitigen Interessen zwischen einer Führungspersönlichkeit und ihren Anhängern oft die Form greifbarer Belohnungen und Strafen an, welche die Führungspersönlichkeit austeilt, um Anhänger zu gewinnen und zu motivieren.

Das in der heutigen Welt beliebteste Medium zur Belohnung als auch zur Bestrafung ist Geld. Ich habe die Erfahrung gemacht, dass Geld (in Form von Gehältern, Prämien, Provisionen, Aktienoptionen, Betriebsrenten und dergleichen) oftmals eine wichtige Rolle spielt, wenn es darum geht, hervorragende Leute anzuwerben und zu halten, selbst in Wohltätigkeitsvereinen und Non-Profit-Organisationen.

Ich glaube jedoch nicht, dass Geld ein besonders effektives Mittel ist, um Leute dazu zu *inspirieren*, sich außergewöhnlich hohe Ziele zu setzen und auch zu erreichen; die tatsächliche Motivation scheint in solchen Fällen vielmehr Stolz zu sein oder auch das Verlangen, die Konkurrenz zu schlagen. Daher lassen sich die Anhänger oftmals eher durch Lob oder Ermahnungen vonseiten der Führungspersönlichkeit inspirieren als allein durch Belohnungen in Form von Geld.

Dazu muss ich allerdings sagen, dass ich schon immer von der Macht fasziniert war, die Geld über einige Leute zu haben scheint. Ich erinnere mich, dass ich einmal an einer Aufsichtsratssitzung teilgenommen habe, in der wir beratschlagten, wie man einen gewissen pensionierten Manager dazu bringen könnte, vorübergehend die Leitung einer in Schwierigkeiten steckenden Abteilung zu übernehmen. Der betreffende Mann war drei Jahre zuvor im Alter von 62 Jahren aufgrund leichter Herzbeschwerden in den Ruhestand gegangen. Da er und seine Frau nicht übermäßig anspruchsvoll waren, hatten sie bereits mehr Geld zurückgelegt, als sie jemals würden ausgeben können.

Einer meiner Kollegen im Aufsichtsrat sagte, er sei sich nicht sicher, ob der alte Joe gewillt sein würde, die schwierige Aufgabe, um die es ging, überhaupt zu übernehmen, insbesondere da er sein Rentnerdasein so sehr genoss. Woraufhin ein anderes Aufsichtsratsmitglied sagte: „Da machen Sie sich mal keine Sorgen, er wird es schon machen, Sie müssen ihm nur genug bezahlen!" Die anderen Aufsichtsratsmitglieder lachten, strichen sich übers Kinn und nickten zustimmend.

Ich aber war völlig perplex. Was hatte Geld mit der Entscheidung des alten Joe zu tun? Ich hätte mir vorstellen können, dass er sich aus Loyalität zu seiner alten Firma bereit erklären würde, zurückzukommen oder auch um seinen ehemaligen Kollegen unter die Arme zu greifen; natürlich würde er aus Gründen des Stolzes auch angemessen dafür bezahlt werden wollen. Aber warum sollten ihn allein ein paar *zusätzliche* Dollar, für die er hier auf Erden keine Verwendung mehr hatte, dazu bringen, seine Gesundheit aufs Spiel zu setzen und etwas aufzugeben, was ihm Freude bereitete?

Wenn sich schon monetäre Belohnungen nicht besonders gut eignen, um Mitarbeiter zu *inspirieren* (etwas anderes ist es natürlich, wenn es darum geht, sie zu gewinnen und zu halten), dann eignen sich monetäre Strafen dazu erst recht nicht. Es ist eines der größten Märchen der amerikanischen Geschäftswelt, dass sich mithilfe von Aktienoptionen die Interessen der Geschäftsführung und die der übrigen Aktionäre einander annähern lassen. Vordergründig tun sie das vielleicht. Aber Optionen, die aus dem Geld sind, bieten keine Anreize für die Geschäftsführung und können sie auch nicht bei der Stange halten; daher sieht man manchmal Aufsichtsräte eine Neubewertung von Aktienoptionen, die aus dem Geld sind, vornehmen, damit der Ausübungspreis wieder unter dem aktuellen Börsenwert der Aktie liegt.

Wie ich in Kapitel 6 bereits ausgeführt habe, sind von der Führungspersönlichkeit verhängte Strafen ein notwendiges Mittel, um die Disziplin innerhalb einer Organisation aufrechtzuerhalten, und unter gewissen Bedingungen kann Strafe auch ein effektives Instrument zur Anwerbung und Erhaltung von Gefolgsleuten sein (wenn zum Beispiel städtische Jugendliche durch Prügel dazu gebracht werden, einer Gang beizutreten, oder als Washington in Valley Forge darauf bestand, dass schlecht ernährte und zerlumpte Deserteure ausgepeitscht werden). Aber in der Regel kommt man als Führungspersönlichkeit mit Strafen nicht besonders weit.

Ein Querdenker in einer großen Organisation sollte immer auf der Suche nach etwas sein, das ich „Führungsstärke" nenne; das heißt Wege zu finden, um diejenigen ihrer Anhänger zu inspirieren und zu motivieren, welche die Führungspersönlichkeit nie persönlich kennen lernen und sie auch nie (oder nur selten) höchstpersönlich sprechen hören werden. Eine der erfolgreichsten Möglichkeiten, solche Führungsstärke zu erlangen, besteht darin, mehrere „Personenketten" aufzubauen, durch die die Ziele, die Vision und die Werte der Führungspersönlichkeit mündlich und manchmal sogar jedem Einzelnen persönlich übermittelt werden.

Manchmal werden solche Ketten planvoll aufgebaut, aber genauso oft ist es auch einfach nur dem Glück zu verdanken, dass sie entstehen. Wenn ich beispielsweise meine alljährliche Rede vor dem Lehrkörper der USC halte, kommen nicht einmal vierhundert von unseren 2.500 Vollzeit-Lehrkräften, um mich sprechen zu hören. Wenn es mir jedoch gelingt, meine Zuhörer an diesem einen Morgen zu inspirieren, dann wird bis zum Nachmittag überall auf dem Campus auch von denjenigen Lehrkräften, die bei meiner Rede nicht anwesend waren, ein anerkennendes Gemurmel zu hören sein.

Jesus hat es mithilfe von Personenketten zu einem außerordentlichen Maß an Führungsstärke gebracht. Er warb ein Dutzend Hauptanhänger an, die wiederum hunderte andere anwarben, die wiederum tausende andere anwarben, und immer so weiter, sodass sich über die letzten 2.000 Jahre insgesamt Milliarden von Anhängern angehäuft haben. Hierbei ist besonders beachtenswert, dass die große Mehrheit von Jesus' Anhängern in diesen zwei Jahrtausenden durch das gesprochene Wort gewonnen wurden.

Bei einer der wichtigsten Formen von Führungsstärke, die jede Führungspersönlichkeit zu entwickeln versuchen sollte, geht es darum, wie Vorgesetzte auf allen Ebenen der betreffenden Organisation ihre Mitarbeiter behandeln. Ein Querdenker gibt mit der Art und Weise, wie er seine wichtigsten Stellvertreter behandelt, den Ton für diesen Prozess vor (siehe Kapitel 8, „Arbeiten Sie für die, die für Sie arbeiten"). Diese besondere Gruppe von Gefolgsleuten tritt dann gegenüber ihren eigenen Mitarbeitern als Führungspersönlichkeiten auf, die wiederum selbst Führungskräfte mit eigenen Untergebenen sind, und so weiter. Die Herausforderung für die Person an der Spitze besteht darin, ein dermaßen hervorragender Vorgesetzter zu sein – fair, unterstützend, fordernd, ein guter Zuhörer, motivierend und inspirierend –, dass diese Werte mithilfe von Personenketten von Mitarbeitern aller Ebenen der Organisation verinnerlicht und nachgeahmt werden. Dieses lobenswerte Ziel zu erreichen ist äußerst schwierig, aber die Bemühungen sind es wert, denn zahlreiche Untersuchungen haben gezeigt, dass der wichtigste Einzelfaktor für die Zufriedenheit der Mitarbeiter die Qualität des Vorgesetzten ist.

Bei der Betrachtung der Beziehung zwischen Führungspersönlichkeiten und ihren Anhängern muss man stets im Hinterkopf behalten, dass eine einzelne Person stets mehreren Führungspersonen folgt, denen gegenüber sie jeweils bis zu einem gewissen Grad loyal ist und von denen sie in jeweils höherem oder geringeren Maß motiviert wird. Zu den für eine einzelne Person relevanten Führungspersonen können etwa ihr direkter Vorgesetzter bei der Arbeit zählen, weiterhin der CEO des Unternehmens, in dem sie angestellt ist, ihre Frau, ihr Gemeindepfarrer, der Papst, der Präsident der Vereinigten Staaten, der Kommandeur der Nationalgarde-Einheit, zu der sie gehört, und der Vorsitzende des Fußballvereins, in dem sie als Trainer tätig ist. Wenn Sie eine dieser Führungspersonen sind, konkurrieren Sie unweigerlich mit all den anderen Führungspersonen im Leben dieses bestimmten Menschen um dessen Zeit und Aufmerksamkeit. Und das bedeutet, dass Sie (oder Ihre

Mitarbeiter) etwas über diesen Menschen als Individuum wissen müssen, wenn Sie die anderen Führungspersonen schlagen wollen, zu denen Sie in Konkurrenz stehen.

Darin besteht ein weiteres grundsätzliches Prinzip der Querdenker: Gefolgsleute, seien es Soldaten, Fließbandarbeiter, Lehrkräfte oder Wähler, sind keine standardisierten Einheiten, die sich zählen lassen wie Dosen im Regal. Jeder Einzelne von ihnen ist vielmehr ein einzigartiges menschliches Wesen und muss auch als solches anerkannt und wie ein solches behandelt werden, wenn die Organisation oder die Bewegung, die Sie anführen, auf lange Sicht gedeihen soll. Sie als oberste Führungspersönlichkeit sind vielleicht nicht in der richtigen Position, diese Art von persönlicher Aufmerksamkeit jedem Einzelnen Ihrer Mitarbeiter zukommen zu lassen, aber es ist unbedingt erforderlich, dass irgendjemand innerhalb Ihrer Organisation dies tut. Andernfalls werden Sie nach und nach die Fähigkeit verlieren, Ihre Mitarbeiter zu motivieren.

Führungspersönlichkeiten sind eigentlich nicht dafür zuständig, eine Organisation *am Laufen zu halten* (auch wenn wir diese Formulierung gerne gebrauchen, um Führung zu beschreiben). Führungspersönlichkeiten führen vielmehr einzelne Leute, welche die Organisation, an deren Spitze die Führungspersönlichkeit steht, dann gemeinsam in Bewegung halten und ihr Substanz verleihen. Ein Querdenker verliert diese Tatsache, die oftmals einer der Hauptgründe für seinen Erfolg ist, niemals aus den Augen.

Kapitel 10

Nur Präsident sein oder auch als Präsident handeln

Eine der klügsten und am widersinnigst erscheinenden Einsichten im Zusammenhang mit Führung, die mir jemals zu Ohren gekommen ist, stammt von einem Mann, der – obwohl ein herausragender Vertreter seines akademischen Gebiets – nicht das geringste Interesse daran hatte, selbst eine Führungspersönlichkeit zu sein.

Im Frühjahr 1970, als ich 29 Jahre alt war, erfuhr ich, dass ich ein Stipendium vom American Council of Education erhalten hatte, um während des akademischen Jahres 1970/71 ein Administrationspraktikum beim Präsidenten der Purdue University, Fred Hovde, zu absolvieren. Ich konnte mein Glück kaum fassen. Obwohl ich gerade erst eine Festanstellung an der Purdue bekommen hatte und zum außerordentlichen Professor für Elektrotechnik befördert worden war, hatte ich bereits begonnen, mit einer Karriere in der Administration zu liebäugeln. Dieses ACE-Stipendium würde es mir ermöglichen, einen beachtlichen Teil meiner Zeit damit zu verbringen, so viel wie möglich über die Leitung einer Universität zu lernen, ohne dabei meine Forschungsgelder oder meine Studenten aufgeben zu müssen.

Kurz nachdem die Verleihung bekannt geworden war, traf ich zufällig einen Kollegen, Vern Newhouse, ein angesehenes und hochrangiges Mitglied der Fakultät für Elektrotechnik.

„Na, Sample", sagte Newhouse, „wie ich sehe, haben Sie irgendeine Art Stipendium im Büro des Präsidenten bekommen."

„Ja, das ist richtig", erwiderte ich.

„Dann werden Sie also lernen, Verwaltungsaufgaben zu übernehmen?"

„Ich nehme es einmal an."

„Dann würden Sie irgendwann später einmal bestimmt gerne Präsident einer Universität werden?"

„Nun, ich weiß nicht genau. Ich habe hin und wieder schon mal daran gedacht", antwortete ich etwas unaufrichtig.

Er lächelte und sagte: „Ich persönlich hatte nie den geringsten Ehrgeiz, in der Verwaltung tätig zu sein. Es liegt mir überhaupt nicht, Dinge zu organisieren. Wie Sie vielleicht schon gemerkt haben, bekomme ich noch nicht mal meine eigene Sekretärin und meine Studenten organisiert. Aber ich habe mein ganzes Leben lang ehrgeizige Männer genau beobachtet. Und dabei habe ich Folgendes festgestellt: Viele Männer wollen gerne Präsident *sein*, aber die wenigsten wollen auch als Präsident *handeln*." Und damit wünschte er mir alles Gute und ging seines Wegs.

Meine Erfahrungen der letzten dreißig Jahre haben mir gezeigt, dass Professor Newhouse absolut Recht hatte. Einige der unglücklichsten Menschen, die ich kenne, sind Leute, deren Wunsch nach einem hochrangigen Führungsposten sich endlich erfüllte und die erst dann merkten, dass sie die Tätigkeiten, die eine solche Position verlangt, eigentlich überhaupt nicht gerne ausüben. Sie hatten Jahre damit verbracht, sich bis ganz nach oben durchzukämpfen, nur um beim Erreichen ihres Zieles feststellen zu müssen, dass das wahre Leben an der Spitze in keiner Weise ihren Vorstellungen davon entsprach.

Da ich schon seit fast zwanzig Jahren als Universitätspräsident tätig bin, werde ich oft als Karriereberater für Leute herangezogen, die ähnliche Positionen anstreben. Ich versuche diese Leute in der Regel sowohl zu ermutigen als auch zur Vorsicht zu mahnen. Einerseits sage ich ihnen, dass die Führung einer großen und komplexen akademischen Institution für mich die lohnendste und angenehmste Aufgabe ist, die ich jemals hatte und die ich mir vorstellen könnte. Aber ich erzähle ihnen auch die Geschichte von Vern

Newhouse und weise sie darauf hin, dass es in meinem Beruf nur so von unglücklichen Menschen wimmelt, die hart gearbeitet und viele Opfer gebracht haben, um Präsident einer renommierten Universität zu werden, nur weil sie glaubten, dass dies die Position sei, die sie anstreben *sollten*, und dabei ihre Chance vertaten, das zu tun, was sie wirklich tun wollten und worin sie auch tatsächlich gut waren.

Führung ist eine eigenartige Berufung. Wichtige Führungsrollen, insbesondere auf der obersten Führungsebene, sind nicht zwangsläufig für alle Personen geeignet, die sich in anderen Positionen ausgezeichnet haben, welche aus hierarchischer Sicht vielleicht weiter unten an der Fahnenstange liegen. Ebensowenig sollten solche Personen, wie talentiert sie auch immer sein mögen, immer Führungspositionen innerhalb der Institution, zu der sie gehören, übernehmen *wollen*. Auch der beste Arzt ist nicht unbedingt ein guter Krankenhauschef oder ein guter Dekan einer medizinischen Fakultät, auch der beste Ingenieur ist nicht unbedingt ein guter Abteilungsleiter, auch der beste Lehrer ist nicht unbedingt ein guter Schulrektor und selbst der beste Sportler ist nicht unbedingt ein guter Coach. Es ist keine Schande, sondern vielmehr oft eine großartige Leistung, wenn jemand einfach entscheidet, dass er sich nicht dazu eignet, Macht und Autorität über eine große Zahl von Leuten auszuüben und auch die Verantwortung für sie zu übernehmen.

Viele sind sich der Tatsache nicht bewusst, dass oftmals diejenigen Angelegenheiten, die eine Führungspersönlichkeit am meisten interessieren oder die ihrer Meinung nach am wichtigsten sind, hinter den dringenden (aber oftmals kurzlebigen) und manchmal trivialen Forderungen anderer zurückstehen müssen. Zu diesen anderen könnten etwa die eigenen Stellvertreter, die Medien, Politiker, Demonstranten, Aufsichtsratsmitglieder, Kunden, Angestellten, Finanzanalysten, Lehrerkomitees oder die Veranstalter von Abendessen mit Smokingzwang gehören. Wie ich den Leuten immer sage, die nach akademischen Führungsposten streben: „Ein Universitätspräsident hilft nicht nur dabei, eine der nobelsten und wichtigsten Institutionen der Gesellschaft zu führen und zu formen, er muss auch eine ganze Menge Frösche küssen!"

In diesem Zusammenhang habe ich Samples 70/30-Formel für Führungspersönlichkeiten aufgestellt – nämlich, dass eine Führungspersönlichkeit unter idealen Bedingungen dreißig Prozent ihrer Zeit auf wirklich bedeutsame Angelegenheiten verwenden kann, während sie nicht mehr als siebzig Prozent ihrer Zeit damit verbringen sollte, sich mit belanglosen, alltäglichen oder kurzlebigen Angelegenheiten zu befassen. Frisch gebackene CEOs stürzen sich oft mit dem Vorsatz in den Kampf, die meiste Zeit über als wahre Führungspersönlichkeiten aufzutreten (das heißt sich mit Dingen zu beschäftigen, die wirklich zählen) und alle trivialen Bestandteile ihrer Arbeit an ihre Angestellten zu delegieren. Solche Naivlinge sind in der Regel nach ein oder zwei Jahren von der Bildfläche verschwunden: Opfer der täglichen Kleinarbeit, die sich zu einem Monstrum ausgewachsen hat, das man in seinen Anfängen noch leicht hätte bezwingen können, welches plötzlich jedoch alles verschlingende Dimensionen angenommen hat. Mit anderen Worten, eine Führungspersönlichkeit muss sich notwendigerweise die meiste Zeit über mit belanglosen und flüchtigen Dingen befassen, wenn sie auf Dauer überleben und ihren Erfolg als Führungspersönlichkeit aufrechterhalten will.

Die wirkliche Gefahr, die sich hinter Samples 70/30-Formel verbirgt, besteht darin, dass die dreißig Prozent an Mühen, die eine Führungspersönlichkeit auf wichtige Angelegenheiten (etwa, in ihrem Denken unabhängig zu bleiben und ihre Leute zu inspirieren) konzentriert, allmählich auf zwanzig Prozent zusammenschrumpfen können, dann auf zehn Prozent, dann auf fünf und schließlich auf nichts, weil der Druck der trivialen Alltagsgeschäfte letztendlich ihre gesamte Zeit und Energie auffrisst. Ich kenne unzählige Unternehmensleiter und Universitätspräsidenten, die sich in dieser Situation wiederfinden und sich als Folge davon ohnmächtig und unglücklich fühlen. Es fordert von der obersten Führungspersönlichkeit einer Organisation ein ungeheures Maß an Disziplin, die wirklich bedeutsame Komponente ihrer Arbeit auf einem 30-Prozent-Niveau zu halten.

Natürlich gibt es keine leuchtend rote Linie, die Bedeutsames von Belanglosem und Flüchtigem trennt. Außerdem kommt es ständig vor, dass eine Aktivität, die zu Beginn als Banalität oder Routineangelegenheit erschien, sich als bedeutsam herausstellt oder umgekehrt. Aber im Schnitt stellt Samples 70/30-Formel einen praktischen oberen Richtwert für den Anteil an Zeit und Energie dar, die eine Führungspersönlichkeit auf wirklich wichtige Angelegenheiten verwenden kann.

Daher sollte eine Person, die tatsächlich als Präsident *handeln* will (im Gegensatz zu jemandem, der einfach nur Präsident *sein* will), sich über eine 70/30-Aufteilung zugunsten von Belanglosigkeiten freuen. Andererseits sollten Leute, die einen höheren Prozentsatz an Bedeutsamkeit in ihrem Leben brauchen, sich von hochrangigen Führungspositionen fernhalten.

Die Nachrichtenmedien stellen für die meisten Führungspersönlichkeiten eine wahre Herausforderung dar, zumindest in den Ländern, die das Glück haben, über eine freie Presse zu verfügen. Die Frage ist, wie eine Führungspersönlichkeit die Medien dazu bringen kann, ihre Sicht der Dinge wahrheitsgetreu wiederzugeben – insbesondere dann, wenn (wie es so oft der Fall ist) die Medien bei einer bestimmten Geschichte in Bezug auf die betreffende Organisation oder die Führungspersönlichkeit schon vorab eher negativ eingestellt sind.

Machen wir uns doch nichts vor, es kommt einfach außerordentlich selten vor, dass ein recherchierender Reporter einer großen Zeitung anruft, um zu fragen, wie Sie es geschafft haben, im letzten Vierteljahr so erfolgreich zu sein oder was Sie Ihrer Ansicht nach an Unterstützung von der Stadt- oder Kreisverwaltung bräuchten, um tausend neue Arbeitsplätze schaffen zu können, oder wie Ihnen Ihr wohlverdienter Urlaub gefallen hat. Meistens ist es eher so, dass der Reporter fragt, ob Sie irgendetwas dazu sagen wollen, bevor der Bericht, der auf anonymen Anschuldigungen basiert, wonach Sie oder Ihr Unternehmen ungesetzlich gehandelt haben, am nächsten Morgen veröffentlicht wird, oder warum die

Gewinne des letzten Vierteljahres unter dem liegen, was sie voraus-
gesagt hatten. Leser interessieren sich nun einmal mehr für
schlechte Nachrichten und Skandale als für gute Nachrichten und
spektakuläre Leistungen.

Querdenker ergreifen prophylaktische Maßnahmen, um den
negativen Einfluss der Medien zu minimieren. Sie investieren viel
Zeit, um wichtige Verleger, Redakteure und Reporter persönlich
kennen zu lernen, bevor eine negative Geschichte über ihre Organisation auf der Titelseite erscheint. Sie lügen die Medien *niemals*
an, wobei sie sich natürlich jederzeit weigern können, sämtliche
Fragen zu beantworten oder alle Forderungen nach Informationen
zu erfüllen.

Ein Querdenker hat keine Hemmungen, sich bei dem betreffenden Redakteur oder Reporter zu beschweren, wenn ein Bericht
über seine Organisation offensichtliche Fehler enthält oder eindeutig tendenziös ist; dagegen nimmt er es grinsend hin, wenn eine
Geschichte wenigstens in etwa wahr und auch nur annähernd objektiv ist. Wer eine öffentliche Zurechtweisung durch die Medien
ertragen kann, wenn er es verdient hat, noch dazu ohne großes
Jammern, der gewinnt an Glaubwürdigkeit, wenn er sich beim
nächsten Mal über eine unfaire Berichterstattung beschwert.

Neben dem Versuch, schlechte Nachrichten nach Möglichkeit
zu minimieren, arbeitet ein Querdenker auch unablässig an der sehr
viel schwierigeren Aufgabe, die Medien dazu zu bringen, gute oder
sogar inspirierende Berichte über die eigene Organisation zu veröffentlichen. Die meisten Medienleute sind eingefleischte Zyniker;
daher ist es für eine Führungspersönlichkeit alles andere als einfach, Reporter und Redakteure dazu zu bringen, dass sie ihr und
ihren Motiven Vertrauen schenken. Außerdem ist es oftmals möglich, Nachrichtenleute für sich zu gewinnen, indem man ihnen
bereits im Voraus Zugang zu Geschichten verschafft, die ihre Leser
interessieren und folglich auch ihren Chefs gefallen werden.

Ihren größten Triumph im Hinblick auf positive Berichterstattung konnte die USC im Herbst 1999 feiern, als wir von der Zeitschrift *Time* und der *Princeton Review* als „College des Jahres 2000"

ausgewählt wurden. Ich erinnere mich, dass ich in jenem August einen Anruf von einer hochrangigen *Time*-Redakteurin erhielt, die sagte: „Sie wissen, Dr. Sample, dass wir die letzten drei Wochen einen unserer besten Reporter auf Ihrem Campus hatten." Ich erwiderte: „Ja, das weiß ich, und ehrlich gesagt, hat uns das ein bisschen nervös gemacht." Daraufhin sagte sie: „Ich rufe an, um Ihnen mitzuteilen, dass wir als Ergebnis unserer Nachforschungen die USC als unser College des Jahres 2000 ausgewählt haben!"

Als die Ausgabe erschien, bestellten wir 300.000 Nachdrucke des betreffenden Artikels – angeblich die größte Nachdruck-Bestellung in der Geschichte von *Time* – und mussten innerhalb von zwei Wochen noch eine Bestellung für eine weitere Viertelmillion Kopien aufgeben. Wir bekommen heute noch Anfragen mit der Bitte um einen Nachdruck. Auf dem Campus kursiert der Witz, dass jeder lebende Trojaner auf der ganzen Welt mindestens zwei Kopien erhalten hat und jeder verstorbene mindestens eine.

Wie Sie sich vielleicht denken können, war ich ziemlich stolz, als diese Auszeichnung bekannt gegeben wurde. Einige Wochen nach der Bekanntmachung ließ Malcolm Currie, der ehemalige Vorsitzende von Hughes Aircraft, der zu jener Zeit Vorsitzender des Kuratoriums der USC war, einen der Nachdrucke zerschneiden, jede Seite einzeln laminieren und mit einer Spiralbindung wieder neu binden. Er überreichte mir das Büchlein bei einer Kuratoriumssitzung mit den Worten: „Hier, Steve, jetzt können Sie das verdammte Ding auch noch jeden Morgen unter der Dusche lesen!"

Eine wirklich talentierte Führungspersönlichkeit versteht es, sogar eine feindlich gesinnte Presse zu nutzen, um ihre Geschichte an ihre Anhänger und Befürworter zu bringen. Die beiden begnadetsten Anwender dieser raren Kunst waren in der amerikanischen Geschichte Franklin Roosevelt und Ronald Reagan. Ihre jeweiligen Ausgangssituationen waren grundverschieden: FDR war ein Liberaler, der einer hauptsächlich konservativen Presse gegenüberstand, und Reagan war ein Konservativer, der sich mit einer hauptsächlich liberalen Presse herumschlagen musste. Aber beide Männer haben es geschafft, über die Presse zu ihren Landsleuten zu sprechen. Und so

sehr die Presse auch versucht haben mag, ihre Botschaften zu verzerren, irgendwie ist es diesen beiden Presidents gelungen, kontinuierlich mit dem amerikanischen Volk in Verbindung zu bleiben.

Ein wirkungsvolles Hilfsmittel für Querdenker, um sowohl die
Aufmerksamkeit der Medien als auch der Öffentlichkeit als solcher
auf sich zu ziehen, ist etwas, das ich gerne irritierende „Widerhaken" nenne – kurze, aus einem einzigen Satz bestehende Aussagen, die offensichtlich falsch klingen, jedoch in Wirklichkeit
absolut wahr sind. Wie ich in Kapitel 1 bereits ausgeführt habe,
denken die meisten Menschen binär – sie fühlen sich gezwungen,
alles, was sie hören, sofort als entweder wahr oder falsch zu klassifizieren. Folglich geht ihnen, wenn sie einen solchen irritierenden
„Widerhaken" hören, dieser einfach nicht mehr aus dem Kopf – er
bleibt einfach nicht entweder in der „Wahr"- oder in der „Nicht-
Wahr"-Schublade ihres Gehirns.

Dieses Konzept des Widerhakens lässt sich mit einem einfachen
Beispiel veranschaulichen. Kurz nachdem ich Präsident der USC
geworden war, musste ich mit einer Kollegin eine bevorstehende
Rede ausarbeiten. Den Entwurf, den sie mir gegeben hatte, enthielt
den Satz: „Die USC ist einer der größten privaten Arbeitgeber in
Los Angeles." Ich strich diesen Satz an und sagte: „Wir brauchen
hier eine konkrete Zahl."

„Zum Beispiel?", fragte sie.

„Nun, zum Beispiel: ‚Die USC ist einer der zehn größten privaten Arbeitgeber in L.A.'"

„Aber Steve, ich bin mir gar nicht sicher, ob wir einer der zehn
größten sind."

„Na gut", sagte ich. „Dann sind wir eben einer der fünfzehn
größten oder der zwanzig größten oder was auch immer. Finden Sie
heraus, an welcher Stelle wir tatsächlich rangieren, dann bauen wir
das in die Rede ein, damit unsere Zuhörer eine konkrete Zahl
haben, die sie mit nach Hause nehmen können."

Am nächsten Tag kam sie zu mir und sagte: „Steve, Sie werden
es nicht glauben, aber die USC ist mit Abstand der größte private
Arbeitgeber im gesamten Stadtgebiet von Los Angeles."

„Martha, sind Sie da *sicher*?"

„Absolut", antwortete sie und zeigte mir die Zahlen schwarz auf weiß.

„Nun", sagte ich, „diese Zahlen sind unbestreitbar. Aber eigentlich kann ich das gar nicht so recht glauben, und mein Publikum wird es auch nicht können."

„Sollen wir es dann lieber herausnehmen?"

„Oh, nein", erwiderte ich, „lassen Sie es drin. Das wird bei den Zuhörern hängen bleiben. Sie werden intuitiv wissen, dass es einfach nicht sein kann, dass die USC der größte private Arbeitgeber in L.A. ist; die Leute werden sich sicher sein, dass diese Auszeichnung einem Raumfahrtunternehmen oder einem Filmstudio oder einer Bank oder irgendeiner anderen Firma innerhalb der Stadtgrenzen zukommt. Aber gleichzeitig werden sie sich auch denken, dass der Präsident der USC kein Lügner sein kann und dass er sich wahrscheinlich gründlich informiert hat, bevor er eine solch ungeheuerliche Behauptung aufstellt. Und da die meisten Leute sich mit solchen Mehrdeutigkeiten unwohl fühlen, wird dieser Floh in ihrem Gehirn herumspringen und sich weder auf ‚wahr' noch auf ‚nicht wahr' festlegen lassen. Und wenn sie dann schließlich erfahren, dass dieser ‚Widerhaken' in jeder Hinsicht voll und ganz der Wahrheit entspricht, wird die USC einen bleibenden positiven Eindruck hinterlassen."

Und genau das ist auch passiert. Eine Menge Leute aus allen Teilen des Landes wandten ein, dass eine Universität doch niemals der größte private Arbeitgeber in der zweitgrößten Stadt der Vereinigten Staaten sein könne. Hunderte anderer glaubten es einfach nicht. Sogar die Medien behandelten diesen Widerhaken mit größter Vorsicht und Skepsis, zum Beispiel: „Die USC behauptet, der größte private Arbeitgeber in Los Angeles zu sein" oder „Angeblich ist …"

Dann wurde dieser spezielle Widerhaken plötzlich zu einer allgemein akzeptierten Tatsache. Dutzende von Leuten kamen auf mich zu, um mir mitzuteilen: „Steve, wussten Sie eigentlich schon, dass die USC der größte private Arbeitgeber in Los Angeles ist?"

Die Zeitungen druckten es als einfachen Aussagesatz, so als ob alle ihre Leser es bereits wüssten. Während des NCAA-Basketballturniers der Männer im Jahr 2001 wurde es von Sportmoderatoren im bundesweiten Fernsehen als eine allgemein bekannte Tatsache über Los Angeles zitiert.

Von einem eher praktischen Standpunkt aus gesehen gewann die USC dank dieses Widerhakens in den Augen von Geldgebern, Politikern, Wirtschaftsführern und anderen einflussreichen Leuten an Wichtigkeit. Sie spürten (zu Recht, wie ich glaube), dass die USC vor fünfzehn oder zwanzig Jahren nicht der größte private Arbeitgeber in L.A. gewesen wäre und dass die Universität nicht deshalb auf den ersten Platz gerutscht war, weil sie sich etwa so außerordentlich vergrößert hätte, sondern vielmehr, weil andere große Arbeitgeber, die sich bis dahin noch innerhalb des Stadtgebiets befunden hatten, abgewandert oder untergegangen waren. Seit diesen Führungspersönlichkeiten klar geworden ist, dass die USC im privaten Sektor der letzte verbleibende große Arbeitgeber in L.A. ist, lassen sie der Universität vermehrt Schutz und Unterstützung zukommen.

Es gibt unzählige Wege, wie eine Führungspersönlichkeit irritierende Widerhaken zum Nutzen ihrer Organisation oder Bewegung einsetzen kann. Einige weitere Widerhaken, die sich für die USC und die Region, die wir im Namen führen, als hilfreich erwiesen haben, sind:

- Die USC, die im Zentrum von Los Angeles liegt, erfreut sich einer erheblich geringeren Kriminalitätsrate als Stanford oder Harvard.

- Höhere Bildung ist in Südkalifornien ein größerer Wirtschaftsfaktor als die Raumfahrt.

- Das weltweite Zentrum für biomedizinische Technologien liegt im südlichen – und nicht im nördlichen – Kalifornien.

Der Knackpunkt ist, dass ein solcher irritierender Widerhaken immer voll und ganz der Wahrheit entsprechen muss. Ein Widerhaken, der lediglich eine Übertreibung darstellt oder der sich nicht anhand von Faktenmaterial problemlos überprüfen lässt, kann sehr unangenehm und kontraproduktiv zum Eigentor werden.

Als ich in der Highschool war, hat einmal einer meiner Lehrer zu mir gesagt: „Steve, du bist von Natur aus ein Perfektionist; du weißt nie, wann du aufhören solltest zu versuchen, etwas noch besser zu machen. Ich sage dir jetzt einmal etwas, das du dir merken solltest: Alles, was es wert ist, überhaupt getan zu werden, ist es das auch wert, wenn es schlecht gemacht wird. Es ist vielleicht mehr wert, wenn es gut gemacht wird, aber es ist auch schon etwas wert, wenn es überhaupt gemacht wird."

Nun, das ist mal ein handfester Rat für Querdenker! Als ich ihn das erste Mal hörte, hielt ich meinen Lehrer für einen Schwachkopf. Aber seit damals habe ich bereits 45 lange Jahre mit meinem angeborenen Perfektionismus leben müssen und ich habe eingesehen, dass mein Lehrer nicht so dumm war, wie ich zuerst dachte.

Bei herkömmlicher Weisheit geht es ständig um das Streben nach Vollkommenheit um jeden Preis, darum, dass man nichts unversucht lassen darf bei seinem unablässigen Kampf um die bestmögliche Qualität, darum, dass man keine Kosten scheuen darf, um Perfektion zu erreichen und so weiter. Derartige Maximen sind vielleicht für Mitarbeiter und Manager sinnvoll, insbesondere, wenn sie zu Schlampigkeit und schwachen Leistungen neigen. Aber allein schon die Vorstellung von Perfektion ist so gut wie unvereinbar mit erfolgreicher Führung.

Wie ich in vorangegangenen Kapiteln bereits mehrfach ausgeführt habe, sind Führungspersönlichkeiten im wirklichen Leben fast immer gezwungen, Kompromisse zwischen miteinander konkurrierenden Prioritäten zu schließen. Wenn eine Führungspersönlichkeit bei ihrem Streben nach Perfektion einer dieser Prioritäten unbeschränkten Zugriff auf die beschränkten Ressourcen (zum Beispiel Zeit, Raum, Geld, Leute) gestattet, die ihr zur Verfügung stehen, dann werden alle anderen Prioritäten mit Sicherheit darunter leiden und die Organisation der betreffenden Führungspersönlichkeit wird mit hoher Wahrscheinlichkeit untergehen.

Was es auch ist, das Sie machen, Sie könnten es mit Sicherheit immer noch besser machen, das heißt, es gibt keine Obergrenze für die Menge an Ressourcen, die beim Streben nach Perfektion verbraucht werden. Daher lautet die Maxime für Querdenker in dieser Hinsicht: *Alles, was es wert ist, überhaupt gemacht zu werden, ist es wert, gerade gut genug gemacht zu werden.* Der knifflige Punkt dabei ist für die Führungspersönlichkeit zu entscheiden, was „gerade gut genug" in jeder einzelnen Situation heißt.

Als General Patton die deutsche Armee 1945 durch Europa jagte und seinen Weg plötzlich dadurch blockiert fand, dass die Brücke über einen großen Fluss zerstört war, lag es ihm fern, eine neue Brücke zu bauen, die den höchsten Qualitätsansprüchen genügte; es lag ihm noch nicht einmal etwas daran, die größte provisorische Brücke der Welt zu bauen. Alles, was er wollte, war eine Brücke, die *gerade gut genug* war, dass seine Panzer und Truppen den Fluss überqueren konnten, und das auch nur ein einziges Mal.

Das gleiche Prinzip gilt auch für das Produktmanagement in wettbewerbsorientierten Wirtschaftszweigen. Der Unternehmensfriedhof ist voll von gescheiterten Firmen, die im wahrsten Sinne des Wortes keine Kosten gescheut haben, um ihr Produkt zu perfektionieren, nur um dann feststellen zu müssen, dass es keine Kunden gab, die bereit waren, den Preis zu zahlen, den ein solch perfektes Produkt erzielen müsste, um wirtschaftlich rentabel zu sein. Im Gegensatz dazu sind erfolgreiche Unternehmen clever genug, die Jagd nach dem perfekten Produkt einzustellen, wenn die dadurch anfallenden Kosten das übersteigen, was die Leute zu zahlen bereit sind, oder entsprechend, wenn solche weiteren Verbesserungen dem Endverbraucher keine nennenswerten Vorteile mehr bringen.

Warren Bennis hat einmal zu mir gesagt, er sei ein Beispiel für einen Menschen mit einem ausgezeichneten persönlichen Radar; solche Leute seien außerordentlich empfänglich für die Gedanken, Gefühle und Wünsche anderer, was dazu führe, dass sie mit ihrer Aufmerksamkeit ständig von einer Sache oder Person zu einer anderen springen, und dann zu noch einer anderen und noch einer anderen. Bennis fügte hinzu, dass ich seiner Meinung nach ein Beispiel für einen Menschen mit einem guten inneren Kompass sei; solche Leute könnten unbeirrt ihren Kurs beibehalten, ganz gleich, wie viele Dinge von allen Seiten auf sie einstürmten.

Das Problem ist, dass weder ein guter persönlicher Radar noch ein guter innerer Kompass ausreicht, um jemanden zu einer erfolgreichen Führungspersönlichkeit zu machen. Wer über einen Radar verfügt, dem fällt es schwer, lange genug auf Kurs zu bleiben, um irgendetwas zu Ende zu bringen, während die mit einem Kompass Ausgestatteten Gefahr laufen, mit voller Kraft einen Eisberg zu rammen.

Ein Querdenker weiß, dass er beides haben sollte. Und wenn er nicht von Geburt an mit beidem ausgestattet ist (und das ist so gut wie niemand), dann weiß er, dass er entweder einen künstlichen Radar (oder entsprechend einen künstlichen Kompass) entwickeln oder aber einen Stellvertreter einstellen muss, der über die bestimmte Eigenschaft verfügt, die der Führungspersönlichkeit fehlt.

Hier ließe sich vielleicht eine Parallele zu Machiavellis Diktum ziehen, dass es für eine Führungspersönlichkeit am besten sei, zugleich gefürchtet und geliebt zu werden, aber wenn sie sich für eines von beiden entscheiden müsse, dann solle sie es vorziehen, gefürchtet zu werden. Ebenso sollte eine Führungspersönlichkeit, die sich entscheiden muss, ob sie empfänglich für die Bedürfnisse anderer ist oder aber auf Kurs bleibt, lieber letzteres wählen.

Ein enger Verwandter des eben genannten Prinzips geht auf Präsident Franklin Roosevelt zurück, der gesagt hat, dass Energie effizienter sei als Effizienz. Ganz gleich wie weit es eine potenzielle Führungspersönlichkeit darin gebracht hat, frei zu denken, richtig zuzuhören und Entscheidungen zu treffen, der Querdenker weiß, dass Elan und Enthusiasmus viel damit zu tun haben, wer am Ende eines Tages als Gewinner und wer als Verlierer dasteht. In seinem Buch *Being Lucky* hat Herman Wells, der berühmte Mann, der Mitte des 20. Jahrhunderts Präsident der Indiana University war, ähnlich argumentiert. Es sei schon hilfreich, clever und kreativ zu sein, schrieb Wells, aber die beiden wichtigsten Zutaten für erfolgreiche Führung seien Energie und Glück.

Schließlich kann keine Organisation auf Dauer überleben, wenn ihre Führungspersönlichkeiten allen Veränderungen aus dem Weg gehen, um dadurch den Status quo zu erhalten. Wie ich bereits festgestellt habe, besteht das Wesen von Führung darin, seine Anhänger zu Veränderungen zu motivieren, und dies gilt sogar für konservative Organisationen und Bewegungen. Wie G. K. Chesterton einmal sagte:

> Konservatismus beruht auf der Idee, dass die Dinge so bleiben, wie sie sind, wenn man sie in Ruhe lässt. Aber das stimmt nicht. Wenn man etwas in Ruhe lässt, überlässt man es einer Flut von Veränderungen.
>
> Wenn man einen weißen Pfosten in Ruhe lässt, wird es bald ein schwarzer Pfosten sein. Wenn man ausdrücklich will, dass er weiß bleibt, muss man ihn immer wieder streichen; das heißt, man muss beständig eine Revolution herbeiführen. Kurz gesagt, wenn man den alten weißen Pfosten will, muss man einen neuen weißen Pfosten machen.

Wenn jemand zum ersten Mal eine hochrangige Führungsposition anstrebt, ist er oft geblendet von den Vergünstigungen und der ehrfürchtigen Behandlung, die mit einem hohen Amt einhergehen; es könnte sogar gut sein, dass es gerade diese Dinge sind, die ihn dazu motiviert haben, diese Spitzenposition überhaupt anzustreben. Aber diese flüchtigen Ehren verblassen bald und dann kommt die Ernüchterung – die bodenständigen Tätigkeiten täglicher Führungsarbeit. Hier kommt dann die Einsicht von Vern Newhouse, die zu Beginn dieses Kapitels zitiert wurde, ins Spiel. Will die betreffende Person einfach nur Präsident *sein* oder will sie wirklich als Präsident *handeln*? Wenn Letzteres der Fall ist, wird sie vielleicht etwas Großes und Dauerhaftes für ihre Mitarbeiter und für ihre Organisation erreichen. Wenn sie jedoch lediglich Präsident *sein* will, dann ist es besser für alle Beteiligten – die Führungspersönlichkeit selbst eingeschlossen –, wenn sie so bald wie möglich ihres Postens enthoben wird.

Kapitel 11

Die University of Southern California: Eine Fallstudie in quer denkender Führung

Ich möchte mich nun gern einem konkreten Beispiel für quer denkende Führung in Aktion zuwenden: der Entwicklung der University of Southern California im Verlauf des Jahrzehnts von 1991 bis 2001. Viele Beobachter sind der Meinung, dass die Universität in diesen zehn Jahren im akademischem Bereich mehr Verbesserungen vorzuweisen hat als alle anderen Universitäten in den USA. Ich weiß nicht, ob dieser Superlativ gerechtfertigt ist, aber die USC hat in relativ kurzer Zeit tatsächlich sehr viel geschafft und diese Fortschritte sind zum großen Teil auf eine Anzahl von Entscheidungen von Querdenkern zurückzuführen, die in diesem Zeitraum gefällt wurden.

Ich möchte gleich zu Beginn klarstellen, dass die Veränderungen und Erfolge, von denen ich nun gleich berichten werde, keinesfalls in erster Linie meinen persönlichen Bemühungen zu verdanken sind. Der Löwenanteil dieser Ehre gebührt meinem hervorragenden Administrationsteam, einer großen Zahl von außerordentlich talentierten und engagierten Lehrkräften, hunderten von hart arbeitenden Angestellten und stützenden Absolventen, einigen äußerst weitsichtigen Geldgebern, einem Kuratorium, das uns stets mit Rat und Tat zur Seite stand und auch in stürmischen Zeiten bereit war, auf Kurs zu bleiben, sowie tausenden von außergewöhnlich klugen und ehrgeizigen Studenten.

Wie bereits in Kapitel 2 angemerkt, hatte ich mir ein Interregnum von fast vier Monaten zwischen der Bekanntgabe meiner Ernennung Anfang Dezember 1990 bis zu meinem ersten Arbeitstag Ende März 1991 ausgebeten. Das gab mir ausreichend Gelegenheit, um frei zu denken, vorurteilsfrei zu denken und vorurteilsfrei zuzuhören, insbesondere den Angehörigen der USC zuzuhören, was ihrer Meinung nach funktionierte und was falsch lief. Und ich erfuhr eine Menge darüber, was in den Mitgliedern der Trojanischen Familie vorging – ich lernte ihre Hoffnungen und Ängste kennen und auch ihren innigen Wunsch, dass die USC akademisch gestärkt werden und mehr Einfluss in der Welt erlangen solle.

Das Jahrzehnt nahm eigentlich einen eher Unheil verheißenden Anfang. Zum einen steckte Kalifornien in einer tiefen Rezession. Aufgrund großer Defizite bei den Einnahmen aus Studiengebühren war die USC gezwungen, Ende 1991 massenweise Entlassungen vorzunehmen – zum ersten Mal in unserer Geschichte. Die Entscheidung, die Zahl unserer Angestellten um acht Prozent zu verringern, war äußerst schwierig und schmerzhaft. Es wurden 800 Stellen gestrichen, von denen 500 noch mit Menschen aus Fleisch und Blut besetzt waren.

Natürlich wird bei gewinnorientierten Unternehmen immer wieder massiver Personalabbau betrieben – fast wie ein regelmäßiges Läuterungsritual. Aber bei Universitäten ist das etwas anderes: Eine Massenentlassung, wie wir sie durchführen mussten, ist in der höheren Bildung etwas extrem Seltenes und kann unter bestimmten Bedingungen hochgradig destabilisierend wirken. Nichtsdestotrotz, angesichts der immensen Budgetprobleme, denen wir uns 1991 gegenübersahen, war es zur Sanierung des Finanzhaushalts der Universität unumgänglich, 800 Stellen an der USC auslaufen zu lassen. Den Grundsätzen der Weisheit von Querdenkern entsprechend nahmen wir sämtliche Entlassungen auf einmal vor, anstatt sie über mehrere Jahre zu staffeln.

Was unsere Reform- und Innovationsbemühungen noch weiter erschwerte, waren die verheerenden Unruhen von 1992, gefolgt von dem Northridge-Erdbeben, das bei einem Großteil der Infrastruktur und bei sehr viel Privatbesitz in Los Angeles County starke Schäden verursachte. Aber nachdem wir all das überstanden hatten, wandte sich das Blatt für die USC auf einmal zum Guten – mehr, als wir uns jemals erhofft oder erträumt hätten. Die Frage ist: Wie kam es zu dieser positiven Entwicklung?

Ein sehr wichtiger erster Schritt, den wir gleich zu Beginn des Jahrzehnts unternahmen, bestand darin, ein Rollen- und Missions-Statement zu formulieren, das uns von anderen, vergleichbaren Universitäten abhob (siehe Kasten, S. 226). Dieses Projekt ging auf die spontane Bitte eines Kurators bei einer Kuratoriumssitzung zurück: „Steve", sagte er, „könnten Sie einmal alles aufschreiben, was die USC mit anderen führenden Forschungsuniversitäten gemeinsam hat, und dann alle die Dinge aufführen, die uns von jeder anderen Universität unterscheiden, und zwar möglichst so, dass es auf einen Bogen Briefpapier passt?"

Es war die Beschränkung auf eine einzige Seite, die aus der harmlosen Bitte dieses Kurators ein wahrhaft gewaltiges Unterfangen machte. Ich verbrachte mindestens hundert Stunden mit der Arbeit an diesem Projekt. Ich schickte einen Entwurf nach dem anderen an Lehrkräfte, Kollegen in der Administration und Kuratoren mit der Aufforderung, nach Belieben etwas hinzuzufügen, *vorausgesetzt*, sie kennzeichneten diejenigen Wörter im Entwurf, die wegfallen sollten, damit das Statement die Länge von einer Seite nicht überschritt.

Mit der endgültigen Annahme des Rollen- und Missions-Statements durch das Kuratorium im Jahr 1993 erhielt unsere akademische Gemeinschaft eine klare Identität und eine solide Grundlage, auf der unsere Bemühungen zur Verbesserung der Universität verankert werden konnten. Weil das Rollen- und Missions-Statement so kurz war und gleichzeitig die zentralen Werte der Institution zum Ausdruck brachte, wurde es von vielen Menschen gelesen und verinnerlicht und es eignete sich auch hervorragend zum Zitieren und Auslegen in hunderten von Berichten, Briefen, Reden und Besprechungen.

Sofort nach der Fertigstellung des Rollen- und Missions-Statements begannen unser Provost und ein kleines Komitee hochrangiger Lehrkräfte mit der Arbeit an einem Strategieplan für die USC.

*Rolle und Mission
der University of Southern California*

Die zentrale Mission der University of Southern California ist die Entwicklung von Menschen und der Gesellschaft als Ganzes durch die Kultivierung und Bereicherung des menschlichen Geistes. Die hauptsächlichen Mittel, mit dem unsere Mission erreicht wird, sind Lehre, Forschung, künstlerisches Schaffen, Berufspraktika und ausgewählte Formen von Dienst an der Allgemeinheit.

Unsere oberste Priorität als Lehrkörper und Personal besteht in der Ausbildung unserer Studenten, von den Erstsemestern bis zu den Postdoktoranden, durch ein breit gefächertes Angebot an wissenschaftlichen und berufsbegleitenden Studiengängen sowie Freizeit- und Sportprogrammen von höchster Güte. Die Verbindung von Allgemeinbildung mit berufsbezogenem Lernen ist eine der besonderen Stärken der USC. Wir streben beständig nach höchstem Niveau bei der Vermittlung von Wissen und praktischen Fertigkeiten an unsere Studenten und helfen ihnen gleichzeitig, Weisheit und Einsicht, Wahrheitsliebe und Schönheit, moralische Urteilsfähigkeit, Selbsterkenntnis sowie Respekt und Wertschätzung gegenüber anderen zu erlangen.

Forschung auf höchstem Niveau, durchgeführt von unseren Lehrkräften und Studenten, ist grundlegend für unsere Mission. Die USC ist eine von nur wenigen erstklassigen wissenschaftlichen Institutionen, in denen Forschung und Lehre untrennbar miteinander verwoben sind und auf die unsere Nation für einen beständigen Fluss an neuen Erkenntnissen, Künsten und Technologien zurückgreifen kann. Unsere Lehrkräfte geben nicht nur die Arbeit anderer weiter, sondern leisten einen aktiven Beitrag zu dem, was überall auf der Welt gelehrt, gedacht und praktiziert wird.

Die USC ist eine pluralistische Hochschule und nimmt hervorragende Männer und Frauen unabhängig von Hautfarbe, Religion und Herkunft auf. Wir sind eine globale Institution in einem globalen Zentrum, die im Lauf der Jahre mehr internationale Studenten angezogen hat als jede andere amerikanische Universität. Und wir sind eine private Hochschule, frei von politischer Einflussnahme, die sich der akademischen Freiheit verpflichtet hat und stolz ist auf ihr unternehmerisches Erbe.

Eine außergewöhnliche Nähe und Bereitschaft, einander zu helfen, zeichnet die Studenten, Absolventen, Lehrkräfte und Angestellten der USC aus; für ihre Angehörigen ist die Trojanische Familie eine Gemeinschaft, die echten Zusammenhalt bietet. Die Absolventen, die Kuratoren, die freiwilligen Helfer und Freunde der USC sind ein wesentlicher Bestandteil dieser Familientradition, sie lassen uns großzügige finanzielle Unterstützung zukommen, nehmen aktiv an der Führung der Universität teil und helfen den Studenten auf Schritt und Tritt.

In der umgebenden Region und rund um die Welt übernimmt die USC öffentliche Führungsrollen und dient der Allgemeinheit in so verschiedenen Bereichen wie Gesundheitswesen, wirtschaftlicher Entwicklung, sozialer Fürsorge, wissenschaftlicher Forschung, öffentlicher Programme sowie in den Künsten. Außerdem dienen wir dem öffentlichen Interesse dadurch, dass wir sowohl der größte private Arbeitgeber im Stadtgebiet von Los Angeles als auch im privaten Sektor die größte Exportbranche der Stadt sind.

Die USC hat seit mehr als hundert Jahren wesentlich an der Entwicklung Südkaliforniens mitgewirkt und spielt nun eine zunehmend wichtige Rolle in der Entwicklung des ganzen Landes und der Welt. Diese Rolle wollen wir auch in den kommenden Jahrhunderten beibehalten. Daher sind unsere Planung, unser Engagement und unsere Finanzpolitik darauf gerichtet, auch auf Dauer hervorragende Qualität zu gewährleisten.

Anders als die meisten akademischen Pläne, die oftmals hunderte von Seiten umfassen und Dutzende von Prioritäten aufzählen, war unserer insofern quer gedacht, als er kurz und bündig war – mit lediglich fünfzehn Seiten (Anhänge eingeschlossen) und ganzen vier strategischen Prioritäten. Genau wie beim Rollen- und Missions-Statement erwies sich auch hier die Kürze als einer der größten Vorzüge des Plans; die Leute *lasen* das Ding tatsächlich und übernahmen seine Werte und Vorgaben.

Die Ausarbeitung eines Rollen- und Missions-Statements und eines Strategieplans scheint für sich genommen nicht gerade zu den radikalsten Techniken eines Querdenkers zu gehören, die in diesem Buch empfohlen werden, wie jeder weiß, der die *Dilbert*-Comics kennt. Die meisten Rollen- und Missions-Statements und Strategiepläne verdienen auch durchaus den Spott, dem sie ausgesetzt sind. Aber quer gedachte Rollen- und Missions-Statements und Strategiepläne werfen alle nichtssagenden Gemeinplätze über Bord und kommen lieber gleich zur Sache – indem sie einige durchgängige Werte und strategische Prinzipien aufzählen, die sämtliche Gefolgsleute und Interessengruppen als Grundlage für alle Entscheidungen und Aktivitäten der Organisation anerkennen.

Um ein Beispiel aus der Wirtschaft zu nehmen, einer der wichtigsten Beiträge, die Jack Welch bei General Electric geleistet hat, war die Formulierung eines grundlegenden Aktionsplans: Erstens sicherzustellen, dass es jeder Geschäftszweig von GE im Vergleich mit der Konkurrenz auf den ersten oder zweiten Platz schafft, und dass zweitens jeder Geschäftszweig, der dieses Ziel nicht erreicht, abgestoßen wird. Auch der Erfolg von Miramax in der Filmindustrie ist auf eine einfache Aktionsformel zurückzuführen, die erstens niedrige Kosten und zweitens Geschichten verlangt, die auf fesselnde Weise vom Menschsein erzählen. Dank solcher klaren Worte wissen die Leute auf jeder Ebene des Unternehmens, was von ihnen sowohl als Individuum als auch im Kollektiv erwartet wird.

Es war der Strategieplan der USC, in dem wir unser übergeordnetes Ziel zum Ausdruck brachten: sowohl dem Ruf nach als auch in der Realität eine der zehn führenden privaten Forschungsuniversitäten der Vereinigten Staaten zu werden. Diesem Planungsprozess ist es ebenfalls zu verdanken, dass wir uns ein wichtiges Querdenker-Prinzip zu eigen machten: Durch Nachahmung anderer kann eine Institution keine überragende Bedeutung erlangen, wahre Größe lässt sich nur durch originelles Denken und unkonventionelle Vorgehensweisen erreichen. In diesem Sinne fällten wir bewusste und durchaus riskante Entscheidungen, um strategische Initiativen in den Bereichen Grundstudium, interdisziplinäre Forschung und Lehre, Internationalisierung und Ausnutzung unseres Standortes in Los Angeles und Südkalifornien durchführen zu können. Ebenso wie das Lesen eines bestimmten Buches die Lektüre vieler anderer ausschließt, haben wir diese vier Prioritäten vielen anderen vorgezogen, die genauso infrage gekommen wären, in dem vollen Bewusstsein, dass wir am Ende verlieren könnten, wenn sich unsere Auswahl als falsch erweisen oder uns das Schicksal übel mitspielen würde.

Höchste strategische Priorität hatte die Verbesserung aller Aspekte des Grundstudiums an unserer Institution, also der vier Studienjahre bis zum ersten berufsqualifizierenden Abschluss. Unsere Studiengänge für Graduierte und die berufsbegleitenden Programme genossen landesweit einen sehr guten Ruf, aber das reguläre Grundstudium an der USC wurde 1991 von vielen Studienberatern an den High Schools und auch von einem großen Teil der Öffentlichkeit als eine hauptsächlich aufs Feiern bedachte Veranstaltung in einem gefährlichen und im Niedergang begriffenen Stadtviertel angesehen. Dieser Ruf war zum großen Teil unrichtig und unverdient. Ob nun verdient oder unverdient, diese Reputation hatte eine Abwärtsspirale bei der Anwerbung von Studenten in Gang gesetzt. Die Lage war so verzweifelt, dass die Universität noch eine Woche nach Semesterbeginn Zulassungsbewerbungen für das laufende Semester entgegennahm. Folglich war die Zahl der Studienabbrecher hoch und die der Absolventen niedrig.

Daraus ging für uns hervor, dass ein wesentlicher Teil unserer Bemühungen, das vierjährige Grundstudium zu verbessern, sich auf strengere Kriterien bei der Auswahl der Studenten zu richten hatte. Zu diesem Zweck beschlossen wir nach Querdenker-Art, die aus der Not geborene, wahllose Zulassung schwacher Studenten einzustellen, für bessere Studenten die Darlehenskomponente bei der Studienbeihilfe zu senken und dafür die Stipendiumskomponente zu erhöhen, ein weit reichendes leistungsbezogenes Beihilfeprogramm ins Leben zu rufen und die angestrebte Größe unseres Erstsemesterjahrgangs um 500 Studenten bezogen auf ihren historischen Höchststand zu reduzieren. Diese letzte Strategie erschien angesichts unserer damaligen Haushaltsprobleme besonders widersinnig.

Außerdem nahmen wir radikale Veränderungen am Lehrplan für das Grundstudium vor. An erster Stelle stand dabei die Entwicklung eines aus sechs Kursen bestehenden Kernprogramms, das inzwischen für alle Studenten verbindlich ist, von den Ingenieuren bis zu den Anglisten. Eine Hauptattraktion für die Studenten besteht dabei darin, dass die meisten Kurse innerhalb dieses Kernprogramms von hochrangigen Lehrkräften in kleinen Gruppen gehalten werden. Auch hier handelt es sich wieder um eine Weisheit der Querdenker in Aktion. Den Studenten des ersten und zweiten Studienjahres anrechenbare Kurse anzubieten, die von hochrangigen Lehrkräften in kleinen Gruppen gehalten werden, ist eins der ineffizientesten und „unwirtschaftlichsten" Dinge, die eine Universität tun kann; es ist weitaus billiger, wissenschaftliche Assistenten für Kurse des ersten und zweiten Studienjahres einzusetzen oder diese Kurse als von Professoren vor tausend oder mehr Studenten gehaltene Vorlesungen zu gestalten. Außerdem ist es an vielen Forschungsuniversitäten äußerst schwierig, hochrangige Lehrkräfte zu finden, die bereit sind, Studienanfänger zu unterrichten. Aber zahllose unserer allerbesten festen Lehrkräfte reagierten mit Begeisterung auf die Herausforderungen dieses neuen Kernprogramms, was zur Folge hatte, dass die Studenten des ersten und zweiten Studienjahres an der USC nun eine sehr viel engere Beziehung zu den hochrangigen Professoren aufbauen, als dies an den meisten anderen Forschungsuniversitäten der Fall ist.

Auf dem Gebiet der höheren Bildung herrscht seit beinahe einem Jahrhundert in Amerika die Meinung vor, dass das Nebenfach eines Studenten so eng wie möglich mit seinem Hauptfach verwandt sein sollte – das heißt, wenn er im Hauptfach beispielsweise Englische Literatur studiert, dann sollte er ein Nebenfach aus einem benachbarten Gebiet wählen, etwa Englische Geschichte oder Vergleichende Literaturwissenschaft. Dieser Ansatz war völlig in Ordnung, solange der Bachelor für die meisten Studenten den endgültigen Hochschulabschluss darstellte. Im heutigen Amerika jedoch strebt die überwiegende Mehrheit der Studenten an den besseren Universitäten mindestens einen weiter gehenden Abschluss an. Daher stellt das vierjährige Grundstudium für die ehrgeizigeren Studenten tatsächlich eher eine Vorbereitung auf ihr Graduiertenstudium dar. Unter diesen Umständen ist es wenig sinnvoll für die Studenten, während ihres Grundstudiums hoch spezialisierte Lehrveranstaltungen zu besuchen.

Diese einfache Tatsache führte dazu, dass wir die herkömmliche akademische Weisheit auf den Kopf stellten. Wir ermutigen nun alle unsere Studenten dazu, ihren Horizont so weit wie möglich zu spannen, indem sie ein Nebenfach wählen, das in der geistigen Landschaft weit von ihrem Hauptfach entfernt liegt – also etwa Musik im Nebenfach mit Soziologie im Hauptfach zu kombinieren, oder Wirtschaft im Nebenfach mit Physik im Hauptfach. Um ein derartiges Vorgehen zu erleichtern, entwickelten unsere Lehrkräfte über hundert Nebenfächer aus einem breiten Spektrum von Disziplinen, unter anderem Nebenfächer aus Gebieten wie Recht oder Präventive Medizin, die normalerweise im Grundstudium gar nicht angeboten werden. Weiterhin gründeten wir ein „Gelehrte-der-Renaissance"-Programm, um diejenigen Studenten zu honorieren, die sich beim Studium zweier oder mehrerer weit voneinander entfernter Studiengebiete besonders hervortaten.

Wie ich in Kapitel 8 bereits ausgeführt habe, sucht sich eine erfolgreiche Führungspersönlichkeit hervorragende Mitarbeiter, definiert Erfolg und hilft ihren Mitarbeitern dann, diesen Erfolg auch zu erreichen. Mein direkter Stellvertreter, Provost Lloyd Armstrong, hat genau dies getan, als er 1993 Joe Allen als Vizeprovost für das Ein-schreibungsmanagement und als Direktor für Zulassungen einstellte. Joe, der 2001 tragischerweise mit 53 Jahren verstarb, erwies sich als ein Genie in Sachen Marketing und Anwerbung – aller Wahrschein-lichkeit nach war er der Beste seines Fachs im ganzen Land.

Schließlich erweiterten wir unser Programm an Colleges mit angeschlossenen Wohnheimen, führten einen neuen *Bachelor of Arts/Doctor of Medicine*-Studiengang ein, der 37 ausgewählten Erst-semestern vier Jahre später einen Studienplatz an unserer medizini-schen Fakultät garantierte, und entwickelten weit reichende Mög-lichkeiten für Studenten im Grundstudium, mit hochrangigen Lehrkräften gemeinsam zu forschen.

Die Ergebnisse, die wir mit diesen Maßnahmen erzielten, kann man nicht anders als spektakulär nennen. Die USC gehört heute im Hinblick auf die Auswahlkriterien für ihre Studenten zum obersten einen Prozent aller Colleges und Universitäten in den USA. Die Durchschnittswerte der landesweit standardisierten, bereits in der Highschool abgelegten Zulassungsprüfungen – 1308 für die Studien-anfänger im Herbst 2000 – weisen eine Steigerung um 240 Punkte auf, ein außerordentlicher (und vielleicht sogar beispielloser) Zu-wachs, selbst wenn man die bundesweite Anpassung der Punkte-skala an den Durchschnitt im Jahr 1995 berücksichtigt. Weiterhin hatten wir bei den neu zugelassenen Studenten im letzten Jahr einen Highschool-Notendurchschnitt von 3,9 (bei einer Höchstpunktzahl von 4) vorzuweisen und die meisten unserer Erstsemester gehörten zu den oberen fünf Prozent ihres Abschlussjahrgangs an der High-school. Bei uns kommen inzwischen neun Bewerbungen auf jeden Erstsemester-Studienplatz und bezogen auf die Anzahl der *National Merit Scholars*, die sich zum Grundstudium einschreiben, rangieren wir unter den obersten zehn aller Institutionen in den USA. Ironi-scherweise hat sich unser Standort in Los Angeles inzwischen bei der Anwerbung von Studenten als ein großer Vorteil herausgestellt.

Erst kürzlich erhielt die USC weit reichende nationale Aner-kennung für die hervorragende Qualität ihrer Studiengänge im Grundstudium. Wie ich bereits erwähnte, wurden wir sowohl von

der Zeitschrift *Time* als auch von der *Princeton Review* aufgrund unserer Bemühungen um eine fruchtbare Zusammenarbeit mit der
Gemeinde als College des Jahres 2000 ausgewählt. Im Herbst 2000
wurden wir von *The Newsweek/Kaplan College Guide* als eine von
Amerikas „angesagtesten" Schulen aufgeführt. Und erst kürzlich
wurde die USC aufgrund der hervorragenden Qualität ihrer Grund-
studiumsangebote von der Association of American Colleges und
Universities zu einer von nur sechzehn nationalen *Leadership Insti-
tutions* ernannt.

Wir stehen der University of California inzwischen in nichts
nach, wenn es um die Anwerbung der besten Studenten geht (trotz
des Sechs-zu-eins-Preisvorteils an der UC in Bezug auf die Studiengebühren), und wir fangen langsam an, den Universitäten Stanford, Harvard und Yale überragende Studenten abzuwerben. Das
Beste ist jedoch, dass die Zahl der Studenten, die ihr Studium auch
tatsächlich zum Abschluss bringen, drastisch gestiegen ist. Wir
haben uns von einer Quote von 53 Prozent im Abschlussjahrgang
1988 auf eine Quote von 73 Prozent für den Jahrgang von 1998 ge-
steigert (dies sind die aktuellsten Zahlen, da die nationalen Ab-
schlussquoten erst sechs Jahre nach Studienbeginn eines bestimmten Jahrgangs errechnet werden). Die Quote der Studenten, die ihr
Studium von Jahr zu Jahr weiterführen (erstes Studienjahr zum
zweiten Studienjahr, zweites zum dritten und so weiter), lag bei 95
Prozent oder darüber, was eine Abschlussquote von über 80 Prozent
in der nahen Zukunft verspricht.

Als wir 1991 mit unseren Bemühungen begannen, das Grundstudium einer Generalüberholung zu unterziehen, wussten wir, dass
wir letzten Endes mit jedem einzelnen Fachbereich der renommierten *Ivy-League*-Hochschulen würden konkurrieren müssen. Der
nachfolgende Ausschnitt aus einem Brief, den ich kürzlich von
einem Absolventen der USC erhielt, spiegelt die Fortschritte wi-
der, die wir bisher gemacht haben:

Ein langjähriger Freund und erfolgreicher Film- und Fernseh-
produzent äußerte sich kürzlich mir gegenüber sehr positiv über

die USC. Er wies mich darauf hin, dass er als Absolvent seit über zwanzig Jahren an der Westküste Studentenanwerbung für die Universität Yale betreibt. 2001 war das erste Jahr in der Geschichte von Yale, dass die Universität fast ein Dutzend potenzielle Studenten an die USC verlor. Besagte Studenten, die sich entschieden hatten, Mitglieder der Trojanischen Familie zu werden, sind nicht mit Stipendien gekauft worden. Sie verfügten sowohl im akademischen Bereich als auch in Bezug auf die außerhalb des Lehrplans stehenden Aktivitäten über ausreichende Qualifikationen, um in Yale zugelassen zu werden, hatten sich jedoch aus eigenem Antrieb dazu entschlossen, in diesem Herbst die USC zu besuchen. Dies war ein so großer Verlust für Yale, dass eigens eine Sondersitzung für alle wichtigen Studentenanwerber an der Universität einberufen wurde, um zu besprechen, wie man Yale den Spitzenstudenten noch besser verkaufen könnte, damit so etwas nicht noch einmal vorkam. Mein Freund sagte zu mir: „Du solltest sehr, sehr stolz auf diese Leistung sein. Wieso versetzt dich das jetzt nicht in Hochstimmung?" Ich antwortete ihm, dass ich zwar überglücklich, jedoch keinesfalls überrascht sei.

Die zweite große Leistung in den vergangenen zehn Jahren bestand in der umfangreichen Stärkung der Forschungsmission der USC. Ein Großteil der Verbesserungen in diesem Bereich lässt sich auf drei Schlüsselprinzipien von Querdenkern zurückführen. An erster Stelle stand die Erkenntnis, dass das Postdoktoranden-Studium in den Naturwissenschaften, in Psychologie und in bestimmten Ingenieurswissenschaften zunehmend den Doktorgrad als höchste akademische Qualifikation ersetzt. Damit erkannte die USC früher als die meisten anderen Universitäten, dass das Postdoktoranden-Studium ein zunehmend wichtiger Faktor sowohl in Bezug auf die Qualität als auch auf die Quantität von Forschungsaufträgen an führenden Forschungsuniversitäten sein würde.

Die zweite und dritte Strategie, die wir im Bereich Forschung verfolgten, bestanden darin, den Schwerpunkt auf interdisziplinäre

Projekte zu legen und unseren Standort in Los Angeles und Süd-kalifornien zu unserem Vorteil zu nutzen. Diese beiden Strategien gingen oft Hand in Hand, wie etwa beim Integrated Media Systems Center, einem so genannten nationalen Center of Excellence für Multimedia-Technologien, das mit 16 Millionen US-Dollar von der National Science Foundation und mit 33 Millionen US-Dollar an Matching Funds aus der Industrie und anderen Bereichen finan-ziert wurde; oder beim Institute for Creative Technologies, eben-falls einem nationalen Center of Excellence für Computersimula-tion und virtuelle Realität, das mittels eines 45-Millionen-Dollar-Vertrags mit dem Armeeministerium zustande kam. Beide Projekte sind hochgradig interdisziplinär und beide nutzen den Standort der USC in Los Angeles und Südkalifornien zu ihrem Vorteil.

Das südliche Kalifornien verfügt über eine Anzahl von Charak-teristika, die sich für die Steigerung des Forschungsauftragsvolu-mens als äußerst vorteilhaft erwiesen haben. Zunächst einmal hat sich diese Region, ob es einem gefällt oder nicht, zum urbanen Paradigma für das 21. Jahrhundert entwickelt, da sie ein in der ge-samten Menschheitsgeschichte beispielloses Aufeinandertreffen der Völker der Welt darstellt. Hinzu kommt, dass Los Angeles sich zur De-facto-Hauptstadt der Pazifik-Anrainer gemausert hat. Und die Tatsache, dass in Südkalifornien die Film- und Fernsehindustrie zu Hause ist, hat diese Region zu einem weltweiten Center of Excel-lence für die Verbindung von Technologie mit kreativen Inhalten gemacht. Und schließlich ist, wie in Kapitel 9 schon angedeutet wurde, das südliche Kalifornien inzwischen das weltweit bedeu-tendste Zentrum für biomedizinische Technologien.

Als Folge der genannten quer gedachten und opportunistischen Strategien haben sich die Forschungsgelder in den letzten zehn Jah-ren beinahe verdoppelt und liegen nun bei 325 Millionen US-Dol-lar im Jahr. Die USC rangiert inzwischen unter den obersten zehn aller privaten Universitäten, was das Dollarvolumen an Forschungs-geldern des Bundes betrifft, und zwar noch vor solch würdigen priva-ten Konkurrenten wie Duke, Chicago und Caltech und solch acht-baren öffentlichen Konkurrenten wie Berkeley und North Carolina.

Ein weiteres Maß für die akademische Stärke einer Universität ist die Anzahl der Lehrkräfte, die in die drei nationalen Akademien gewählt werden – in die National Academy of Engineering, in die National Academy of Sciences oder in das Institute for Medicine. An der USC hat sich diese Zahl in den letzten zehn Jahren fast verdoppelt und liegt zurzeit bei insgesamt vierzig, was zum Teil auch darauf zurückzuführen ist, dass man sich mit vereinten Kräften bemüht hat sicherzustellen, dass hervorragende Lehrkräfte der USC auch gebührende Beachtung und Berücksichtigung als Kandidaten für diese prestigeträchtigen Organisationen fanden.

Die Medienpräsenz unserer Forscher nimmt zu, und zwar nicht nur im naturwissenschaftlichen Bereich und in der Medizin, sondern auch in den Sozialwissenschaften und auf dem Gebiet des Rechts. Ebenso wird in den Medien vermehrt über unsere Dichter, Romanschriftsteller, Musiker, Künstler und Architekten berichtet. Das verstärkte Interesse der Medien ist nicht nur für unseren bestehenden Lehrkörper äußerst befriedigend, sondern erleichtert es uns darüber hinaus, hervorragende Professoren von anderen Institutionen für uns zu gewinnen. In diesem Zusammenhang hat unserer Universität in internationalen wissenschaftlichen Kreisen eine Sache die größte Publicity eingebracht – und zwar die Verleihung des Nobelpreises für Chemie 1994 an unseren Professor George Olah für seine Arbeit, die über die letzten zwanzig Jahre an der USC zustande gekommen ist.

Unsere dritte große Leistung in den letzten zehn Jahren bestand darin, an der USC neue disziplinäre und interdisziplinäre Stärken entwickelt zu haben. Natürlich waren viele unserer traditionellen Fachbereiche, Institute und Studiengänge schon 1991 gut und sind es auch heute noch. Aber einige andere haben es im Verlauf des letzten Jahrzehnts zu nationalem Ansehen gebracht, und das oftmals mithilfe von Querdenker-Prinzipien.

An erster Stelle dieser verbesserten Studiengänge steht die Keck School of Medicine an der USC. Diese Fakultät hat in den letzten zehn Jahren phänomenale Fortschritte gemacht. Diese Fortschritte manifestieren sich in dem außergewöhnlichen Erfolg unse-

rer Krankenhaus-Partner, dem drastischen Anstieg von Kranken-
hauspraktika und dem enormen Zuwachs an Forschungsgeldern für
den Bereich Medizin. Dass diese Erfolge auch weithin Anerkennung fanden, zeigt sich darin, dass die W. M. Keck Foundation unserer medizinischen Fakultät 1999 eine Namensgeber-Spende in
Höhe von 110 Millionen US-Dollar überreichte.

Ein Querdenker-Prinzip, das bei der Weiterentwicklung unserer
medizinischen Fakultät eine wichtige Rolle gespielt hat, war unsere
feste Überzeugung, dass wir selbst *nicht* die Eigentümer und Leiter
unserer wichtigsten Ausbildungskrankenhäuser sein sollten. Bis in
die neunziger Jahre des 20. Jahrhunderts gingen die meisten Leute
davon aus, dass – mit Ausnahme von Harvard – die medizinische
Fakultät einer Universität von vornherein zur Zweitklassigkeit ver-
dammt war, wenn die Ausbildungskrankenhäuser ihr nicht selbst
gehörten. In vielen Fällen hat sich jedoch gerade das Gegenteil als
richtig erwiesen, sodass die USC in dieser Hinsicht inzwischen allgemein als ihrer Zeit voraus angesehen wird.

Das gesamte Gebiet der Kommunikation hat sich an der USC
in den letzten zehn Jahren enorm entwickelt, und zwar nicht zuletzt
mithilfe der Strategie der Querdenker, eine Anzahl von augen-
scheinlich ungleichen Teilen zusammenzubringen – namentlich die
Annenberg School for Communication, den Fachbereich Kino und
Fernsehen, den Fachbereich Journalistik und viele Programme innerhalb der Ingenieurswissenschaften, darunter auch das Information Sciences Institute, das Integrated Media Systems Center und
das Institute for Creative Technologies. Der zentrale Auslöser für
dieses Zusammenkommen war eine Schenkung in Höhe von 120
Millionen US-Dollar von Walter und Lee Annenberg zur Gründung des Annenberg Center of Communication im Jahr 1993.
Dank der Annenbergs sind die Studiengänge im Bereich Kommunikation an der USC insgesamt gesehen die besten, die eine amerikanische Universität zu bieten hat.

Auch die Künste haben sich zu einer großen Stärke der Universität gemausert. Die USC verfügt über fünf künstlerische Fachbereiche – Kino und Fernsehen, die Thornton School of Music, The-

ater, Architektur und Kunst. Einige von diesen waren bereits vor zehn Jahren recht stark. Wenn man sie jedoch heute betrachtet, sind wir der Meinung, dass diese fünf Fachbereiche und ihre gemeinsamen Studiengänge das beste Angebot an Studienmöglichkeiten im künstlerischen Bereich in den Vereinigten Staaten darstellen.

Auch mehrere andere Einheiten der USC haben es in den letzten zehn Jahren zu nationalem Ansehen gebracht, unter anderem die Marshall School of Business, die Physiotherapie, die Computerwissenschaft, der Bereich Computational Genomics, die Umwelt-Meeresbiologie und das kreative Schreiben. Worauf ich hinaus will, ist Folgendes: Wir haben unsere Führungsposition in den Bereichen, die bereits stark waren, gehalten und uns dabei gleichzeitig in einer Anzahl von anderen Disziplinen ein beträchtliches Stück nach oben gearbeitet. Das ist einer Schlüssel, um auf lange Sicht eine hervorragende Universität aufzubauen.

Der vierte maßgebliche Erfolg der USC in Verlauf des letzten Jahrzehnts war die Beschaffung von finanziellen Mitteln. Dringender noch als neue Gebäude benötigten wir ein größeres Stiftungsvermögen. Eigentlich hätten wir uns angesichts der Auswirkungen, welche die Rezession in Südkalifornien auf viele unserer Absolventen hatte, sowie im Hinblick auf den weit verbreiteten Glauben, dass Wohltäter mehr darin interessiert sind, Gebäuden ihren Namen zu leihen, als durch Spenden für das Stiftungsvermögen den Ausbau von wissenschaftlichen Programmen zu ermöglichen, eher bescheidene Ziele hinsichtlich der Geldbeschaffung setzen müssen. Aber dank unseres Querdenker-Instinkts glaubten wir fest daran, dass es möglich sein müsste, auch hohe Summen für unser Stiftungsvermögen aufzutreiben und dass wir unsere Netze nicht nur in Richtung unserer eigenen Absolventen auswerfen, sondern auch andere der Universität nahe stehende Personen und sogar Leute ansprechen sollten, die überhaupt nichts mit der USC zu tun hatten.

Wir starteten unsere *Building on Excellence*-Kampagne mit dem Ziel, in den sieben Jahren von 1993 bis 2000 eine Milliarde US-

Dollar an neuen Schenkungen und Zusicherungen zu sammeln. Diese Milliarde hatten wir Anfang 1998 zusammen, sodass wir das Ziel auf 1,5 Milliarden erhöhten, welches wir wiederum bereits Ende 1999 erreicht hatten. Schließlich setzten wir uns 2 Milliarden US-Dollar als Ziel und verlängerten die Kampagne bis zum Jahr 2002.

Die Erträge dieser Aktion belaufen sich zurzeit (Mitte 2001) auf 1,9 Milliarden US-Dollar. Wenn wir sie im nächsten Jahr beendet haben, wird diese Kampagne als die dritterfolgreichste ihrer Art in der Geschichte der höheren Bildung in den Vereinigten Staaten dastehen, nur knapp hinter den kürzlich durchgeführten Aktionen von Columbia und Harvard.

Im Verlauf des letzten Jahrzehnts haben wir unser Stiftungs-vermögen beinahe *verfünffacht*, von 440 Millionen US-Dollar im Jahr 1990 auf knapp unter 2,2 Milliarden US-Dollar im Jahr 2000. Ein Großteil dieses Zuwachses geht auf das Konto einer geschickten Anlagestrategie während einer beispiellosen Hausse auf dem Akti-enmarkt, aber viel davon ist auch neuen Spenden zuzuschreiben. In den letzten Jahren haben wir drei Schenkungen von jeweils über 100 Millionen US-Dollar erhalten – von den Annenbergs, von Alfred Mann und von der Keck Foundation; diese Schenkungen stellen schon für sich genommen einen neuen Rekord bei der Geld-mittelbeschaffung für Universitäten und Colleges dar. Darüber hin-aus möchte ich noch anmerken, dass alle drei dieser Riesenschen-kungen von Nicht-Ehemaligen oder von Institutionen kamen, die von Nicht-Ehemaligen geleitet wurden, und alle drei waren für das Stiftungsvermögen und nicht für Ziegelsteine und Mörtel.

Wir schätzen uns glücklich, im Verlauf dieser Kampagne für fünf unserer Fachbereiche namensgebende Schenkungen erhalten zu haben – für die Leventhal School of Accounting, die Marshall School of Business, die Rossier School of Education, die Thornton School of Music und die Keck School of Medicine. Jede dieser namensgebenden Spenden war zum Zeitpunkt ihrer Übergabe die größte Schenkung, die jemals für einen Fachbereich dieser Art ge-macht wurde. Die Zahl der mit Stiftungsgeldern finanzierten Lehrstühle und Professuren hat sich von 152 zu Beginn der Kampagne auf heute 253 erhöht – ein Zuwachs von fast 67 Prozent. Was die jährlichen Spenden von Ehemaligen angeht, so ist die Spendenbeteiligung von elf Prozent auf 34 Prozent gestiegen und aller Wahrscheinlichkeit nach werden wir unser Ziel von 37 Prozent Spendenbeteiligung im Jahr 2002 erreicht haben.

Was war nun aus Querdenker-Sicht der Schlüssel zum Erfolg dieser Kampagne? Zunächst einmal unsere Fähigkeit, Geldgeber dazu zu bringen, große Summen für das Stiftungsvermögen zur Verfügung zu stellen, um damit bestimmte Programme zu unterstützen, anstatt sich vorrangig auf Gebäude zu konzentrieren; zweitens unser breit angelegter Einsatz von hervorragenden Lehrkräften und Studenten bei der Umwerbung von Geldgebern, und drittens unsere Fähigkeit, Quellen anzuzapfen, die weit über unseren Absolventen-Stamm hinausgingen, und dabei dennoch von der tiefen Verbundenheit zu profitieren, die praktisch alle Mitglieder der Trojanischen Familie mit der USC fühlen.

Von dem Moment meiner Ernennung zum Präsidenten der USC im Dezember 1990 an bestürmten mich unzählige Menschen, doch nun endlich damit zu beginnen, die USC aus Los Angeles hinaus zu verlegen. Diese Leute waren fest davon überzeugt, dass L.A. als ein lebensfähiges urbanes Zentrum ausgedient hatte und die USC nur überleben und gedeihen könne, wenn sie entweder nach Malibu (wie einige Jahre zuvor die Pepperdine University) oder nach Orange County umzöge.

Das Kuratorium entschied sich jedoch für eine andere, quer gedachte Vorgehensweise. Anstatt Los Angeles und die uns umgebende Gemeinde als hohe Hypothek zu betrachten, drängten sie meine Kollegen und mich, Wege zu finden, um unseren derzeitigen Standort zu einem wichtigen positiven Faktor im Leben der Universität zu machen.

Als ersten Schritt beschlossen wir, dass die USC sichtbare und nachhaltige Verbesserungen in den Wohnvierteln um unsere beiden Universitätsgelände, den University Park Campus und den

Health Sciences Campus, vornehmen sollte. Diesem Projekt sollten die folgenden drei Prinzipien für Querdenker zugrunde liegen: Erstens wollten wir die Reichweite unserer dem Gemeinwohl dienenden Programme einschränken und uns auf die unmittelbar angrenzenden Wohnviertel konzentrieren, um so eine drastische Veränderung im äußeren Erscheinungsbild dieser Viertel und der dortigen Lebensqualität zu bewirken. Zweitens wollten wir auf gegenseitigem Respekt gründende Partnerschaften und echte Zusammenarbeit mit unseren Nachbarn aufbauen, anstatt eine *noblesse oblige*-Haltung an den Tag zu legen. Und drittens waren wir fest entschlossen, keine „städtischen Säuberungsaktionen" vorzunehmen – das heißt keine Grundbesitzerweiterung durch Enteignung und keine Planierraupen, um die Leute aus ihren Häusern zu treiben.

Welche Art von Programmen sind durch diese Bemühungen zustande gekommen? Ein besonders erwähnenswertes Beispiel ist unsere „Gute-Nachbarn"-Kampagne. Im Jahr 1990 erhielten wir ungefähr 100.000 US-Dollar pro Jahr von Lehrkräften und Angestellten als Beitrag für die Nonprofitorganisation United Way. Heute, infolge der „Gute-Nachbarn"-Kampagne, bekommen wir fast 650.000 US-Dollar pro Jahr an freiwilligen Beiträgen von Lehrkräften und Angestellten. Und jeder Cent dieses Geldes wird in Nachbarschaftsprojekte investiert, von denen jedes Einzelne ein Joint Venture zwischen einer Organisation aus der Gemeinde und einer Gruppe der Universität ist.

Wir haben inzwischen eine enge Verbindung zu unserer „Familie der Fünf Schulen", das heißt den fünf öffentlichen Schulen, die unserem University Park Campus am nächsten liegen, und wir haben enge Partnerschaften mit zwei weiteren Schulen in der Nähe des Health Sciences Campus aufgebaut. Drei dieser sieben Schulen haben die Auszeichnung „*California Distinguished School*" erhalten, das heißt, sie gehören zu den besten öffentlichen Schulen des gesamten Bundesstaates.

Wir haben ein sehr erfolgreiches Selbsthilfeprogramm der Gemeinde eingerichtet, zu dem auch KidWatch gehört, eine Initiative, bei der 700 unserer Nachbarn sich freiwillig bereit erklären, in den betreffenden Wohnvierteln ein Auge auf die Kinder auf ihrem Weg zur Schule zu haben. Wir bieten jedem unserer Angestellten, der in der Nähe eines unserer beiden Universitätsgelände Wohneigentum erwerben und bewohnen möchte, einen Zuschuss von 25.000 US-Dollar. Und unser Netzwerk für Gewerbeförderung ist eines der erfolgreichsten im ganzen Bundesstaat, dem es zu verdanken ist, dass Dutzende kleiner Gewerbebetriebe in unserer Nachbarschaft gegründet wurden und gedeihen konnten.

Die Beteiligung von Lehrkräften, Angestellten und Studenten an unserem Engagement in der Gemeinde ist drastisch gestiegen. Fast 10.000 unserer 15.000 Studenten im Grundstudium leisten jedes Jahr in beachtlichem Umfang Dienste, die der Allgemeinheit zugute kommen; wir gehen davon aus, dass wir damit landesweit unter allen Universitäten und Colleges den Spitzenplatz einnehmen. Ein willkommener Nebeneffekt dabei ist, dass diese ausgeprägte Kultur des sozialen Engagements hervorragende Studenten aus dem ganzen Land anzieht.

Infolge unserer Bemühungen bei der Zusammenarbeit mit der Gemeinde sind auch eine Menge privater Investitionen in die uns umgebenden Wohnviertel geflossen. Außerdem wurde unseren diesbezüglichen Anstrengungen landesweit viel Beachtung geschenkt, was uns wiederum bei der Beschaffung finanzieller Mittel und im Wettbewerb um Forschungsgelder sehr zugute kam. Aus all dem haben wir einen wichtigen Querdenker-Schluss gezogen: *Wenn man in einem problematischen Viertel etwas verändern will, muss man zunächst für sichere Straßen und gute öffentliche Schulen sorgen, der Rest kommt von allein.*

Rückblickend betrachtet waren diese zehn Jahre eine berauschende Zeit, nicht nur für mich als Präsidenten, sondern für alle, die mit der USC zu tun haben. Hunderte von Menschen haben die Gelegenheit erhalten, Führungsqualitäten zu entwickeln und unter Beweis zu stellen. Querdenker-Prinzipien – von richtigem Zuhören über graues und freies Denken bis hin zu Taten, die herkömmlicher Weisheit zuwiderlaufen – waren auf Schritt und Tritt sichtbar. Wir haben unterwegs viele Fehler gemacht und mussten mehrmals ein paar Schritte zurückgehen, aber diese Fehltritte haben die Begeisterung der Leute für das übergeordnete Ziel nicht zu schmälern vermocht.

Letzten Endes bedeutet es eine tiefe Befriedigung, bei einem Projekt mitwirken zu können, welches das Individuum transzendiert und das auf Jahrhunderte hin zum Wohlergehen der Gesellschaft beitragen wird. Das ist der beste Grund, den es für mich gibt, um als Präsident zu *handeln*.

Zusammenfassung

Zu Beginn dieser Studie über Führung für Querdenker habe ich darauf hingewiesen, dass es keine unfehlbare Gebrauchsanweisung gibt, um eine erfolgreiche Führungspersönlichkeit zu werden, und erst recht keine, um eine *gute* Führungspersönlichkeit zu werden. Aber wir können zumindest ein paar Prinzipien für Querdenker zusammenstellen, die einer Führungspersönlichkeit dabei helfen werden, sich über die Weisheit der Herde hinwegzusetzen und ganz neue Wege zu gehen:

1. Denken Sie vorurteilsfrei: Versuchen Sie, sich keine Meinung über bestimmte Ideen oder Leute zu bilden, sofern und solange Sie es nicht unbedingt müssen.

2. Denken Sie frei: Üben Sie sich darin, mehrere Schritte über traditionelles Brainstorming hinauszugehen, indem Sie absolut hanebüchene Lösungen und Vorgehensweisen in Betracht ziehen.

3. Hören Sie zuerst zu und reden Sie später; und wenn Sie zuhören, dann tun Sie das richtig.

4. Experten können sehr hilfreich sein, aber sie sind kein Ersatz für eigenes kritisches Denken und Urteilsvermögen.

5. Nehmen Sie sich in Acht vor Pseudowissenschaft, die als unwiderlegbare Tatsache oder unangreifbare Weisheit daher-

kommt; sie dient in aller Regel weder Ihren Interessen noch denen der Organisation, die Sie leiten.

6. Schürfen Sie in den bedeutenden Werken nach Gold, während die Konkurrenz im Morast der branchenbezogenen Fachblätter und anderer kurzlebiger Veröffentlichungen versinkt; überlassen Sie es Ihren Stellvertretern, Sie über alle wichtigen Neuigkeiten auf dem Laufenden zu halten.

7. Treffen Sie niemals eine Entscheidung selbst, die Sie ohne weiteres auch an einen Stellvertreter delegieren können; und treffen Sie niemals heute eine Entscheidung, die Sie ohne weiteres auch morgen noch treffen können.

8. Ignorieren Sie Fehlausgaben und die Fehler von gestern; die Entscheidungen, die Sie als Führungspersönlichkeit treffen, können sich nur auf die Zukunft auswirken, nicht auf die Vergangenheit.

9. Demütigen Sie niemals unnötigerweise einen besiegten Gegner.

10. Entscheiden Sie sich, welche Stellung Sie um keinen Preis aufgeben wollen, und seien Sie sich darüber im Klaren, dass Ihre Wahl es unter bestimmten Umständen erforderlich machen könnte, dass Sie sich von allen umgebenden Stellungen zurückziehen.

11. Arbeiten Sie für die, die für Sie arbeiten; holen Sie sich die besten Stellvertreter, die verfügbar sind, und verwenden Sie dann den Großteil Ihrer Zeit und Energie darauf, ihnen zum Erfolg zu verhelfen.

12. Viele Leute wollen Führungspersönlichkeiten *sein*, aber die wenigsten wollen auch als Führungspersönlichkeit *handeln*; wenn Sie nicht zur letzteren Gruppe gehören, sollten Sie um Führungspositionen von vornherein einen großen Bogen machen.

13. Als Führungspersönlichkeit können Sie Ihre Organisation nicht wirklich am Laufen halten; Sie können lediglich einzelne An-

hänger führen, die dann zusammen genommen die Organisation, die Sie leiten, in Bewegung halten und ihr Substanz verleihen.

14. Verfallen Sie nicht dem Gedanken, dass Menschen grundsätzlich entweder besser oder schlechter sind, arbeiten Sie lieber daran, die besten Seiten Ihrer Anhänger (und Ihre eigenen) zum Vorschein zu bringen und gleichzeitig die schlechten möglichst in Schach zu halten.

15. Durch Nachahmung anderer können Sie nichts wirklich Bedeutendes leisten, wahre Größe lässt sich nur durch originelles Denken und unkonventionelle Vorgehensweisen erreichen.

Alle diese Prinzipien basieren auf dem Glauben, dass Führung eine hochgradig situationsabhängige und von äußeren Umständen bestimmte Angelegenheit ist; wie ich bereits ausgeführt habe, kann es durchaus sein, dass ein Vorgehen, das in einer bestimmten Situation und zu einem bestimmten Zeitpunkt angemessen ist, in einer anderen Situation zum gleichen Zeitpunkt oder in der gleichen Situation zu einem anderen Zeitpunkt vielleicht nicht funktioniert. Daher ringt eine Führungspersönlichkeit von Augenblick zu Augenblick mit dem Kontext und den Umständen ihrer eigenen Position und eines bestimmten Zeitpunkts, wobei sich die Frage stellt, ob sie überhaupt jemals darauf hoffen kann, diesen Kampf zu gewinnen. Was uns wiederum veranlassen könnte zu fragen, ob Führungspersönlichkeiten wirklich die Architekten der Geschichte sind, oder ob nicht vielmehr die Geschichte die Architektin ist, die Führungspersönlichkeiten erst hervorbringt.

In unserem Kurs über Führung, den Warren Bennis und ich an der USC halten, stellen wir die Ansichten Leo Tolstojs, der daran glaubte, dass die Geschichte Führungspersönlichkeiten formt und bestimmt, denen von Thomas Carlyle gegenüber, der überzeugt war, dass Führungspersönlichkeiten die Geschichte formen und bestimmen. In seinem Epilog zum vielleicht größten aller Romane, *Krieg und Frieden*, vertrat Tolstoj die Ansicht, dass Könige und

Generäle die Sklaven der Geschichte seien. Tolstoj glaubte, dass Führungspersönlichkeiten lediglich von den weltgeschichtlichen Wogen von einem Ufer zum anderen getragen würden und dass diese Wellen von einer Vielzahl von Kräften in Bewegung gesetzt werden, die sich der Kontrolle und dem Verständnis der Führungspersönlichkeiten entzögen. Jede ihrer Taten, die ihnen als ein Akt ihres eigenen freien Willens erscheine, sei in einem historischen Sinne unfreiwillig, mit der ganzen Ursache der Geschichte verknüpft und seit den ältesten Zeiten vorherbestimmt.

Auf der anderen Seite steht Carlyle, britischer Historiker und Essayist des 19. Jahrhunderts, der überzeugt war, Geschichte sei die Biographie großer Männer, wobei die größten dieser Männer Könige waren. Allein schon das Wort „König", argumentiert Carlyle, gehe auf das alte Wort „can-ning" zurück, was „fähiger Mann" bedeute. Nach Carlyles Ansicht sind es die fähigen Männer (und die fähigen Frauen) unserer Spezies, die den Lauf der Geschichte lenken und das Schicksal der Menschheit bestimmen.

Meine Erfahrungen als Führungspersönlichkeit sowie meine Beschäftigung mit der Chaostheorie und ähnlichen Phänomen haben mich dazu veranlasst, eine Position irgendwo zwischen Tolstoj und Carlyle einzunehmen. Es könnte gut sein, dass unsere Welt zum größten Teil so funktioniert, wie Tolstoj meinte, also geschichtlichen Kräften unterworfen ist, die kein Mann oder keine Frau vollständig messen oder analysieren kann und deren Auswirkungen kein Mensch vorhersagen kann. Daher sind Führungspersönlichkeiten bis zu diesem Grad tatsächlich die Sklaven der Geschichte. Ich bin jedoch ebenfalls überzeugt, dass fähige Männer und fähige Frauen etwas am Lauf der Ereignisse ändern können, dass die Entscheidungen von Führungspersönlichkeiten tatsächlich nachhaltigen Einfluss auf die Welt haben können und dass historischer Determinismus nie völlig die Oberhand gewinnt.

Das Beste an all dem ist, dass sich eine beliebige Führungspersönlichkeit in einem beliebigen Moment nie ganz sicher sein kann, ob sie nun als Architekt oder nur als Schachfigur der Geschichte auftritt. Wenn es ihr wie den meisten Menschen geht,

dann würde sie nur zu gern an Ersteres glauben. Und quer denkender Weisheit zufolge wäre dies auch aus moralischer Sicht die bessere Variante: *Eine Führungspersönlichkeit sollte sich stets so verhalten,
als ob sie selbst und nicht die Geschichte oder das Schicksal für ihre Taten
verantwortlich sind.*

Ein damit eng verwandtes Thema in diesem Buch ist, dass
Querdenker ihre geistige Unabhängigkeit gewissenhaft kultivieren
und sorgsam hüten sollten. Von Warren Bennis stammt der berühmte Ausspruch, dass Manager alles richtig machen, während
Führungspersönlichkeiten das Richtige tun. Aber was ist das Richtige? In unzähligen Führungsszenarien, die in einer pluralistischen
Gesellschaft denkbar sind, wird es keine zwei Leute geben, die derselben Meinung sind.

Ein Querdenker weiß, dass er die Frage, was das Richtige ist,
selbst beantworten muss, und zwar unter Berücksichtigung sowohl
weltlicher als auch moralischer Gesichtspunkte. Dies wird ihm in
manchen Fällen berauschendere, manchmal jedoch auch schmerz-
haftere Erfahrungen bescheren als andere Führungspersönlichkeiten sie haben. Aber es werden immer *seine* Erfahrungen sein –
solche, für die er bereitwillig die Verantwortung übernimmt. Und
was könnte Führung an größeren oder sinnvolleren Abenteuern be-
reithalten als das?

Stichwortverzeichnis